해양경찰
적성검사

시대에듀

2025 최신판 시대에듀 해양경찰 적성검사
최신기출유형 + 모의고사 4회

Always **with you**

사람의 인연은 길에서 우연하게 만나거나 함께 살아가는 것만을 의미하지는 않습니다.
책을 펴내는 출판사와 그 책을 읽는 독자의 만남도 소중한 인연입니다.
시대에듀는 항상 독자의 마음을 헤아리기 위해 노력하고 있습니다. 늘 독자와 함께하겠습니다.

합격의 공식 ▶ 시대에듀

자격증 · 공무원 · 금융/보험 · 면허증 · 언어/외국어 · 검정고시/독학사 · 기업체/취업
이 시대의 모든 합격! 시대에듀에서 합격하세요!
www.youtube.com → 시대에듀 → 구독

머리말 PREFACE

해양경찰은 1953년 창설되어 바다에서의 국민의 생명과 안전, 질서 유지의 임무를 수행하고 있다. 소중한 자국의 해양 영토를 수호하고 재난과 범죄로부터 국민을 보호하며, 깨끗한 바다 환경 조성을 위해 노력하고 있다.

해양경찰 공무원 채용시험은 1차 필기(실기)시험 ➡ 2차 적성·신체검사 및 체력평가 ➡ 3차 서류전형 ➡ 4차 면접전형 순서로 진행되며, 이 네 가지 전형의 점수에 반영 비율을 적용해 합산한 값으로 최종합격자가 정해진다. 그러므로 전형 과정 중 어느 것 하나 소홀히 해서는 안 된다.

필기시험과 면접전형에 대해서는 잘 알려져 있지만 적성검사에 대해 알려진 바는 많지 않다. 해양경찰 적성검사가 IQ검사와 비슷하다고 알려진 것과 달리, 문제를 많이 접하고 풀어보면 충분히 점수를 뒤집을 수 있는 유형이 출제되고 있다. 또한 문제 유형이 매번 바뀌는 것처럼 보이기도 하지만 어려운 난도는 아니므로 침착히 문제를 해결하면 검사를 치르는 데 무리가 없을 것이다.

이에 시대에듀에서는 해양경찰 적성검사에 대한 '철저한 준비'를 할 수 있도록 다음과 같이 교재를 구성하였다.

도서의 특징

❶ 핵심이론 ➡ 대표유형 ➡ 적중예상문제를 통해 단계별로 학습이 가능하게 하였다.
❷ 최종점검 모의고사 2회분과 OMR 답안지를 수록하여 실제와 같은 연습을 할 수 있게 하였다.

끝으로 본서가 해양경찰 채용을 준비하는 여러분 모두에게 합격의 기쁨을 전달하기를 진심으로 기원한다.

최윤지, SDC(Sidae Data Center) 씀

해양경찰 시험안내 INFORMATION

◇ **채용절차**

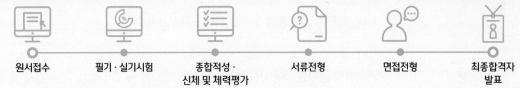

원서접수 → 필기·실기시험 → 종합적성·신체 및 체력평가 → 서류전형 → 면접전형 → 최종합격자 발표

❶ 전형별 배점 : 필기(실기) 50% + 체력평가 25% + 면접 25%
   ※ 체력평가가 제외되는 경우 실기 45%, 필기 30%, 면접 25%
❷ 종합적성검사 결과는 점수화하지 않으며, 면접 참고자료로 활용됨

◇ **종합적성검사**

구분		문항 수	제한 시간
적성검사	언어이해	30문항	15분
	언어비판	30문항	20분
	수열추리	30문항	10분
	도형추리	30문항	15분
	문제해결	30문항	30분
인성검사	인성검사1	111문항	60분
	인성검사2	218문항	30분

◇ **체력검사**

구분	측정 기준	과락
100m 달리기	초/100m	1종목 이상 가장 낮은 점수인 1점을 받은 경우(10점 만점 기준)
윗몸일으키기	회/60초	
팔굽혀펴기	회/60초	
좌우악력	왼손, 오른손 2회씩 총 4회 실시해 최댓값(kg) 기록	
50m 수영 (Pass or Fail)	초/50m	• 남자 : 130초 초과 • 여자 : 150초 초과 ※ 2026년부터 남녀 공통기준 적용 및 점수제로 변경

해양경찰 채용 FAQ

해양경찰청 소속 경찰공무원 응시가능 연령은?

응시연령은 채용 분야별로 다르며, 남자의 경우 군복무 기간 1년 미만 1세, 1년 이상 2년 미만 2세, 2년 이상은 3세를 각각 연장한다.

채용 분야	채용 계급	응시연령
경위 공개경쟁채용	경위	21세 이상 40세 이하
해수산계고	순경	17세 이상
그 외 전 분야 (공채, 함정요원, 구조, 구급, 특공, 수사, 관제)		18세 이상 40세 이하

해양경찰청 소속 경찰공무원 임용자격 및 결격사유는?

임용자격 및 결격사유

「경찰공무원법」 제8조 임용자격 및 결격사유에 따라 신체 및 사상이 건전하고 품행이 방정한 사람 중에서 임용하게 되며, 다음 각호의 어느 하나에 해당하는 사람은 경찰공무원으로 임용될 수 없다.

1. 대한민국 국적을 가지지 아니한 사람
2. 복수국적자
3. 피성년후견인 또는 피한정후견인
4. 파산선고를 받고 복권되지 아니한 사람
5. 자격정지 이상의 형(刑)을 선고받은 사람
6. 자격정지 이상의 형의 선고유예를 선고받고 그 유예기간 중에 있는 사람
7. 공무원으로 재직기간 중 직무와 관련하여 「형법」 제355조 및 제356조에 규정된 죄를 범한 자로서 300만 원 이상의 벌금형을 선고받고 그 형이 확정된 후 2년이 지나지 아니한 사람
8. 「성폭력범죄의 처벌 등에 관한 특례법」 제2조에 규정된 죄를 범한 사람으로서 100만 원 이상의 벌금형을 선고받고 그 형이 확정된 후 3년이 지나지 아니한 사람
9. 성폭력범죄 및 아동·청소년대상 성범죄를 저질러 형 또는 치료감호가 확정된 사람 (집행유예를 선고받은 후 그 집행유예기간이 경과한 사람을 포함한다)
10. 징계에 의하여 파면 또는 해임처분을 받은 사람

❖ 응시연령 및 결격사유는 변동될 수 있으므로 해양경찰청 홈페이지를 참고하기 바랍니다.

도서 200% 활용하기 STRUCTURES

1 핵심이론으로 개념 정리하기

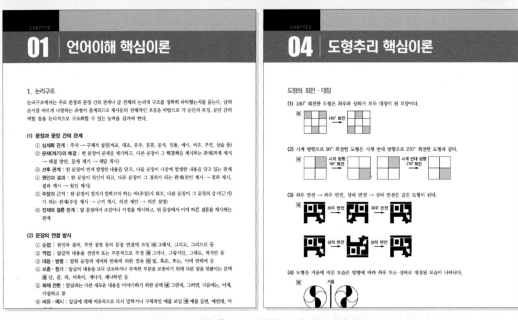

▶ 영역별로 핵심이론을 수록하여 학습 전 개념을 충분히 정리할 수 있도록 하였다.

2 대표유형＆적중예상문제로 단계별 학습하기

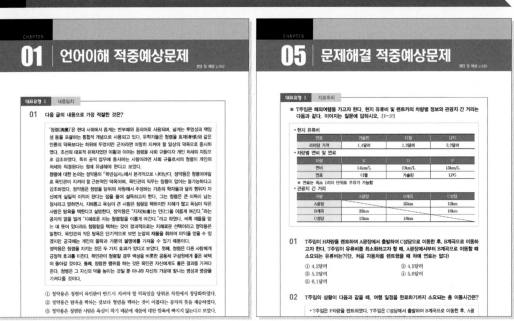

▶ 이론을 바탕으로 한 대표유형과 적중예상문제로 기본기를 튼튼하게 다질 수 있도록 하였다.

3 최종점검 모의고사 + OMR 답안지로 실전 연습하기

▶ 최종점검 모의고사 2회분 및 OMR 답안지를 수록하여 실전과 같은 연습이 가능하도록 하였다.

4 정답 및 오답분석으로 풀이까지 완벽 마무리

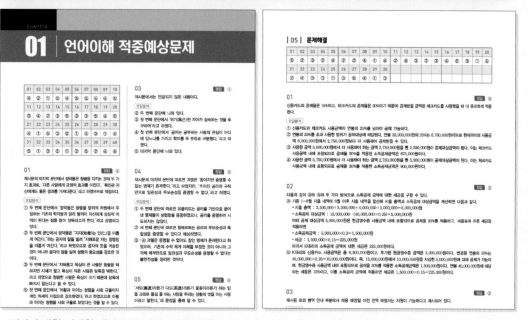

▶ 정답에 대한 자세한 해설 및 문제별 오답분석을 수록하여 오답이 되는 이유를 올바르게 이해할 수 있도록 하였다.

이 책의 차례 CONTENTS

1
적성검사

01 | 언어이해 핵심이론

1. 논리구조

논리구조에서는 주로 문장과 문장 간의 관계나 글 전체의 논리적 구조를 정확히 파악했는지를 묻는다. 글의 순서를 바르게 나열하는 유형이 출제되므로 제시문의 전체적인 흐름을 바탕으로 각 문단의 특징, 문단 간의 역할 등을 논리적으로 구조화할 수 있는 능력을 길러야 한다.

(1) 문장과 문장 간의 관계

① 상세화 관계 : 주지 → 구체적 설명(비교, 대조, 유추, 분류, 분석, 인용, 예시, 비유, 부연, 상술 등)

② 문제(제기)와 해결 : 한 문장이 문제를 제기하고, 다른 문장이 그 해결책을 제시하는 관계(과제 제시 → 해결 방안, 문제 제기 → 해답 제시)

③ 선후 관계 : 한 문장이 먼저 발생한 내용을 담고, 다음 문장이 나중에 발생한 내용을 담고 있는 관계

④ 원인과 결과 : 한 문장이 원인이 되고, 다른 문장이 그 결과가 되는 관계(원인 제시 → 결과 제시, 결과 제시 → 원인 제시)

⑤ 주장과 근거 : 한 문장이 필자가 말하고자 하는 바(주장)가 되고, 다른 문장이 그 문장의 증거(근거)가 되는 관계(주장 제시 → 근거 제시, 의견 제안 → 의견 설명)

⑥ 전제와 결론 관계 : 앞 문장에서 조건이나 가정을 제시하고, 뒤 문장에서 이에 따른 결론을 제시하는 관계

(2) 문장의 연결 방식

① 순접 : 원인과 결과, 부연 설명 등의 문장 연결에 쓰임 예 그래서, 그리고, 그러므로 등

② 역접 : 앞글의 내용을 전면적 또는 부분적으로 부정 예 그러나, 그렇지만, 그래도, 하지만 등

③ 대등·병렬 : 앞뒤 문장의 대비와 반복에 의한 접속 예 및, 혹은, 또는, 이에 반하여 등

④ 보충·첨가 : 앞글의 내용을 보다 강조하거나 부족한 부분을 보충하기 위해 다른 말을 덧붙이는 문맥 예 단, 곧, 즉, 더욱이, 게다가, 왜냐하면 등

⑤ 화제 전환 : 앞글과는 다른 새로운 내용을 이야기하기 위한 문맥 예 그런데, 그러면, 다음에는, 이제, 각설하고 등

⑥ 비유·예시 : 앞글에 대해 비유적으로 다시 말하거나 구체적인 예를 보임 예 예를 들면, 예컨대, 마치 등

(3) 논리구조의 원리 접근법

앞뒤 문장의 중심 의미 파악	→	앞뒤 문장의 중심 내용이 어떤 관계인지 파악	→	문장 간의 접속어, 지시어의 의미와 기능 파악	→	문장의 의미와 관계성 파악
각 문장의 의미를 어떤 관계로 연결해서 글을 전개하는지 파악해야 한다.		지문 안의 모든 문장은 서로 논리적 관계성이 있다.		접속어와 지시어를 음미하는 것은 독해의 길잡이 역할을 한다.		문단의 중심 내용을 알기 위한 기본 분석 과정이다.

핵심예제

다음 문단을 논리적 순서대로 바르게 나열한 것은?

(가) 환경부 국장은 "급식인원이 하루 50만 명에 이르는 E놀이공원이 음식 문화 개선에 앞장서는 것은 큰 의미가 있다."면서, "이번 협약을 계기로 대기업 중심의 범국민적인 음식 문화 개선 운동이 빠르게 확산될 것으로 기대한다."고 말했다.

(나) 놀이공원은 하루 평균 15,000여 톤에 이르는 과도한 음식물 쓰레기 발생으로 연간 20조 원의 경제적인 낭비가 초래되고 있는 심각성에 환경부와 인식을 같이하고, 상호 협력하여 음식물 쓰레기 줄이기를 적극 추진하기로 했다.

(다) 이날 체결한 협약에 따라 E놀이공원에서 운영하는 전국 500여 단체급식 사업장과 외식 사업장에서는 구매, 조리, 배식 등 단계별로 음식물 쓰레기 줄이기 활동을 전개하고, 사업장별 특성에 맞는 감량 활동 및 다양한 홍보 캠페인 실시, 인센티브 제공을 통해 이용 고객들의 적극적인 참여를 유도할 계획이다.

(라) 이에, 환경부 국장과 E놀이공원 사업부장은 지난 26일, 환경부, 환경연구소 및 E놀이공원 관계자 등이 참석한 가운데, 〈음식 문화 개선 대책〉에 관한 자발적 협약을 체결하였다.

① (나) – (라) – (가) – (다) ② (나) – (라) – (다) – (가)
③ (라) – (나) – (다) – (가) ④ (라) – (다) – (가) – (나)
⑤ (라) – (다) – (나) – (가)

| 해설 | 제시문은 E놀이공원이 음식물 쓰레기로 인한 낭비의 심각성을 인식하여 환경부와 함께 음식 문화 개선 대책 협약을 맺었고, 이 협약으로 인해 대기업 중심의 국민적인 음식 문화 개선 운동이 확산될 것이라는 내용의 글이다. 따라서 (나) 음식물 쓰레기로 인한 낭비에 대한 심각성을 인식한 E놀이공원과 환경부 → (라) 음식 문화 개선 대책 협약 체결 → (다) 협약에 따라 사업장별 특성에 맞는 음식물 쓰레기 감량 활동 전개하는 E놀이공원 → (가) 협약을 계기로 대기업 중심의 범국민적 음식 문화 개선 운동이 확산될 것을 기대하는 환경부 국장의 순서대로 나열하는 것이 가장 적절하다.

 정답 ②

2. 논리적 이해

(1) 분석적 이해

글의 내용을 분석적으로 파악하는 것으로, 분석적 이해의 핵심은 글의 세부 내용을 파악하고, 이를 바탕으로 글의 중심 내용을 파악하는 것이다.

① **글을 구성하는 각 단위의 내용 관계 파악하기** : 글은 단어, 문장, 문단 등의 단위가 모여 이루어진다. 글을 이해하기 위해서는 각각의 단어와 단어들이 모여 이루어진 문장, 문장들이 모여 이루어진 문단의 내용을 정확하게 파악하고 각각의 의미 관계를 이해하는 것이 필요하다.

② **글의 중심 내용 파악하기** : 글의 작은 단위를 분석하여 부분적인 내용을 파악했더라도 글 전체의 중심 내용을 파악했다고 할 수 없다. 글의 중심 내용을 파악하는 데는 글을 구성하고 있는 각 단위, 특히 문단의 중심 내용이 중요하다. 따라서 글의 전체적인 맥락을 고려해야 하고, 중심 내용을 파악해 내는 기술이 필요하다.

③ **글의 전개 방식과 구조적 특징 파악하기** : 모든 글은 종류에 따라 다양한 전개 방식을 활용하고 있다. 대표적인 전개 방식은 서사, 비교, 대조, 열거, 인과, 논증 등이 있다. 이와 같은 전개 방식을 이해하면 글의 내용을 이해하는 데 큰 도움이 된다.

핵심예제

다음 글의 제목으로 가장 적절한 것은?

> 우리는 비극을 즐긴다. 비극적인 희곡과 소설을 즐기고, 비극적인 그림과 영화 그리고 비극적인 음악과 유행가도 즐긴다. 슬픔, 애절, 우수의 심연에 빠질 것을 알면서도 소포클레스의 『안티고네』, 셰익스피어의 『햄릿』을 찾고, 베토벤의 '운명', 차이코프스키의 '비창', 피카소의 '우는 연인'을 즐긴다. 아니면 텔레비전의 멜로드라마를 보고 값싼 눈물이라도 흘린다. 이를 동정과 측은과 충격에 의한 '카타르시스', 즉 마음의 세척으로 설명한 아리스토텔레스의 주장은 유명하다. 그것은 마치 눈물로 스스로의 불안, 고민, 고통을 씻어내는 역할을 한다는 것이다.
> 니체는 좀 더 심각한 견해를 갖는다. 그는 "비극은 언제나 삶에 아주 긴요한 기능을 가지고 있다. 비극은 사람들에게 그들을 싸고도는 생명 파멸의 비운을 똑바로 인식해야 할 부담을 덜어주고, 동시에 비극 자체의 암울하고 음침한 원류에서 벗어나게 해서 그들의 삶의 흥취를 다시 돋우어 준다."라고 하였다. 그런 비운을 직접 전면적으로 목격하는 일, 또 더구나 스스로 직접 그것을 겪는 일이라는 것은 너무나 끔찍한 일이기에, 그것을 간접경험으로 희석한 비극을 봄으로써 '비운'이란 그런 것이라는 이해와 측은지심을 갖게 되고, 동시에 실제 비극이 아닌 그 가상적인 환영(幻影) 속에서 비극에 대한 어떤 안도감도 맛보게 된다.

① 비극의 현대적 의의   ② 비극을 즐기는 이유
③ 비극의 기원과 역사   ④ 비극에 반영된 삶
⑤ 문학 작품 속의 비극

> | 해설 | 첫 번째 문단에서 '카타르시스'와 니체가 말한 비극의 기능을 제시하며 비극을 즐기는 이유를 설명하고 있다.
>
> **정답** ②

(2) 추론적 이해

제시문에 나와 있는 정보들의 관계를 파악하거나 글에서 명시되지 않은 생략된 내용을 상상하며 글을 읽고 내용을 파악하는 것이다. 제시문의 정보를 근거로 하여 글에 드러나 있지 않은 정보를 추리해 낼 수 있어야 한다.

① 내용의 추론 : 제시문의 정보를 바탕으로 숨겨진 의미를 찾거나 생략된 의미를 앞뒤 내용의 흐름 및 내용 정보의 관계를 통해서 짐작한 다음, 다른 상황에 적용할 수 있어야 한다.

   ㉠ 숨겨진 정보를 추리하기

   ㉡ 제시되지 않은 부분의 내용을 추리하기

   ㉢ 문맥 속의 의미나 함축적 의미를 추리하기

   ㉣ 알고 있는 지식을 다른 상황에 적용하기

② 과정의 추론 : 제시문에 설명된 정보에 대한 가정이나 그것의 전체 또는 대상을 보는 관점, 태도나 입장을 파악하는 것이다.

   ㉠ 정보의 가정이나 전제

   ㉡ 글을 쓰는 관점 추리하기

   ㉢ 글 속에 나타나는 대상 또는 정서・심리 상태, 어조 추리하기

   ㉣ 글을 쓰게 된 동기나 목적 추리하기

핵심예제

다음 글의 흐름으로 보아 결론으로 가장 적절한 것은?

> 오늘날 정보 통신의 중심에 놓이는 인터넷에는 수천만 명에서 수억 명에 이르는 사용자들이 매일 서로 다른 정보들에 접속하지만, 이들 가운데 거의 대부분은 주요한 국제 정보 통신망을 사용하고 있으며, 적은 수의 정보 서비스에 가입해 있다고 한다. 대표적인 예로 MSN을 운영하는 마이크로소프트사는 CNN과 정보를 독점적으로 공유하고, 미디어 대국의 구축을 목표로 기업 간 통합에 앞장선다. 이들이 제공하는 상업 광고로부터 자유로운 정보 사용자는 없으며, 이들이 제공하는 뉴스의 사실성이나 공정성 여부를 검증할 수 있는 정보 사용자 역시 극히 적은 실정이다.

① 정보 사회는 경직된 사회적 관계를 인간적인 관계로 변모시킨다.

② 정보 사회는 정보를 원하는 시간, 원하는 장소에 공급한다.

③ 정보 사회는 육체노동의 구속으로부터 사람들을 해방시킨다.

④ 정보 사회는 정보의 질과 소통 방식이 불균등하게 이루어진다.

⑤ 정보 사회는 힘과 영향력에 상관없이 모든 기업이 동등한 위치에 있다.

| 해설 | 제시문의 중심 내용은 '거대 회사가 정보를 독점적으로 공유하며, 거대 미디어들이 제공하는 뉴스의 사실성・공정성을 검증할 수 있는 정보 사용자가 없다.'는 것이다. 따라서 이에 대한 결론으로 가장 적절한 것은 정보 사회의 단점을 언급한 ④이다.

정답 ④

③ 구조의 추론
　　㉠ 구성 방식 : 전체 글의 짜임새 및 단락의 짜임새
　　㉡ 구성 원리 : 정확한 의미 전달을 위한 통일성, 완결성, 일관성

(3) 비판적 이해

제시문의 주요 논지에 대한 비판의 여지를 탐색하고 따져보거나 글이나 자료의 생성 과정 및 그것을 구성한 관점, 태도 등을 파악하는 등 글의 내용으로부터 객관적인 거리를 두고 판단하거나 평가함으로써 도달하는 것이다.

① 핵심어 이해 : 제시문이 객관적인지, 또는 현실과 어떤 연관성이 있는지 등을 판단해 본다. 그리고 핵심 개념을 정의하는 부분에 비논리적 내용이나 주제를 강조하기 위한 의도에서 오류는 없는지를 파악해 본다.

② 쟁점 파악 : 제시문의 핵심 내용을 파악했다면, 주장이 무엇인지, 그리고 타당한지를 비판적으로 고려해 보아야 한다.

③ 주장과 근거 : 제시문의 주제를 비판적으로 고려했다면, 그 주장이 어떤 근거에 바탕을 두고 있는지, 그리고 근거와 주장 사이에 논리적 오류가 없는지 비판적으로 생각해 본다.

핵심예제

다음 글의 내용과 맥락이 일치하는 것은?

무시무시한 자연재해가 자연을 정복하려는 인간에 대한 자연의 '보복'이라고 자책할 필요는 없다. 자연이 만물의 영장인 우리에게 특별한 관심을 보여 주기를 바라는 것은 우리의 소박한 희망일 뿐이다. 자연은 누구에게도 그런 너그러움을 보여줄 뜻이 없는 것이 확실하다. 위험한 자연에서 스스로 생존을 지켜내는 것은 우리의 가장 중요한 책무이다. 따라서 과학을 이용해 자연재해의 피해를 줄이고, 더욱 안전하고 안락한 삶을 추구하려는 우리의 노력은 계속되어야 한다.

① 과욕을 버리면 질병이 치유될 수 있다. 왜냐하면 질병은 인간의 과욕이 부른 결과이기 때문이다.
② 인간의 몸은 스스로 치유의 능력이 있다. 예전에 아무런 의학 처방 없이 많은 질병이 치유된 것도 이 때문이다.
③ 의약품이 인간의 질병을 치유한 경우도 많다. 그러나 의약품 때문에 발생하는 질병도 많다.
④ 의학은 인간의 자연 치유력을 감소시킨 측면이 있다. 하지만 질병을 극복하기 위해서는 의학이 필요하다.
⑤ 과학의 발달로 인해 이전보다 자연에 더 큰 피해를 준다.

> **| 해설 |** 제시문은 자연재해는 자연현상으로 넘기고, 과학을 통해 이러한 자연현상까지 극복하여 안락한 삶을 추구하고자 하는 인간의 노력을 중시하자는 내용이다. 이는 ④에서 의학이 인간의 자연 치유력을 감소시키더라도 인간의 능력(의학)으로 질병을 극복할 수 있다고 한 것과 같은 맥락이다.
>
> **정답** ④

01 | 언어이해 적중예상문제

정답 및 해설 p.002

대표유형 1　　내용일치

01 다음 글의 내용으로 가장 적절한 것은?

> '청렴(淸廉)'은 현대 사회에서 좁게는 반부패와 동의어로 사용되며, 넓게는 투명성과 책임성 등을 포괄하는 통합적 개념으로 사용되고 있다. 유학자들은 청렴을 효제(孝悌)와 같은 인륜의 덕목보다는 하위에 두었지만 군자라면 마땅히 지켜야 할 일상의 덕목으로 중시하였다. 조선의 대표적 유학자였던 이황과 이이는 청렴을 사회 규율이자 개인 처세의 지침으로 강조하였다. 특히 공적 업무에 종사하는 사람이라면 사회 규율로서의 청렴이 개인의 처세와 직결된다는 점에 유념해야 한다고 보았다.
>
> 청렴에 대한 논의는 정약용의 『목민심서』에서 본격적으로 나타난다. 정약용은 청렴이야말로 목민관이 지켜야 할 근본적인 덕목이며, 목민관의 직무는 청렴이 없이는 불가능하다고 강조하였다. 정약용은 청렴을 당위의 차원에서 주장하는 기존의 학자들과 달리 행위자 자신에게 실질적 이익이 된다는 점을 들어 설득하고자 한다. 그는 청렴은 큰 이득이 남는 장사라고 말하면서, 지혜롭고 욕심이 큰 사람은 청렴을 택하지만 지혜가 짧고 욕심이 작은 사람은 탐욕을 택한다고 설명한다. 정약용은 "지자(知者)는 인(仁)을 이롭게 여긴다."라는 공자의 말을 빌려 "지혜로운 자는 청렴함을 이롭게 여긴다."라고 하였다. 비록 재물을 얻는 데 뜻이 있더라도 청렴함을 택하는 것이 결과적으로는 지혜로운 선택이라고 정약용은 말한다. 목민관의 작은 탐욕은 단기적으로 보면 눈앞의 재물을 취하여 이익을 얻을 수 있겠지만 궁극에는 개인의 몰락과 가문의 불명예를 가져올 수 있기 때문이다.
>
> 정약용은 청렴을 지키는 것은 두 가지 효과가 있다고 보았다. 첫째, 청렴은 다른 사람에게 긍정적 효과를 미친다. 목민관이 청렴할 경우 백성을 비롯한 공동체 구성원에게 좋은 혜택이 돌아갈 것이다. 둘째, 청렴한 행위를 하는 것은 목민관 자신에게도 좋은 결과를 가져다준다. 청렴은 그 자신의 덕을 높이는 것일 뿐 아니라 자신의 가문에 빛나는 명성과 영광을 가져다줄 것이다.

① 정약용은 청렴이 목민관이 반드시 지켜야 할 덕목임을 당위론 차원에서 정당화하였다.

② 정약용은 탐욕을 택하는 것보다 청렴을 택하는 것이 이롭다는 공자의 뜻을 계승하였다.

③ 정약용은 청렴한 사람은 욕심이 작기 때문에 재물에 대한 탐욕에 빠지지 않는다고 보았다.

④ 정약용은 청렴이 백성에게 이로움을 줄 뿐 아니라 목민관 자신에게도 이로운 행위라고 보았다.

⑤ 이황과 이이는 청렴을 개인의 처세에 있어 주요 지침으로 여겼으나 사회 규율로는 보지 않았다.

02

생물 농약이란 농작물에 피해를 주는 병이나 해충, 삽조를 세서하기 위해 자연에 있는 생물로 만든 천연 농약을 뜻한다. 생물 농약을 개발한 것은 흙 속에 사는 병원균으로부터 식물을 보호할 목적에서였다. 뿌리를 공격하는 병원균은 땅속에 살고 있으므로 병원균을 제거하기에 어려움이 있었다. 게다가 화학 농약의 경우 그 성분이 토양에 달라붙어 제 기능을 발휘하지 못했기 때문에 식물 성장을 돕고 항균 작용을 할 수 있는 미생물에 주목하기 시작한 것이다.

식물 성장을 돕고 항균 작용을 하는 미생물 집단을 '근권미생물'이라 하는데, 여러 종류의 근권미생물 중 농약으로 쓰기에 가장 좋은 것은 뿌리에 잘 달라붙는 것들이다. 근권미생물의 입장에서 뿌리 주변은 사막의 오아시스와 비슷한 조건이다. 뿌리 주변은 뿌리에서 공급되는 양분과 안락한 서식 환경을 제공받지만, 뿌리 주변에서 멀리 떨어진 곳은 황량한 지역이어서 먹을 것을 찾기가 어렵기 때문이다. 따라서 뿌리 주변에서는 좋은 위치를 선점하기 위해 미생물 간에 치열한 싸움이 벌어진다. 얼마나 뿌리에 잘 정착하느냐가 생물 농약으로 사용되는 미생물을 결정하는 데 중요한 기준이 되는 셈이다.

생물 농약으로 쓰이는 미생물은 식물 성장을 돕는 성질을 포함한다. 미생물이 만든 항균 물질은 농작물의 뿌리에 침입하려는 곰팡이나 병원균의 성장을 억제하거나 죽게 한다. 그리고 병원균이나 곤충, 선충에 기생하는 종들을 사용한 생물 농약은 유해 병원균이나 해충을 직접 공격하기도 한다. 예를 들어 흰가루병은 채소 대부분에 생겨나는 곰팡이 때문에 발생하는데, 흰가루병을 일으키는 곰팡이의 영양분을 흡수해 죽이는 천적 곰팡이(Ampelomyces Quisqualis)를 이용한 생물 농약이 만들어졌다.

① 화학 농약은 화학 성분이 토양에 달라붙어 제 기능을 발휘하지 못한다.
② 생물 농약으로 쓰이는 미생물들은 유해 병원균이나 해충을 직접 공격하지는 못한다.
③ '근권미생물'이란 식물의 성장에 도움을 주는 미생물이다.
④ 뿌리에 잘 정착하는지의 여부가 미생물의 생물 농약 사용 기준이 된다.
⑤ 다른 곰팡이를 죽이는 곰팡이가 존재한다.

03

위기지학(爲己之學)이란 15세기의 사림파 선비들이 『소학(小學)』을 강조하면서 내세운 공부 태도를 가리킨다. 원래 이 말은 위인지학(爲人之學)과 함께 『논어(論語)』에 나오는 말이다. '옛날에 공부하던 사람들은 자기를 위해 공부했는데, 요즘 사람들은 남을 위해 공부한다.' 즉, 공자는 공부하는 사람의 관심이 어디에 있느냐를 가지고 학자를 두 부류로 구분했다. 어떤 학자는 '위기(爲己)란 자아가 성숙하는 것을 추구하며, 위인(爲人)이란 남들에게서 인정받기를 바라는 태도'라고 했다.

조선 시대를 대표하는 지식인 퇴계 이황(李滉)은 이렇게 말했다. '위기지학이란, 우리가 마땅히 알아야 할 바가 도리이며, 우리가 마땅히 행해야 할 바가 덕행(德行)이라는 것을 믿고, 가까운 데서부터 착수해 나가되 자신의 이해를 통해서 몸소 실천하는 것을 목표로 삼는 공부이다. 반면 위인지학이란, 내면의 공허함을 감추고 관심을 바깥으로 돌려 지위와 명성을 취하는 공부이다.' 위기지학과 위인지학의 차이는 공부의 대상이 무엇이냐에 있다기보다 공부를 하는 사람의 일차적 관심과 태도가 자신을 내면적으로 성숙시키는 데 있느냐 아니면 다른 사람으로부터 인정을 받는 데 있느냐에 있다는 것이다.

이것은 학문의 목적이 외재적 가치에 의해서가 아니라 내재적 가치에 의해서 정당화된다는 사고방식이 나타났음을 뜻한다. 이로써 당시 사대부들은 출사(出仕)를 통해 정치에 참여하는 것 외에 학문과 교육에 종사하면서도 자신의 사회적 존재 의의를 주장할 수 있다고 믿었다. 더 나아가 학자 또는 교육자로서 사는 것이 관료 또는 정치가로서 사는 것보다 훌륭한 것이라고 주장할 수 있게 되었다. 또한 위기지학의 출현은 종래 과거제에 종속되어 있던 교육에 독자적 가치를 부여했다는 점에서 역사적 사건으로 평가받아 마땅하다.

① 국가가 위기지학을 권장함으로써 그 위상이 높아졌다.
② 위인지학을 추구하는 사람들은 체면과 인정을 중시했다.
③ 위기적 태도를 견지한 사람들은 자아의 성숙을 추구했다.
④ 공자는 학문을 대하는 태도를 기준으로 삼아 학자들을 나누었다.
⑤ 위기지학은 사대부에게 출사만이 훌륭한 것은 아니라는 근거를 제공했다.

※ 다음 글의 내용으로 가장 적절한 것을 고르시오. [4~5]

04

논리는 증명하지 않고도 참이라고 인정하는 명제, 즉 공리를 내세우면서 출발한다. 따라서 모든 공리는 그로부터 파생되는 수많은 논리 체계의 기초를 이루고, 이들로부터 이끌어 낸 정리는 논리 체계의 상부 구조를 이룬다. 이때, 각각의 공리들은 서로 모순이 없어야만 존재할 수 있다.

공리라는 개념은 고대 그리스의 수학자 유클리드로부터 출발한다. 유클리드는 그의 저서 『원론』에서 다음과 같은 5개의 공리를 세웠다. 첫째, 동일한 것의 같은 것은 서로 같다($A=B$, $B=C$이면 $A=C$). 둘째, 서로 같은 것에 같은 것을 각각 더하면 그 결과는 같다($A=B$이면 $A+C=B+C$). 셋째, 서로 같은 것에서 같은 것을 각각 빼면 그 결과는 같다($A=B$이면 $A-C=B-C$). 넷째, 서로 일치하는 것은 서로 같다. 다섯째, 전체는 부분보다 더 크다. 수학이란 진실만을 다루는 가장 논리적인 학문이라고 생각했던 유클리드는 공리를 기반으로 명제들이 왜 성립될 수 있는가를 증명하였다.

공리를 정하고 이로부터 이끌어 낸 명제가 참이라는 믿음은 이후로도 2천 년이 넘게 이어졌다. 19세기 말 수학자 힐베르트는 유클리드의 이론을 보완하여 기하학의 5개 공리를 재구성하고 현대 유클리드 기하학의 체계를 완성하였다. 나아가 힐베르트는 모든 수학적 명제는 모순이 없고 독립적인 공리 위에 세워진 논리 체계 안에 있으며, 이러한 공리의 무모순성과 독립성을 실제로 증명할 수 있다고 예상했다. 직관을 버리고 오로지 연역 논리에 의한 체계의 완성을 추구했던 것이다.

그러나 그로부터 30여 년 후, 괴델은 '수학은 자신의 무모순성을 스스로 증명할 수 없다.'라는 사실을 수학적으로 증명하기에 이르렀다. 그는 '참이지만 증명할 수 없는 명제가 존재한다.'와 '주어진 공리와 규칙만으로 일관성과 무모순성을 증명할 수 없다.'라는 형식 체계를 명시하였다. 괴델의 이러한 주장은 힐베르트의 무모순성과 완전성의 공리주의를 부정하는 것이었기에 수학계를 발칵 뒤집어놓았다. 기계적인 방식으로는 수학의 모든 사실을 만들어 낼 수 없다는 괴델의 불완전성의 정리는 가장 객관적인 학문으로 인식되어 왔던 수학의 체면을 구기는 오점처럼 보이기도 한다. 그러나 한편으로 수학의 응용이 가능해지면서 다른 학문과의 융합이 이루어졌고 이후 물리학, 논리학을 포함한 각계의 수많은 학자들에게 영감을 주었다.

① 공리의 증명 가능성을 인정하였다는 점에서 유클리드와 힐베르트는 공통점이 있다.
② 힐베르트는 유클리드와 달리 공리 체계의 불완전성을 인정하였다.
③ 유클리드가 정리한 명제들은 괴델에 의해 참이 아닌 것으로 판명되었다.
④ 괴델 이후로 증명할 수 없는 수학적 공리는 참이 아닌 것으로 간주되었다.
⑤ 괴델은 공리의 존재를 인정했지만, 자체 체계만으로는 무모순성을 증명할 수 없다고 주장하였다.

05

멋은 일상생활의 단조로움이나 생활의 압박에서 해방되려는 노력의 하나일 것이다. 끊임없는 일상의 복장, 그 복장이 주는 압박감에서 벗어나기 위해 옷을 잘 차려 입는 사람은 그래서 멋쟁이이다. 또는 삶을 공리적 계산으로서가 아니라 즐김의 대상으로 볼 수 있게 해 주는 활동, 가령 서도(書道)라든가 다도(茶道)라든가 꽃꽂이라든가 하는 일을 과외로 즐길 줄 아는 사람을 우리는 생활의 멋을 아는 사람이라고 말한다. 그러나 그렇다고 해서 값비싸고 화려한 복장, 어떠한 종류의 스타일과 수련을 전제하는 활동만이 멋을 나타내는 것이 아니다. 경우에 따라서는 털털한 옷차림, 겉으로 내세울 것이 없는 소탈한 생활 태도가 멋있게 생각될 수도 있다. 기준적인 것에 변화를 더하는 것이 중요한 것이다. 그러나 기준으로부터의 편차가 너무 커서는 안 된다. 혐오감을 불러일으킬 정도의 몸가짐, 몸짓 또는 생활 태도는 멋이 있는 것으로 생각되지 않는다. 편차는 어디까지나 기준에 의해서만 존재하는 것이다.

① 다양한 종류의 옷을 가지고 있는 사람은 멋쟁이이다.
② 값비싸고 화려한 복장을 하는 사람은 공리적 계산을 하는 사람이다.
③ 소탈한 생활 태도를 갖는 것이 가장 중요하다.
④ 꽃꽂이를 과외로 즐길 줄 아는 사람은 생활의 멋을 아는 사람이다.
⑤ 차는 종류별로 즐길 줄 알아야 진정한 멋을 아는 사람이다.

06 다음 글의 핵심 내용으로 가장 적절한 것은?

> 1948년에 제정된 대한민국 헌법은 공동체의 정치적 문제는 기본적으로 국민의 의사에 의해 결정된다는 점을 구체적인 조문으로 명시하고 있다. 그러나 이러한 공화제적 원리는 1948년에 이르러 갑작스럽게 등장한 것이 아니다. 이미 19세기 후반부터 한반도에서는 이와 같은 원리가 공공 영역의 담론 및 정치적 실천 차원에서 표명되고 있었다.
>
> 공화제적 원리는 1885년부터 발행되기 시작한 근대적 신문인 『한성주보』에서도 어느 정도 언급된 바 있지만, 특히 1898년에 출현한 만민 공동회에서 그 내용이 명확하게 드러난다. 독립협회를 중심으로 촉발되었던 만민 공동회는 민회를 통해 공론을 형성하고 이를 국정에 반영하고자 했던 완전히 새로운 형태의 정치운동이었다. 이것은 전통적인 집단 상소나 민란과는 전혀 달랐다. 이 민회는 자치에 대한 국민의 자각을 기반으로 공동생활의 문제들을 협의하고 함께 행동해 나가려 하였다. 이것은 자신들이 속한 정치 공동체에 대한 소속감과 연대감을 갖지 않고서는 불가능한 현상이었다. 즉, 만민 공동회는 국민이 스스로 정치적 주체가 되고자 했던 시도였다. 전제적인 정부가 법을 통해 제한하려고 했던 정치 참여를 국민이 스스로 쟁취하여 정치 체제를 변화시키고자 하였던 것이다.
>
> 19세기 후반부터 한반도에 공화제적 원리가 표명되고 있었다는 사례는 이뿐만이 아니다. 당시 독립협회가 정부와 함께 개최한 관민 공동회에서 발표한 「헌의 6조」를 살펴보면 제3조에 '예산과 결산은 국민에게 공표할 일'이라고 명시하고 있는 것을 확인할 수 있다. 이것은 오늘날의 재정 운용의 기본 원칙으로 여겨지는 예산 공개의 원칙과 정확하게 일치하는 것으로, 국민과 함께 협의하여 정치를 하여야 한다는 공화주의 원리를 보여 주고 있다.

① 만민 공동회는 전제 정부의 법적 제한에 맞서 국민의 정치 참여를 쟁취하고자 했다.

② 한반도에서 예산 공개의 원칙은 19세기 후반 관민 공동회에서 처음으로 표명되었다.

③ 예산과 결산이라는 용어는 관민 공동회가 열렸던 19세기 후반에 이미 소개되어 있었다.

④ 만민 공동회를 통해 대한민국 헌법에 공화제적 원리를 포함시키는 것이 결정되었다.

⑤ 한반도에서 공화제적 원리는 이미 19세기 후반부터 담론 및 실천의 차원에서 표명되고 있었다.

07

코로나19의 지역 감염이 확산됨에 따라 감염병 위기 경보 수준이 '경계'에서 '심각'으로 격상되었다. 이처럼 감염병 위기 단계가 높아지면 무엇이 달라질까?

감염병 위기 경보 수준은 '관심', '주의', '경계', '심각'의 4단계로 나뉘며, 각 단계에 따라 정부의 주요 대응 활동이 달라진다. 먼저, 해외에서 신종 감염병이 발생하여 유행하거나 국내에서 원인 불명 또는 재출현 감염병이 발생하면 '관심' 단계의 위기 경보가 발령된다. '관심' 단계에서 질병관리본부는 대책반을 운영하여 위기 징후를 모니터링하고, 필요할 경우 현장 방역 조치와 방역 인프라를 가동한다. 해외에서 유행하던 신종 감염병이 국내로 유입되거나 국내에서 원인 불명 또는 재출현 감염병이 제한적으로 전파되면 '주의' 단계가 된다. '주의' 단계에서는 질병관리본부의 중앙방역대책본부가 설치되어 운영되며, 유관 기관은 협조 체계를 가동한다. 또한 '관심' 단계에서 가동된 현장 방역 조치와 방역 인프라, 모니터링 및 감시 시스템은 더욱 강화된다. 국내로 유입된 해외의 신종 감염병이 제한적으로 전파되거나 국내에서 발생한 원인 불명·또는 재출현 감염병이 지역 사회로 전파되면 '경계' 단계로 격상된다. '경계' 단계에서는 중앙방역대책본부의 운영과 함께 보건복지부 산하에 중앙사고수습본부가 설치된다. 필요할 경우 총리 주재 아래 범정부 회의가 개최되고, 행정안전부는 범정부 지원 본부의 운영을 검토한다. 마지막으로 해외의 신종 감염병이 국내에서 지역 사회 전파 및 전국 확산을 일으키거나 국내 원인 불명 또는 재출현 감염병이 전국적으로 확산되면 위기 경보의 가장 높은 단계인 '심각' 단계로 격상된다. 이 단계에서는 범정부적 총력 대응과 함께 필요할 경우 중앙재난안전대책본부를 운영하게 된다. 이때 '경계' 단계에서의 총리 주재 아래 범정부 회의가 이루어지던 방식은 중앙재난안전대책본부가 대규모 재난의 예방·대비·대응·복구 등에 관한 사항을 총괄하고 조정하는 방식으로 달라진다.

① 코로나19 감염 확산에 따른 대응 방안
② 감염병 위기 경보 단계 상향에 따른 국민 행동 수칙 변화
③ 시간에 따른 감염병 위기 경보 단계의 변화
④ 위기 경보 '심각' 단계 상향에 따른 정부의 특별 지원
⑤ 감염병 위기 경보 단계에 따른 정부의 대응 변화

08

주어진 개념에 포섭시킬 수 없는 대상(의 표상)을 만난 경우, 상상력은 처음에는 기지의 보편에 포섭시킬 수 있도록 직관의 다양을 종합할 것이다. 말하자면 뉴턴의 절대 공간, 역학의 법칙 등의 개념(보편)과 자신이 가지고 있는 특수(빛의 휘어짐)가 일치하는가, 조회로운가를 비교할 것이다. 하지만 일치되는 것이 없으므로, 상상력은 또다시 여행을 떠난다. 즉, 새로운 형태의 다양한 종합 활동을 수행해 볼 것이다. 이것은 미지의 세계로 향한 여행이다. 그리고 이 여행에는 주어진 목적지가 없기 때문에 자유롭다.

이런 자유로운 여행을 통해 예들 들어 상대 공간, 상대 시간, 공간의 만곡, 상대성 이론이라는 새로운 개념들을 가능하게 하는 새로운 도식들을 산출한다면, 그 여행은 종결될 것이다. 여기서 우리는 왜 칸트가 상상력의 자유로운 유희라는 표현을 사용하는지 이해할 수 있게 된다. '상상력의 자유로운 유희'란 이렇게 정해진 개념이나 목적이 없는 상황에서 상상력이 그 개념이나 목적을 찾는 과정을 의미한다고 볼 수 있다. 이는 게임이다. 그리고 그 게임에 있어서 반드시 성취해야 할 그 어떤 것이 없다면, 순수한 놀이(유희)가 성립할 수 있을 것이다.

– 칸트, 『판단력 비판』

① 상상력의 재발견
② 인식 능력으로서의 상상력
③ 목적 없는 상상력의 활동
④ 자유로운 유희로서의 상상력의 역할
⑤ 과학적 발견의 원동력으로서의 상상력

09 다음 글을 읽고 추론할 수 있는 내용으로 가장 적절한 것은?

> EU는 1995년부터 철제 다리 덫으로 잡은 동물 모피의 수입을 금지하기로 했다. 모피가 이런 덫으로 잡은 동물의 것인지, 상대적으로 덜 잔혹한 방법으로 잡은 동물의 것인지 구별하는 것은 불가능하다. 그렇기 때문에 EU는 철제 다리 덫 사용을 금지하는 나라의 모피만 수입하기로 결정했다. 이런 수입 금지 조치에 대해 미국, 캐나다, 러시아는 WTO에 제소하겠다고 위협했다. 결국 EU는 WTO가 내릴 결정을 예상하여 철제 다리 덫으로 잡은 동물의 모피를 계속 수입하도록 허용했다.
>
> 또한 1998년부터 EU는 화장품 실험에 동물을 이용하는 것을 금지했을 뿐 아니라, 동물실험을 거친 화장품의 판매조차 금지하는 법령을 채택했다. 그러나 동물실험을 거친 화장품의 판매 금지는 WTO 규정 위반이 될 것이라는 유엔의 권고를 받았다. 결국 EU의 판매 금지는 실행되지 못했다.
>
> 한편 그 외에도 EU는 성장 촉진 호르몬이 투여된 쇠고기의 판매 금지 조치를 시행하기도 했다. 동물복지를 옹호하는 단체들이 소의 건강에 미치는 영향을 우려해 호르몬 투여 금지를 요구했지만, EU가 쇠고기 판매를 금지한 것은 주로 사람의 건강에 대한 염려 때문이었다. 미국은 이러한 판매 금지 조치에 반대하며 EU를 WTO에 제소했고, 결국 WTO 분쟁패널로부터 호르몬 사용이 사람의 건강을 위협한다고 믿을 만한 충분한 과학적 근거가 없다는 판정을 이끌어 내는 데 성공했다. EU는 항소했다. 그러나 WTO의 상소 기구는 미국의 손을 들어주었다. 그럼에도 불구하고 EU는 금지 조치를 철회하지 않았다. 이에 미국은 1억 1,600만 달러에 해당하는 EU의 농업 생산물에 100% 관세를 물리는 보복 조치를 발동했고 WTO는 이를 승인했다.

① EU는 환경의 문제를 통상 조건에서 최우선적으로 고려한다.

② WTO는 WTO 상소 기구의 결정에 불복하는 경우 적극적인 제재 조치를 취한다.

③ WTO는 사람의 건강에 대한 위협을 방지하는 것보다 국가 간 통상의 자유를 더 존중한다.

④ WTO는 제품의 생산 과정에서 동물의 권리를 침해한다는 이유로 해당 제품 수입을 금지하는 것을 허용하지 않는다.

⑤ WTO 규정에 의하면 각 국가는 타국의 환경, 보건, 사회 정책 등이 자국과 다르다는 이유로 타국의 특정 제품의 수입을 금지할 수 있다.

10 다음 글을 근거로 판단할 때, 〈보기〉에서 적절한 것을 모두 고르면?

> 태어난 아기에게 처음 입히는 옷을 배냇저고리라고 하는데, 보드라운 신생아의 목에 거친 깃이 닿지 않도록 깃 없이 만들어 '무령의(無領衣)'라고도 하였다. 보통 저고리를 여미는 고름 대신 무명실 끈을 길게 달아 장수를 기원했는데, 이는 남아, 여아 모두 공통적이었다. 특히 남자 아기의 배냇저고리는 재수가 좋다고 하여 시험이나 송사를 치르는 사람이 부적 같이 몸에 지니는 풍습이 있었다. 아기가 태어난 지 약 20일이 지나면 배냇저고리를 벗기고 돌띠저고리를 입혔다. 돌띠저고리에는 돌띠라는 긴 고름이 달려 있는데, 길이가 길어 한 바퀴 돌려 맬 수 있을 정도이다. 이런 돌띠저고리에는 긴 고름처럼 장수하기를 바라는 의미가 담겨 있다.
>
> 백일에는 아기에게 백줄을 누빈 저고리를 입히기도 하였는데, 이는 장수하기를 바라는 의미를 담고 있다. 그리고 첫돌에 남자 아기에게는 색동저고리를 입히고 복건(幅巾)이나 호건(虎巾)을 씌우며, 여자 아기에게는 색동저고리를 입히고 굴레를 씌웠다.

> **보기**
>
> ㄱ. 배냇저고리는 아기가 태어난 후 약 3주간 입히는 옷이다.
> ㄴ. 시험을 잘 보기 위해 여자아기의 배냇저고리를 몸에 지니는 풍습이 있었다.
> ㄷ. 돌띠저고리와 백줄을 누빈 저고리에 담긴 의미는 동일하다.
> ㄹ. 남자 아기뿐만 아니라 여자 아기에게도 첫 생일에는 색동저고리를 입혔다.

① ㄴ   ② ㄱ, ㄴ
③ ㄱ, ㄷ   ④ ㄱ, ㄹ
⑤ ㄱ, ㄷ, ㄹ

11 다음 글을 바탕으로 한 추론으로 가장 적절한 것은?

> 청과물의 거래 방식으로 밭떼기, 수의계약, 경매가 있고 농가는 이 중 한 가지를 선택한다. 밭떼기는 재배 초기에 수집 상인이 산지에 와서 계약하고 대금을 지급한 다음, 수확기에 가져가 도매시장의 상인에게 파는 방식이다. 수의계약은 수확기에 농가가 도매시장 내 도매상과의 거래를 성사시킨 후 직접 수확하여 보내는 방식인데, 이때 운송 책임은 농가가 진다. 경매는 농가가 수확한 청과물을 도매시장에 보내서 경매를 위임하는 방식인데, 도매시장에 도착해서 경매가 끝날 때까지 최소 하루가 걸린다.
> 같은 해 동일 품목의 경우, 수의계약의 평균 거래가격과 경매의 평균 거래가격은 밭떼기의 거래가격과 같다고 가정한다. 단, 생산량과 소비량의 변동으로 가격 변동이 발생하는데, 도매시장에서의 가격 변동 폭은 경매가 수의계약보다 크다.

① 사랑이네 가족은 농가에서 직접 배송한 귤을 먹었는데, 이러한 거래는 밭떼기이다.
② 농가가 직접 마트와 거래하는 것은 경매이다.
③ 마트 주인이 이번 연도에 팔았던 귤이 맛있어서 내년 계약을 하고 온 것은 수의계약이다.
④ 그 상품을 주기적으로 소비할 경우 경매가 더 유리하다.
⑤ 청과물의 거래방식으로 가격변동이 가장 큰 것은 밭떼기이다.

12 다음 글을 바탕으로 한 추론으로 적절하지 않은 것은?

> 3자 물류란 물류 관련 비용의 절감을 위해 제품 생산을 제외한 물류 전반을 특정 물류 전문업체에 위탁하는 것을 말한다. 예전엔 단순히 비용 절감을 위해 물류 부문을 아웃소싱하는 것을 의미했으나, 최근 들어선 전문 물류 회사가 제품의 생산공정으로부터 고객에게 이르는 전 단계를 효율화하는 것으로 의미가 넓어졌다. 일반 물류와 다른 점은 3자 물류는 화주업체와 1년 이상 장기간의 계약에 의해 제휴 관계를 맺고 복수의 물류 기능을 하나로 묶어 통합 물류 서비스를 제공한다는 데 있다. 3자 물류는 계약에 기반을 두기 때문에 계약물류라고도 한다. 국내에서 3자 물류는 1997년 외환위기를 기점으로 발전하기 시작했다. 외환위기 이후 기업들이 자사의 핵심 역량에 집중하고 비주력 영역을 아웃소싱을 통해 기업 구조를 개선하려는 의지를 보였기 때문이다. 이때를 기점으로 물류의 아웃소싱이 활발히 검토되기 시작했다. 최근 들어 그룹 단위의 물류가 아웃소싱 시장으로 나오기 시작하는 등 3자 물류가 활기를 띠고 있다. 물류업체들도 3자 물류 시장을 잡기 위해 혈안이다.

① 3자 물류란 제품 생산을 제외한 물류 전반을 전문업체에 위탁하는 것을 말한다.
② 과거에는 단순한 비용 절감을 위해 아웃소싱을 했다.
③ 3자 물류의 범위가 과거보다 확장되었다.
④ 3자 물류는 화주업체와 3년 이상 장기간의 계약을 필수적으로 한다.
⑤ 3자 물류는 계약물류라고도 한다.

13 다음 글로부터 〈보기〉와 같이 추론했을 때, 빈칸에 들어갈 말로 가장 적절한 것은?

> 사람은 이상(理想)을 위하여 산다고 말한 바 있다. 그와 거의 같은 내용으로 사람은 문화(文化)를 위하여 산다고 다시 말하고 싶다. 문화를 위한다는 것은 새로운 문화를 창조(創造)하기 위함이란 뜻이다. 그리고 문화를 창조한다는 것은 이상을 추구(追求)한다는 의미(意味)가 된다. 즉, 새 문화를 생산(生産)한다는 것은 자기의 이상을 실현(實現)하는 일이기 때문이다.
>
> 그리하여 어떤 사람은, 인생의 목적은 기성 문화(旣成文化)에 얼마만큼 새 문화(文化)를 더하기 위하여 사는 것이라고 논술(論述)했다.
>
> 이상(理想)이나 문화나 다 같이 사람이 추구하는 대상(對象)이 되는 것이요, 또 인생의 목적이 거기에 있다는 점에서는 동일하다. 그러나 이 두 가지가 완전히 일치되는 것은 아니니, 그 차이점은 여기에 있다. 즉, 문화는 인간의 이상이 이미 현실화된 것이요, 이상은 현실 이전의 문화라 할 수 있을 것이다.
>
> 어쨌든, 문화와 이상을 추구하여 현실화하는 데에는 지식이 필요하고, 이러한 지식의 공급원(供給源)으로는 다시 서적이란 것으로 돌아오지 않을 수가 없다. 문화인이면 문화인일수록 서적 이용의 비율이 높아지고, 이상이 높으면 높을수록 서적 의존도 또한 높아지는 것이다.

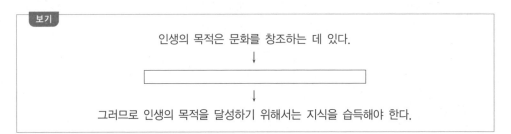

보기

인생의 목적은 문화를 창조하는 데 있다.
↓
[   ]
↓
그러므로 인생의 목적을 달성하기 위해서는 지식을 습득해야 한다.

① 인생의 목적은 이상을 실현하는 데 있다.
② 문화를 창조하기 위해서는 지식이 필요하다.
③ 문화 창조란 이상을 실현하는 것이다.
④ 인간만이 유일하게 문화를 창조할 수 있다.
⑤ 지식을 습득하기 위해서는 문화와 이상을 현실화해야 한다.

14 다음 글을 통해 추론할 수 있는 내용으로 적절하지 않은 것은?

> 퐁피두 미술관의 5층 전시장에서 특히 인기가 많은 작가는 마르셀 뒤샹이다. 뒤샹의 「레디메이드」 작품들은 한데 모여 바닥의 하얀 지지대 위에 놓여 있다. 그중 가장 눈에 익숙한 것은 둥근 나무의자 위에 자전거 바퀴가 거꾸로 얹힌 「자전거 바퀴」라는 작품일 것이다. 이 작품은 뒤샹의 대표작인 남자 소변기 「샘」과 함께 현대 미술사에 단골 메뉴로 소개되곤 한다.
>
> 위의 사례처럼 이미 만들어진 기성 제품, 즉 레디메이드를 예술가가 선택해서 '이것도 예술이다.'라고 선언한다면 우리는 그것을 예술로 인정할 수 있을까? 역사는 뒤샹의 손을 들어줬고 그가 선택했던 의자나 자전거 바퀴, 옷걸이, 삽 심지어 테이트 모던에 있는 남자 소변기까지 각종 일상의 오브제들이 20세기 최고의 작품으로 추앙받으면서 미술관에 고이 모셔져 있다. 손으로 잘 만드는 수공예 기술의 예술 시대를 넘어서 예술가가 무엇인가를 선택하는 정신적인 행위와 작업이 예술의 본질이라고 믿었던 뒤샹적 발상의 승리였다.
>
> 또한 20세기 중반의 스타 작가였던 잭슨 폴록의 작품도 눈길을 끈다. 기존의 그림 그리는 방식에 싫증을 냈던 폴록은 캔버스를 바닥에 눕히고 물감을 떨어뜨리거나 뿌려서 전에 보지 못했던 새로운 형상을 이룩했다. 물감을 사용하는 새로운 방식을 터득한 그는 '액션 페인팅'이라는 새로운 장르를 개척했다. 그림의 결과보다 그림을 그리는 행위를 더욱 중요시했다는 점에서 뒤샹의 발상과도 연관된다.
>
> 미리 계획하고 구성한 것이 아니라 즉흥적이면서도 매우 빠른 속도로 제작하는 그의 작업 방식 또한 완전히 새로운 것이었다.

① 퐁피두 미술관은 현대 미술사에 관심 있는 사람들이 방문할 것이다.
② 퐁피두 미술관을 찾는 사람들의 목적은 다양할 것이다.
③ 퐁피두 미술관은 전통적인 예술 작품들을 선호할 것이다.
④ 퐁피두 미술관은 파격적인 예술 작품들을 배척하지 않을 것이다.
⑤ 퐁피두 미술관은 현대 미술관의 선구자라는 자긍심을 가지고 있을 것이다.

15 다음 문단을 논리적 순서대로 바르게 나열한 것은?

> (가) 정해진 극본대로 연기를 하는 연극의 서사는 논리적이고 합리적이다. 그러나 연극 밖의 현실은 비합리적이고, 그 비합리성을 개인의 합리에 맞게 해석한다. 연극 밖에서도 각자의 합리성에 맞춰 연극을 하고 있는 것이다.
>
> (나) 사전적 의미로 불합리한 것, 이치에 맞지 않는 것을 의미하는 '부조리'는 실존주의 철학에서는 현실에서 전혀 삶의 의미를 발견할 가능성이 없는 절망적인 한계 상황을 나타내는 용어이다.
>
> (다) 이것이 비합리적인 세계에 대한 자신의 합목적적인 희망이라는 사실을 깨달았을 때, 삶은 허망해지고 인간은 부조리를 느끼게 된다.
>
> (라) 부조리라는 개념을 처음 도입한 대표적인 철학자인 알베르 카뮈는 연극에 비유하여 부조리에 대해 설명한다.

① (가) – (다) – (나) – (라)   ② (가) – (라) – (나) – (다)
③ (나) – (가) – (다) – (라)   ④ (나) – (다) – (가) – (라)
⑤ (나) – (라) – (가) – (다)

16 다음 문단을 논리적 순서대로 바르게 나열한 것은?

> (가) 또 그는 현대 건축 이론 중 하나인 '도미노 이론'을 만들었는데, 도미노란 집을 뜻하는 라틴어 '도무스(Domus)'와 혁신을 뜻하는 '이노베이션(Innovation)'을 결합한 단어다.
>
> (나) 그는 이 이론의 원칙을 통해 인간이 효율적으로 살 수 있는 집을 꾸준히 연구해 왔으며, 그가 제안한 건축 방식 중 필로티와 옥상정원 등이 최근 우리나라 주택에 많이 쓰이고 있다.
>
> (다) 최소한의 철근콘크리트 기둥들이 모서리를 지지하고 평면의 한쪽에서 각 층으로 갈 수 있게 계단을 만든 개방적 구조가 이 이론의 핵심이다. 건물을 돌이나 벽돌을 쌓아 올리는 조적식 공법으로만 지었던 당시에 이와 같은 구조는 많은 이들에게 적지 않은 충격을 주었다.
>
> (라) 스위스 출신의 프랑스 건축가 르 코르뷔지에(Le Corbusier)는 근대 주택의 기본형을 추구했다는 점에서 현대 건축의 거장으로 불린다. 그는 현대 건축에서의 집의 개념을 '거주 공간'에서 '더 많은 사람이 효율적으로 살 수 있는 공간'으로 바꿨다.

① (가) – (나) – (다) – (라)   ② (가) – (다) – (라) – (나)
③ (라) – (가) – (다) – (나)   ④ (라) – (나) – (다) – (가)
⑤ (라) – (다) – (나) – (가)

※ 다음 글을 읽고 이어지는 질문에 답하시오. [17~18]

(가) 1772년 프랑스 기행작가인 피에르 장 그로슬리가 쓴 '런던 여행'이라는 책에 샌드위치 백작의 관련 일화가 나온다. 이 책에는 샌드위치 백작이 도박을 하다가 빵 사이에 소금에 절인 고기를 끼워 먹는 것을 보고 옆에 있던 사람이 '샌드위치와 같은 음식을 달라.'고 주문한 것에서 샌드위치라는 이름이 생겼다고 적혀 있다. 하지만 샌드위치 백작의 일대기를 쓴 전기 작가 로저는 이와 다른 주장을 한다. 샌드위치 백작이 각료였을 때 업무에 바빠서 제대로 된 식사를 못하고 책상에서 빵 사이에 고기를 끼워 먹었다는 데서 샌드위치 이름이 유래되었다는 것이다.

(나) 샌드위치는 사람의 이름이 아니고, 영국 남동부 도버 해협에 있는 중세풍 도시로 지금도 많은 사람이 찾는 유명 관광지이다. 도시명이 음식 이름으로 널리 알려진 이유는 18세기 사람으로, 이 도시의 영주였던 샌드위치 백작 4세, 존 몬태규 경 때문이다. 샌드위치 백작은 세계사에 큰 발자취를 남긴 인물로 세계 곳곳에서 그의 흔적을 찾을 수 있다.

(다) 샌드위치는 빵과 빵 사이에 햄과 치즈, 달걀프라이와 채소 등을 끼워 먹는 것이 전부인 음식으로 도박꾼이 노름하다 만든 음식이라는 소문까지 생겼을 정도로 간단한 음식이다. 그러나 사실 샌드위치의 유래에는 복잡한 진실이 담겨 있으며, 샌드위치가 사람 이름이라고 생각하는 경우가 많지만 그렇지 않다.

(라) 샌드위치의 기원에 대해서는 이야기가 엇갈리는데, 그 이유는 _____ 일부 에서는 샌드위치 백작을 유능한 정치인이며 군인이었다고 말하지만, 또 다른 한편에서는 무능 하고 부패했던 도박꾼에 지나지 않았다고 평가한다.

17 다음 중 (가) ~ (라) 문단을 논리적인 순서대로 바르게 나열한 것은?

① (가) – (다) – (나) – (라) 　　② (나) – (가) – (라) – (다)
③ (다) – (나) – (가) – (라) 　　④ (다) – (나) – (라) – (가)
⑤ (라) – (가) – (나) – (다)

18 다음 중 빈칸에 들어갈 내용으로 가장 적절한 것은?

① 샌드위치와 관련된 다양한 일화가 전해지고 있기 때문이다.
② 음식 이름의 주인공 직업과 관계가 있다.
③ 많은 대중들이 즐겨 먹었던 음식이기 때문이다.
④ 음식 이름의 주인공이 유명한 사람이기 때문이다.
⑤ 음식 이름의 주인공에 대한 상반된 평가와 관계가 있다.

※ 다음은 패시브 하우스(Passive House)와 액티브 하우스(Active House)에 대한 글이다. 이어지는 질문에 답하시오. [19~20]

패시브 하우스(Passive House)

수동적(Passive)인 집이라는 뜻으로, 능동적으로 에너지를 끌어 쓰는 액티브 하우스에 대응하는 개념이다. 액티브 하우스는 태양열 흡수 장치 등을 이용하여 외부로부터 에너지를 끌어 쓰는 데 비하여 패시브 하우스는 집안의 열이 밖으로 새나가지 않도록 최대한 차단함으로써 화석연료를 사용하지 않고도 실내 온도를 따뜻하게 유지한다.

구체적으로는 냉방 및 난방을 위한 최대 부하가 $1m^2$당 10W 이하인 에너지 절약형 건축물을 가리킨다. 이를 석유로 환산하면 연간 냉방 및 난방 에너지 사용량이 $1m^2$당 1.5L 이하에 해당하는데, 한국 주택의 평균 사용량은 16L이므로 80% 이상의 에너지를 절약하는 셈이고, 그만큼 탄소배출량을 줄일 수 있다는 의미이기도 하다.

기본적으로 남향(南向)으로 지어 남쪽에 크고 작은 창을 많이 내는데, 실내의 열을 보존하기 위하여 3중 유리창을 설치하고, 단열재도 일반 주택에서 사용하는 두께의 3배인 30cm 이상을 설치하는 등 첨단 단열 공법으로 시공한다. 단열재는 난방 에너지 사용을 줄이는 것이 주목적이지만, 여름에는 외부의 열을 차단하는 구실도 한다.

또한 폐열 회수형 환기 장치를 이용하여 신선한 바깥 공기를 내부 공기와 교차시켜 온도 차를 최소화한 뒤 환기함으로써 열 손실을 막는다. 이렇게 함으로써 난방 시설을 사용하지 않고도 한겨울에 실내 온도를 약 20℃로 유지하고, 한여름에 냉방 시설을 사용하지 않고도 약 26℃를 유지할 수 있다. 건축비는 단열 공사로 인하여 일반 주택보다 $1m^2$당 50만 원 정도 더 소요된다.

액티브 하우스(Active House)

태양 에너지를 비롯한 각종 에너지를 차단하는 데 목적을 둔 패시브 하우스와 반대로 자연 에너지를 적극적으로 활용한다. 주로 태양열을 적극적으로 활용하기 때문에 액티브 솔라 하우스로 불리며, 지붕에 태양전지나 반사경을 설치하고 축열조를 설계하여 태양열과 지열을 저장한 후 난방이나 온수 시스템에 활용한다. 에너지를 자급자족하는 형태이며 화석연료처럼 사용 후 환경오염을 일으키지 않아 패시브 하우스처럼 친환경적인 건축물로서 의의가 있으며, 최근에는 태양열뿐 아니라 풍력·바이오매스 등 신재생 에너지를 활용한 액티브 하우스가 개발되고 있다.

19 다음 자료를 참고할 때 적절하지 않은 것은?

패시브(Passive) 기술	액티브(Active) 기술
• 남향, 남동향 배치, 단열 성능 강화 　－ 고성능 단열재 벽재, 지붕, 바닥 단열 　－ 블록형 단열재, 열반사 단열재, 진공 단열재, 흡음 　　단열재, 고무발포 단열재 등 　－ 고기밀성 단열 창호 　－ 로이유리 　－ 단열현관문 　－ 열 차단 필름 • 외부 차양(처마, 전동 블라인드) • LED · 고효율 조명 • 옥상 녹화(단열＋친환경) • 자연 채광, 자연 환기 • 패시브(Passive) 기술의 예 　－ 고성능 단열재, 고기밀성 단열 창호, 열 차단 필름, 　　LED 조명	• 기존의 화석연료를 변환하여 이용하거나 햇빛, 물, 지 열, 강수, 생물 유기체 등을 포함하여 재생 가능한 에너 지를 변환하여 이용하는 에너지 　－ 재생 에너지 : 태양광, 태양열, 바이오, 풍력, 수력, 　　해양, 폐기물, 지열 　－ 신 에너지 : 연료전지, 석탄액화가스화 및 중질잔사 　　유가스화, 수소 에너지 • 2030년까지 총 에너지의 11%를 신재생 에너지로 보급 • 액티브(Active) 기술의 예 　－ 태양광 발전, 태양열 급탕, 지열 냉난방, 수소연료 　　전지, 풍력 발전 시스템, 목재 펠릿 보일러

① 패시브 기술을 사용할 때 남향, 남동향으로 배치하는 것은 일조량 때문이다.

② 패시브 기술의 핵심은 단열이다.

③ 태양열 급탕은 액티브 기술의 대표적인 예 중 하나이다.

④ 액티브 기술은 화석연료를 제외하고 재생 가능한 에너지를 변환하여 이용한다.

⑤ 액티브 기술은 2030년까지 총 에너지의 11%를 신재생 에너지로 보급하는 것이 목표이다.

20 다음 중 패시브 하우스 건축 형식의 특징으로 적절하지 않은 것은?

① 폐열 회수형 환기 장치를 이용해 설치한다.

② 일반 주택에 사용하는 두께보다 3배인 단열재를 설치한다.

③ 기본적으로 남향(南向)으로 짓는다.

④ 최대 부하가 $1m^2$당 10W 이하인 에너지 절약형 건축물이다.

⑤ 실내의 열을 보존하는 것이 중요하므로 창문의 개수를 최소화한다.

가격의 변화가 인간의 주관성에 좌우되지 않고 객관적인 근거를 갖는다는 가설이 정통 경제 이론의 핵심이다. 이러한 정통 경제 이론의 입장에서 증권시장을 설명하는 기본 모델은 주가가 기업의 내재적 가치를 반영한다는 가설로부터 출발한다. 기본 모델에서는 기업이 존재하는 동안 이익을 창출할 수 있는 역량, 즉 기업의 내재적 가치를 자본의 가격으로 본다. 기업가는 이 내재적 가치를 보고 투자를 결정한다. 그런데 투자를 통해 거두어들일 수 있는 총 이익, 즉 기본 가치를 측정하는 일은 매우 어렵다. 따라서 이익의 크기를 예측할 때 신뢰할 만한 계산과 정확한 판단이 중요하다.

증권시장은 바로 이 기본 가치에 대해 믿을 만한 예측을 제시할 수 있기 때문에 사회적 유용성을 갖는다. 증권시장은 주가를 통해 경제계에 필요한 정보를 제공하며 자본의 효율적인 배분을 가능하게 한다. 즉, 투자를 유익한 방향으로 유도해 자본이라는 소중한 자원을 낭비하지 않도록 만들어 경제 전체의 효율성까지 높여 준다. 이런 측면에서 볼 때 증권시장은 실물경제의 충실한 반영일 뿐 어떤 자율성도 갖지 않는다.

이러한 기본 모델의 관점은 대단히 논리적이지만 증권시장을 효율적으로 운영하는 방법에 대한 적절한 분석까지 제공하지는 못한다. 증권시장에서 주식의 가격과 그 기업의 기본 가치가 현격하게 차이가 나는 '투기적 거품 현상'이 발생하는 것을 볼 수 있는데, 이러한 현상은 기본 모델로는 설명할 수 없다. 실제로 증권시장에 종사하는 관계자들은 기본 모델이 이러한 가격 변화를 설명해 주지 못하기 때문에 무엇보다 증권시장 자체에 관심을 기울이고 증권시장을 절대적인 기준으로 삼는다.

여기에서 우리는 자기 참조 모델을 생각해 볼 수 있다. 자기 참조 모델의 중심 내용은 '사람들은 기업의 미래 가치를 읽을 목적으로 실물경제보다 증권시장에 주목하며 증권시장의 여론 변화를 예측하는 데 초점을 맞춘다.'는 것이다. 기본 모델에서 가격은 증권시장 밖의 객관적인 기준인 기본 가치를 근거로 하여 결정되지만, 자기 참조 모델에서 가격은 증권시장에 참여한 사람들의 여론에 의해 결정된다. 따라서 투자자들은 증권시장 밖의 객관적인 기준을 분석하기보다는 다른 사람들의 생각을 꿰뚫어 보려고 안간힘을 다할 뿐이다. 기본 가치를 분석했을 때는 주가가 상승할 객관적인 근거가 없어도 투자자들은 증권시장의 여론에 따라 주식을 사는 것이 합리적이라고 생각한다. 이러한 이상한 합리성을 '모방'이라고 한다. 이런 모방 때문에 주가가 변덕스러운 등락을 보이기 쉽다.

그런데 하나의 의견이 투자자 전체의 관심을 꾸준히 끌 수 있는 기준적 해석으로 부각되면 이 '모방'도 안정을 유지할 수 있다. 모방을 통해서 합리적이라 인정되는 다수의 비전인 '묵계'가 제시되어 객관적 기준의 결여라는 단점을 극복한다.

따라서 사람들은 묵계를 통해 미래를 예측하고, 증권시장은 이러한 묵계를 조성하고 유지해 가면서 단순한 실물경제의 반영이 아닌 경제를 자율적으로 평가할 힘을 가질 수 있다.

21 다음 중 윗글의 논지 전개 방식에 대한 특징으로 가장 적절한 것은?

① 기업과 증권시장의 관계를 분석하고 있다.

② 증권시장의 개념을 단계적으로 규명하고 있다.

③ 사례 분석을 통해 정통 경제 이론의 한계를 지적하고 있다.

④ 주가 변화의 원리를 중심으로 다른 관점을 대비하고 있다.

⑤ 증권시장의 기능을 설명한 후 구체적 사례에 적용하고 있다.

22 다음 중 윗글의 내용으로 적절하지 않은 것은?

① 증권시장은 객관적인 기준이 인간의 주관성보다 합리적임을 입증한다.

② 정통 경제 이론에서는 가격의 변화가 객관적인 근거를 갖는다고 본다.

③ 기본 모델의 관점은 주가가 자본의 효율적인 배분을 가능하게 한다고 본다.

④ 증권시장의 여론을 모방하려는 경향으로 인해 주가가 변덕스러운 등락을 보이기도 한다.

⑤ 기본 모델은 주가를 예측하기 위해 기업의 내재적 가치에 주목하지만, 자기 참조 모델은 증권시장의 여론에 주목한다.

23 윗글을 바탕으로 할 때, 다음의 빈칸에 들어갈 내용으로 가장 적절한 것은?

> 자기 참조 모델에 따르면 증권시장은 _____

① 합리성과 효율성이라는 경제의 원리가 구현되는 공간이다.

② 기본 가치에 대해 객관적인 평가를 제공하는 금융시장이다.

③ 객관적인 미래 예측 정보를 적극적으로 활용하는 금융시장이다.

④ 기업의 주가와 기업의 내재적 가치를 일치시켜 나가는 공간이다.

⑤ 투자자들이 묵계를 통해 자본의 가격을 산출해 내는 제도적 장치이다.

※ 다음 글을 읽고 이어지는 질문에 답하시오. [24~25]

변혁적 리더십은 리더가 조직 구성원의 사기를 고양하기 위해 미래의 비전과 공동체적 사명감을 강조하고, 이를 통해 조직의 장기적 목표를 달성하는 것을 핵심으로 한다. 거래적 리더십이 협상과 교환을 통해 구성원에게 동기를 부여한다면, 변혁적 리더십은 구성원의 변화를 통해 동기를 부여하고자 한다. 또한 거래적 리더십은 합리적 사고와 이성에 호소하는 반면, 변혁적 리더십은 감정과 정서에 호소하는 측면이 크다.

이러한 변혁적 리더십은 조직의 합병을 주도하고 신규 부서를 만들어 내며, 조직 문화를 창출해 내는 등 조직 변혁을 주도하고 관리한다. 따라서 오늘날 급변하는 환경과 조직의 실정에 적합한 리더십 유형으로 주목받고 있다. 변혁적 리더는 주어진 목적의 중요성과 의미에 대한 구성원의 인식 수준을 제고시키고, 개인적 이익을 넘어서 구성원 자신과 조직 전체의 이익을 위해 일하도록 만든다. 그리고 구성원의 욕구 수준을 상위 수준으로 끌어올림으로써 구성원을 근본적으로 변혁시킨다. 즉, 거래적 리더십을 발휘하는 리더는 구성원에게서 기대되었던 성과만을 얻어내지만, 변혁적 리더는 _____

변혁적 리더가 변화를 이끌어 내는 전문적 방법의 하나는 카리스마와 긍정적인 행동 양식을 보여 주는 것이다. 이를 통해 리더는 구성원들의 신뢰와 충성심을 얻을 수 있다. 조직의 비전을 구체화하여 알려 주고 어떻게 목표를 달성할 것인지를 설명해 주거나 높은 윤리적 기준으로 모범이 되는 것도 좋은 방법이 된다. 지속적으로 구성원에게 동기를 부여하는 것도 매우 중요하다. 팀워크를 장려하고, 조직의 비전을 구체화하여 개인의 일상 업무에도 의미를 부여할 수 있도록 해야 한다. 변혁적 리더는 구성원이 조직의 중요한 부분이 될 수 있도록 노력하게 만드는 데 초점을 둔다. 따라서 높지만 달성 가능한 목표를 세워 구성원의 생산력을 향상시키고, 구성원에게는 성취 경험을 제공하여 그들이 계속 성장할 수 있도록 만들어야 한다.

현재 상황에 대한 의문은 새로운 변화를 일어나게 한다. 변혁적 리더는 구성원들의 지적 자극을 불러일으켜 조직의 이슈에 대해 적극적으로 관심을 갖도록 만들며, 이를 통해 참신한 아이디어와 긍정적인 변화가 일어날 수 있도록 한다.

변혁적 리더는 개개인의 관점을 소홀히 생각하지 않는다. 구성원들을 독특한 재능, 기술 등을 보유한 독립된 개인으로 인지한다. 리더가 구성원들을 개개인으로 인지하게 되면 그들의 능력에 적합한 역할을 부여할 수 있으며, 구성원들 역시 개인적인 목표를 용이하게 달성할 수 있게 된다. 따라서 리더는 각 구성원의 소리에 귀 기울이고, 구성원 개개인에게 관심을 표현해야 한다.

24 다음 중 윗글의 빈칸에 들어갈 내용으로 가장 적절한 것은?

① 개개인의 성과를 얻어낼 수 있다.
② 구체적인 성과를 얻어낼 수 있다.
③ 기대 이상의 성과를 얻어낼 수 있다.
④ 참신한 아이디어도 함께 얻어낼 수 있다.
⑤ 구성원들의 신뢰도 함께 얻어낼 수 있다.

25 다음 중 윗글의 내용으로 적절하지 않은 것은?

① 변혁적 리더는 구성원 개개인에게 관심을 표현한다.
② 변혁적 리더는 구성원의 합리적 사고와 이성에 호소한다.
③ 변혁적 리더는 구성원의 변화를 통해 동기를 부여하고자 한다.
④ 변혁적 리더는 구성원에게 카리스마와 긍정적 행동 양식을 보여 준다.
⑤ 변혁적 리더는 구성원이 자신과 조직 전체의 이익을 위해 일하도록 한다.

※ 다음 글을 읽고 물음에 답하시오. [26~27]

(가) 맹자는 다음과 같은 이야기를 전한다. 송나라의 한 농부가 밭에 나갔다 돌아오면서 처자에게 말한다. "오늘 일을 너무 많이 했다. 밭의 싹들이 빨리 자라도록 하나하나 잡아당겨 줬더니 피곤하구나." 아내와 아이가 밭에 나가 보았더니 싹들이 모두 말라 죽어 있었다.

(나) 싹이 자라기를 바라 싹을 잡아당기는 것은 이미 시작된 과정을 거스르는 일이다. 효과가 자연스럽게 나타날 가능성을 방해하고 막는 일이기 때문이다. 당연히 싹의 성장 가능성은 땅속의 씨앗에 들어 있는 것이다. 개입하고 힘을 쏟고자 하는 대신에 이 잠재력을 발휘할 수 있도록 하는 것이 중요하다.

(다) 피해야 할 두 개의 암초가 있다. 첫째는 싹을 잡아당겨서 직접적으로 성장을 이루려는 것이다. 이는 목적성이 있는 적극적 행동주의로서, 성장의 자연스러운 과정을 존중하지 않는 것이다. 달리 말하면 효과가 숙성되도록 놔두지 않는 것이다.

(라) 둘째는 밭의 가장자리에 서서 자라는 것을 지켜보는 것이다. 싹을 잡아당겨서도 안 되고 그렇다고 단지 싹이 자라는 것을 지켜만 봐서도 안 된다. 그렇다면 무엇을 해야 하는가? 싹 밑의 잡초를 뽑고 김을 매주는 일을 해야 하는 것이다. 경작이 용이한 땅을 조성하고 공기를 통하게 함으로써 성장을 보조해야 한다.

(마) 기다리지 못함도 삼가고 아무것도 안 함도 삼가야 한다. 작동 중에 있는 자연스런 성향이 발휘되도록 기다리면서도 전력을 다할 수 있도록 돕는 노력도 멈추지 말아야 한다.

26 다음 중 윗글에서 〈보기〉가 들어갈 가장 적절한 곳은?

> **보기**
>
> 이렇게 자라는 것을 억지로 돕는 일, 즉 조장(助長)을 하지 말라고 맹자는 말한다. 싹이 빨리 자라기를 바란다고 싹을 억지로 잡아 올려서는 안 된다. 목적을 이루기 위해 가장 빠른 효과를 얻고 싶겠지만 이는 도리어 효과를 놓치는 길이다. 억지로 효과를 내려고 했기 때문이다.

① (가)의 뒤　　　　　　　② (나)의 뒤
③ (다)의 뒤　　　　　　　④ (라)의 뒤
⑤ (마)의 뒤

27 다음 중 윗글의 중심 주제로 가장 적절한 것은?

① 인류 사회는 자연의 한계를 극복하려는 인위적 노력에 의해 발전해 왔다.
② 싹이 스스로 성장하도록 그대로 두는 것이 수확량을 극대화할 수 있는 방법이다.
③ 어떤 일을 진행할 때 명확한 목적성을 설정하는 것이 가장 중요하다.
④ 자연의 순조로운 운행을 방해하는 인간의 개입은 예기치 못한 화를 초래할 것이다.
⑤ 잠재력을 발휘하도록 하려면 의도적 개입과 방관적 태도 모두를 경계해야 한다.

※ 다음은 3D업종에 대한 인식 변화를 다룬 기사이다. 이어지는 질문에 답하시오. [28~29]

(가) 기피 직종에 대한 인식 변화는 쉽게 찾아볼 수 있다. 9월 ○○시는 '하반기 정년퇴직으로 결원이 예상되는 인력을 충원하고자 환경미화원 18명을 신규 채용한다.'는 내용의 모집 공고를 냈다. 지원자 457명이 몰려 경쟁률은 25 대 1을 기록했다. 지원자 연령을 보면 40대가 188명으로 가장 많았고 30대 160명, 50대 78명, 20대 31명으로 30, 40대 지원자가 76%를 차지했다.

(나) 오랫동안 3D 업종은 꺼리는 직업으로 여겨졌다. 일이 힘들기도 하지만 '하대하는' 사회적 시선을 견디기가 쉽지 않았기 때문이다. 그러나 최근 3D 업종에 대해 달라진 분위기가 감지되고 있다. 저성장 시대에 들어서면서 청년 취업난이 심각해지고, 일이 없어 고민하는 퇴직자가 늘어나 일자리 자체가 소중해지고 있기 때문이다. 즉, '직업에 귀천이 없다.'는 인식이 퍼지면서 3D 업종도 다시금 주목받고 있다.

(다) 기피 직종에 대한 인식 변화는 건설업계에서도 진행되고 있다. 최근 건설 경기가 회복되고, 인테리어 산업이 호황을 이루면서 '인부' 구하기가 하늘의 별 따기다. 서울 △△구에서 30년째 인테리어 사무실을 운영하는 D씨는 "몇 년 새 공사 의뢰는 상당히 늘었는데 숙련공은 그만큼 늘지 않아 공사 기간에 맞춰 인력을 구하는 게 힘들다."라고 말했다.

(라) 이처럼 환경미화원 공개 채용의 인기는 날로 높아지는 분위기다. ○○시 환경위생과 계장은 "모집 인원이 해마다 달라 경쟁률도 바뀌지만 10년 전에 비하면 상당히 높아졌다. 지난해에는 모집 인원이 적었던 탓에 경쟁률이 35 대 1이었다. 그리고 환경미화원이 되려고 3수, 4수까지 불사하는 지원자가 늘고 있다."라고 말했다.

(마) 환경미화원 공채에 지원자가 몰리는 이유는 근무 환경과 연봉 때문이다. 주 5일 8시간 근무인 데다 새벽에 출근해 점심 무렵 퇴근하기에 오후 시간을 자유롭게 쓸 수 있다. 초봉은 3,500만 원 수준이며 근무 연수가 올라가면 최고 5,000만 원까지 받을 수 있다. 환경미화원인 B씨는 "육체적으로 힘들긴 하지만 시간적으로 여유롭다는 것이 큰 장점이다. 매일 야근에 시달리다 건강을 잃어본 경험이 있는 사람이 지원하기도 한다. 또 웬만한 중소기업보다 연봉이 좋다 보니 고학력자도 여기로 눈을 돌리는 것 같다."라고 말했다.

28 다음 중 (가) ~ (마) 문단을 논리적 순서대로 바르게 나열한 것은?

① (가) - (다) - (마) - (나) - (라)
② (가) - (마) - (라) - (나) - (다)
③ (나) - (가) - (라) - (마) - (다)
④ (나) - (라) - (가) - (다) - (마)
⑤ (마) - (다) - (가) - (나) - (라)

29 다음 중 기사 내용을 속담을 활용하여 이해한 것으로 가장 적절한 것은?

① 십 년이면 강산도 변한다더니 환경미화원 인기가 이렇게 높아질 줄 몰랐네.
② 꿩 대신 닭이라더니 기피 직종에 대한 인식이 많이 변했구나.
③ 병 주고 약 준다더니 환경미화원 근무 환경이 딱 그 경우네.
④ 비 온 뒤에 땅이 굳어진다더니 3D업종의 성장이 무서운걸?
⑤ 땅 짚고 헤엄친다더니 환경미화원 되기 쉽지 않구나.

※ 다음 글을 읽고, 이어지는 질문에 답하시오. [30~31]

㉠ 4차 산업혁명이란 무엇일까? 전문가들은 주로 3D 프린터, 인공지능, 빅데이터, 사물인터넷 등을 예로 들어 4차 산업혁명의 개념과 향후 전망 등을 설명한다. (가)

전문가들의 의견을 정리하면 4차 산업혁명이란 결국 제조업과 IT 기술 등이 융합해 기존에 없던 산업을 탄생시키는 변화라고 말할 수 있다. (나)

우선 4차 산업혁명을 기존의 1 ~ 3차 산업혁명과 비교하여 알아둘 필요가 있다. 1차 산업혁명은 18세기 증기기관의 발달에서 시작됐다. 기계화로 인간의 수공업을 대신한 것이다. 2차 산업혁명은 전기의 혁명이라 할 수 있다. 19세기 전기의 보급과 대량생산으로 이어진 2차 산업혁명은 오늘날 대량생산 체제의 시발점이 되었다. 3차 산업혁명은 20세기 인터넷·모바일 등 IT 기술의 발달로 인한 일련의 산업 변화를 말하는데, 빅데이터를 활용한 개인화 서비스나 로봇 기술의 발달 등을 들 수 있다. (다)

지금까지 산업혁명들은 주로 제조업과 서비스업에서의 혁신으로 경제 시스템을 변화시켜 왔다. 그러나 4차 산업혁명은 제조와 서비스의 혁신뿐만 아니라 경제, 사회, 문화, 고용, 노동 시스템 등 인류 삶의 전반에 걸친 변혁을 초래할 것이다. 2017년에 열린 다보스 포럼에서도 4차 산업혁명이 속도와 범위, 영향력 측면에서 기존의 산업혁명과 크게 차별화될 것으로 전망했다. (라)

우선 '속도' 측면에서는 인류가 전혀 경험해보지 못한 속도로 빠르게 변화할 것이다. '범위' 측면에서는 제조 및 서비스업은 물론 전 산업 분야에 걸쳐 와해적 기술에 의해 대대적인 재편이 이뤄질 것으로 예상된다. '영향력' 측면에서는 생산, 관리, 노동, 지배 구조 등을 포함한 전체 경제·사회 체제에 변화를 가져올 것으로 전망된다. (마)

---

30 다음 중 밑줄 친 ㉠에 대한 답변으로 가장 적절한 것은?

① 증기기관의 발달
② 전기의 보급과 대량생산 체제
③ 인간의 수공업을 대신하는 기계화
④ 융합을 통한 산업의 변화
⑤ IT 기술의 발달

31 (가) ~ (마) 중 다음 문장이 들어갈 위치로 가장 적절한 곳은?

> 클라우스 슈밥이 4차 산업혁명을 '전 세계의 사회, 산업, 문화적 르네상스를 불러올 과학 기술의 대전환기'로 표현한 것도 바로 이 같은 이유 때문이다.

① (가)　　　　　　　　　② (나)
③ (다)　　　　　　　　　④ (라)
⑤ (마)

휴리스틱(Heuristic)은 문제를 해결하거나 불확실한 사항에 대해 판단을 내릴 필요가 있지만 명확한 실마리가 없을 경우에 사용하는 편의적·발견적인 방법이다. 우리말로는 쉬운 방법, 간편법, 발견법, 어림셈 또는 지름길 등으로 표현할 수 있다.

1905년 알버트 아인슈타인은 노벨 물리학상 수상 논문에서 휴리스틱을 '불완전하지만 도움이 되는 방법'이라는 의미로 사용했다. 수학자인 폴리아는 휴리스틱을 '발견에 도움이 된다.'는 의미로 사용했고, 수학적인 문제 해결에도 휴리스틱 방법이 매우 유효하다고 했다.

휴리스틱에 반대되는 것이 알고리즘(Algorithm)이다. 알고리즘은 일정한 순서대로 풀어나가면 정확한 해답을 얻을 수 있는 방법이다. 삼각형의 면적을 구하는 공식이 알고리즘의 좋은 예이다.

휴리스틱을 이용하는 방법은 거의 모든 경우에 어느 정도 만족스럽고, 경우에 따라서는 완전한 답을 재빨리, 그것도 큰 노력 없이 얻을 수 있다는 점에서 사이먼의 '만족화' 원리와 일치하는 사고방식인데, 가장 전형적인 양상이 '이용 가능성 휴리스틱(Availability Heuristic)'이다. 이용 가능성이란 어떤 사상(事象)이 출현할 빈도나 확률을 판단할 때, 그 사상과 관련해서 쉽게 알 수 있는 사례를 생각해내고 그것을 기초로 판단하는 것을 뜻한다.

그러나 휴리스틱은 완전한 답이 아니므로 때로는 터무니없는 실수를 자아내는 원인이 되기도 한다. 불확실한 의사 결정을 이론화하기 위해서는 확률이 필요하기 때문에 사람들이 확률을 어떻게 다루는지가 중요하다. 확률은, 이를테면 어떤 사람이 선거에 당선될지, 경기가 좋아질지, 시합에서 어느 편이 우승할지 따위를 '전망'할 때 이용된다. 대개 그러한 확률은 어떤 근거를 기초로 객관적인 판단을 내리기도 하지만, 대부분은 직감적으로 판단을 내리게 된다. 그런데 직감적인 판단에서 오는 주관적인 확률은 과연 정확한 것일까?

카너먼과 트버스키는 일련의 연구를 통해 인간이 확률이나 빈도를 판단할 때 몇 가지 휴리스틱을 이용하지만, 그에 따라 얻게 되는 판단은 객관적이며 올바른 평가와 상당한 차이가 있다는 의미로 종종 '바이어스(Bias)'가 동반되는 것을 확인했다.

이용 가능성 휴리스틱이 일으키는 바이어스 가운데 하나가 '사후 판단 바이어스'이다. 우리는 어떤 일이 벌어진 뒤에 '그렇게 될 줄 알았어.' 또는 '그렇게 될 거라고 처음부터 알고 있었어.'와 같은 말을 자주 한다. 이렇게 결과를 알고 나서 마치 사전에 그것을 예견하고 있었던 것처럼 생각하는 바이어스를 '사후 판단 바이어스'라고 한다.

32 다음 중 윗글의 논지 전개 방식에 대한 설명으로 가장 적절한 것은?

① 분석 대상과 관련되는 개념들을 연쇄적으로 제시하며 정보의 확대를 꾀하고 있다.

② 인과 관계를 중심으로 분석 대상에 대한 논리적 접근을 시도하고 있다.

③ 핵심 개념을 설명하면서 그와 유사한 개념들과 비교함으로써 이해를 돕고 있다.

④ 전달하고자 하는 정보를 다양한 맥락에서 재구성하여 반복적으로 제시하고 있다.

⑤ 핵심 개념의 속성을 잘 보여주는 사례들을 통해 구체적인 설명을 시도하고 있다.

33 다음 중 윗글에서 설명하고 있는 '휴리스틱'과 '바이어스'의 관계를 보여주기에 가장 적절한 것은?

① 평소에 30분 정도 걸리기에 느긋하게 출발했는데, 갑자기 교통사고가 나는 바람에 늦어졌다.

② 그녀는 살을 빼려고 운동을 시작했는데, 밥맛이 좋아지면서 오히려 몸무게가 늘었다.

③ 최근 한 달 동안 가장 높은 타율을 기록한 선수를 4번 타자에 기용했는데, 4타수 무(無)안타를 기록하였다.

④ 동네 마트에서 추첨 세일을 한다기에 식구들이 다 나섰는데, 한 집에서 한 명만 참여할 수 있다고 한다.

⑤ 작년에 텃밭에서 수확량이 제일 좋았던 채소를 집중적으로 심었는데, 유례없이 병충해가 돌아 올해 농사를 모두 망치고 말았다.

펀드(Fund)를 우리말로 바꾸면 '모금한 기금'을 뜻하지만 경제 용어로는 '경제적 이익을 보기 위해 불특정 다수인으로부터 모금하여 운영하는 투자 기금'을 가리키는 말로 사용한다. 펀드는 주로 주식이나 채권에 많이 투자를 하는데, 개인이 주식이나 채권에 투자하기 위해서는 어떤 회사의 채권을 사야 하는지, 언제 사야 하는지, 언제 팔아야 하는지, 어떻게 계약을 하고 세금을 얼마나 내야 하는지, 알아야 할 게 너무 많아 복잡하다. 이러한 여러 가지 일을 투자 전문 기관이 대행하고 일정 비율의 수수료를 받게 되는데, 이처럼 펀드에 가입한다는 것은 투자 전문 기관에게 대행 수수료를 주고 투자 활동에 참여하여 이익을 보는 일을 말한다. 펀드는 크게 보아 주식 투자 펀드와 채권 투자 펀드로 나눌 수 있다. 주식 투자 펀드를 살펴보면 회사가 회사를 잘 꾸려서 영업 이익을 많이 만들면 주식 가격이 오른다. 그래서 그 회사의 주식을 가진 사람은 회사의 이익을 나누어 받는다. 이처럼 주식 투자 펀드는 주식을 사서 번 이익에서 투자 기관의 수수료를 뺀 금액이 '펀드 가입자의 이익'이 되며, 이 이익은 투자한 자금에 비례하여 분배받는다. 그리고 투자자는 분배받는 금액에 따라 세금을 낸다. 채권 투자 펀드는 회사, 지방자치단체, 국가가 자금을 조달하기 위해 이자를 지불할 것을 약속하면서 발행하는 채권을 사서 이익을 보는 것이다. 채권을 사서 번 이익에서 투자 기관의 수수료를 뺀 금액이 수익이 된다. 이외에도 투자 대상에 따라 국내 펀드, 해외 펀드, 신흥국가 대상 펀드, 선진국 펀드, 중국 펀드, 원자재 펀드 등 펀드의 종류는 아주 다양하다.

채권 투자 펀드는 회사나 지방자치단체 그리고 국가가 망하지 않는 이상 정해진 이자를 받을 수 있어 비교적 안정적이다. 그런데 주식 투자 펀드는 일반 주식 가격의 변동에 따라 수익을 많이 볼 수도 있지만 손해를 보는 경우도 흔하다. 예를 들어 어떤 펀드는 10년 후 누적 수익률이 원금의 10배나 되지만 어떤 펀드는 수익률이 나빠져 1년 만에 원금의 절반이 되어버리는 일도 발생한다. 이렇게 수익률 차이가 심하게 나는 것은 주식이 경기 변동의 영향을 많이 받기 때문이다.

이로 인해 펀드와 관련하여 은행을 비롯한 투자 전문 기관에 가서 상담을 하면 상품에 대한 안내만 할 뿐, 가입 여부는 고객이 스스로 판단하도록 하고 있다. 합리적으로 안내를 한다고 해도 소비자의 투자 목적, 시장 상황, 투자 성향에 따라 맞는 펀드가 다르기 때문이다. 그러니까 펀드에 가입하기 전에는 펀드의 종류를 잘 알아보고 결정해야 한다. 또한 펀드에 가입을 해도 살 때와 팔 때를 잘 구분해야 한다. 그래서 주식이나 펀드는 사회 경험을 쌓고 경제 지식을 많이 알고 난 후에 하는 것이 좋다는 얘기를 많이 한다.

34 다음 중 발표 내용을 통해 확인할 수 있는 질문으로 적절하지 않은 것은?

① 펀드에 가입하면 돈을 벌 수 있는가?

② 펀드란 무엇인가?

③ 펀드 가입 시 유의할 점은 무엇인가?

④ 펀드에는 어떤 종류가 있는가?

⑤ 펀드 가입 절차는 어떻게 되는가?

PART 1

35 다음 중 발표 내용을 통해 이해한 내용으로 가장 적절한 것은?

① 주식 투자 펀드는 경기 변동의 영향을 많이 받게 된다.

② 주식 투자 펀드는 정해진 이자를 받을 수 있어 안정적이다.

③ 채권 투자 펀드는 투자 기관의 수수료를 더한 금액이 수익이 된다.

④ 채권 투자 펀드는 주식 가격이 오를수록 펀드 이익을 많이 분배받게 된다.

⑤ 주식 투자 펀드는 채권 투자 펀드와 달리 투자 기관의 수수료가 없다.

현대 사회에서 스타는 대중문화의 성격을 규정짓는 가장 중요한 열쇠이다. 스타를 생산, 관리, 활용, 거래, 소비하는 전체적인 순환 메커니즘이 바로 스타 시스템이다. 이것이 자본주의 대중문화의 가장 핵심적인 작동 원리로 자리 잡게 되면서 사람들은 스타가 되기를 열망하고, 또 스타 만들기에 진력하게 되었다.

스크린과 TV 화면에 보이는 스타는 화려하고 강하고 영웅적이며, 누구보다 매력적인 인간형으로 비춰진다. 사람들은 스타에 열광하는 순간 스타와 자신을 무의식적으로 동일시하며 그 환상적 이미지에 빠진다. 스타를 자신들이 스스로 결여되어 있다고 느끼는 부분을 대리 충족시켜 주는 대상으로 생각하기 때문이다. 그런 과정이 가장 전형적으로 드러나는 장르가 영화이다.

영화는 어떤 환상도 쉽게 먹혀들어갈 수 있는 조건에서 상영되며 기술적으로 완벽한 이미지를 구현하여 압도적인 이미지로 관객을 끌어들인다. 컴컴한 극장 안에서 관객은 부동자세로 숨죽인 채 영화에 집중하게 되며 자연스럽게 영화가 제공하는 이미지에 매료된다. 그리고 그 순간 무의식적으로 자신을 영화 속의 주인공과 동일시하게 된다. 관객은 매력적인 대상과 자신을 동일시하면서 자신의 진짜 모습을 잊고 이상적인 인간형을 간접 체험하게 되는 것이다.

스크린과 TV 화면에 비친 대중이 선망하는 스타의 모습은 현실적인 이미지가 아니라 허구적인 이미지에 불과하다. 사람들은 스타 역시 어쩔 수 없는 약점과 한계를 안고 사는 한 인간일 수밖에 없다는 사실을 아주 쉽게 망각해 버리곤 한다. 이렇게 스타에 대한 열광의 성립은 대중과 스타의 관계가 기본적으로 익명적(匿名的)일 수밖에 없다는 데서 가능해진다. 자본주의의 특징 가운데 하나는 필요 이상의 물건을 생산하고 그것을 팔기 위해 갖은 방법으로 소비자들의 욕망을 부추긴다는 것이다. 스타는 그 과정에서 소비자들의 구매 욕구를 불러일으키는 가장 중요한 연결 고리 역할을 함과 동시에 그들도 상품처럼 취급되어 소비되는 경향이 있다.

스타 시스템은 대중문화의 안과 밖에서 스타의 화려하고 소비적인 생활 패턴의 소개를 통해 사람들의 욕망을 자극하게 된다. 또한 스타들을 상품의 생산과 판매를 위한 도구로 이용하며, 끊임없이 오락과 소비의 영역을 확장하고 거기서 이윤을 발생시킨다. 이 모든 것이 가능한 것은 많은 대중이 스타를 닮고자 하는 욕구를 가지고 있어 스타의 패션과 스타일, 소비 패턴을 모방하기 때문이다.

스타 시스템을 건전한 대중문화의 작동 원리로 발전시키기 위해서는 우선 대중문화 산업에 종사하고 싶어 하는 사람들을 위한 활동 공간과 유통 구조를 확보하여 실험적이고 독창적인 활동을 다양하게 벌일 수 있는 토양을 마련해 주어야 한다. 나아가 이러한 예술 인력을 스타 시스템과 연결하는 중간 메커니즘도 육성해야 할 것이다.

36 다음 중 윗글의 논지 전개 방식에 대한 설명으로 가장 적절한 것은?

① 상반된 이론을 제시한 후 절충적 견해를 이끌어내고 있다.
② 현상에 대한 문제점을 언급한 후 해결 방안을 제시하고 있다.
③ 권위 있는 학자의 견해를 들어 주장의 정당성을 입증하고 있다.
④ 대상을 하위 항목으로 구분하여 논의의 범주를 명확히 하고 있다.
⑤ 현상의 변천 과정을 고찰하고 향후의 발전 방향을 제시하고 있다.

37 다음 중 윗글을 바탕으로 〈보기〉를 이해한 내용 중 적절하지 않은 것은?

> 보기
>
> 인간은 자기에게 욕망을 가르쳐주는 모델을 통해 자신의 욕망을 키워간다. 이런 모델을 ⓐ 욕망의 매개자라고 부른다. 욕망의 매개자가 존재한다는 사실은 욕망이 '대상─주체'의 이원적 구조가 아니라 '주체─모델─대상'의 삼원적 구조를 갖고 있음을 보여준다. ⓑ 욕망의 주체와 모델은 ⓒ 욕망 대상을 두고 경쟁하는 욕망의 경쟁자이다. 이런 경쟁은 종종 욕망 대상의 가치를 실제보다 높게 평가하게 된다. 이렇게 과대평가된 욕망 대상을 소유한 모델은 주체에게는 ⓓ 우상적 존재가 된다.

① ⓐ는 ⓑ가 무의식적으로 자신과 동일시하는 인물이다.

② ⓑ는 스타를 보고 열광하는 사람들을 말한다.

③ ⓒ는 ⓑ가 지향하는 이상적인 대상이다.

④ ⓒ는 ⓐ와 ⓑ가 동시에 질투를 느끼는 인물이다.

⑤ ⓓ는 ⓑ의 진짜 모습을 잊게 하는 환상적인 인물이다.

38 다음 중 윗글에 대한 비판적 이해로 가장 적절한 것은?

① 대중과 스타의 관계가 익명적 관계임을 근거로 대중과 스타의 관계를 무의미한 것으로 치부하고 있어.

② 스타 시스템이 대중문화를 대변하고 있다는 데 치중하여 스타 시스템의 부정적인 측면을 간과하고 있어.

③ 스타 시스템과 스타가 소비 대중에게 가져다 줄 전망만을 주로 다룸으로써 대책 없는 낙관주의에 빠져 있어.

④ 스타를 스타 시스템에 의해 조종되는 수동적인 존재로만 보고, 그들도 주체성을 지니고 행동한다는 사실을 간과하고 있어.

⑤ 대중이 스타를 무비판적으로 추종하는 면을 지적하여 그런 욕망으로부터 벗어나기 위한 방법을 제시하기에 급급하고 있어.

02 | 언어비판 핵심이론

1. 연역 추론

이미 알고 있는 판단(전제)을 근거로 새로운 판단(결론)을 유도하는 추론이다. 연역 추론은 진리일 가능성을 따지는 귀납 추론과는 달리, 명제 간의 관계와 논리적 타당성을 따진다. 즉, 연역 추론은 전제들로부터 절대적인 필연성을 가진 결론을 이끌어내는 추론이다.

(1) 직접 추론 : 한 개의 전제로부터 중간적 매개 없이 새로운 결론을 이끌어내는 추론이며, 대우 명제가 그 대표적인 예이다.

> • 한국인은 모두 황인종이다.   (전제)
> • 그러므로 황인종이 아닌 사람은 모두 한국인이 아니다.   (결론 1)
> • 그러므로 황인종 중에는 한국인이 아닌 사람도 있다.   (결론 2)

(2) 간접 추론 : 둘 이상의 전제로부터 새로운 결론을 이끌어내는 추론이다. 삼단논법이 가장 대표적인 예이다.

① **정언 삼단논법** : 세 개의 정언명제로 구성된 간접추론 방식이다. 세 개의 명제 가운데 두 개의 명제는 전제이고, 나머지 한 개의 명제는 결론이다. 세 명제의 주어와 술어는 세 개의 서로 다른 개념을 표현한다. (P는 대개념, S는 소개념, M은 매개념이다)

> • 모든 곤충은 다리가 여섯이다. M은 P이다.   (대전제)
> • 모든 개미는 곤충이다. S는 M이다.   (소전제)
> • 그러므로 모든 개미는 다리가 여섯이다. S는 P이다.   (결론)

② **가언 삼단논법** : 가언명제로 이루어진 삼단논법을 말한다. 가언명제란 두 개의 정언명제가 '만일 ~ 이라면'이라는 접속사에 의해 결합된 복합명제이다. 여기서 '만일'에 의해 이끌리는 명제를 전건이라고 하고, 그 뒤의 명제를 후건이라고 한다. 가언 삼단논법의 종류로는 혼합가언 삼단논법과 순수가언 삼단논법이 있다.

ㄱ **혼합가언 삼단논법** : 대전제만 가언명제로 구성된 삼단논법이다. 긍정식과 부정식 두 가지가 있으며, 긍정식은 'A면 B다. A다. 그러므로 B다.'이고, 부정식은 'A면 B다. B가 아니다. 그러므로 A가 아니다.'이다.

> • 만약 A라면 B다.
> • B가 아니다.
> • 그러므로 A가 아니다.

ⓒ 순수가언 삼단논법 : 대전제와 소전제 및 결론까지 모두 가언명제들로 구성된 삼단논법이다.

> • 만약 A라면 B다.
> • 만약 B라면 C다.
> • 그러므로 만약 A라면 C다.

③ 선언 삼단논법 : '~이거나 ~이다.'의 형식으로 표현되며 전제 속에 선언 명제를 포함하고 있는 삼단
논법이다.

> • 내일은 비가 오거나 눈이 온다.   A 또는 B이다.
> • 내일은 비가 오지 않는다.   A가 아니다.
> • 그러므로 내일은 눈이 온다.   그러므로 B다.

④ 딜레마 논법 : 대전제는 두 개의 가언명제로, 소전제는 하나의 선언명제로 이루어진 삼단논법으로,
양도추론이라고도 한다.

> • 만일 네가 거짓말을 하면, 신이 미워할 것이다.   (대전제)
> • 만일 네가 거짓말을 하지 않으면, 사람들이 미워할 것이다.   (대전제)
> • 너는 거짓말을 하거나, 거짓말을 하지 않을 것이다.   (소전제)
> • 그러므로 너는 미움을 받게 될 것이다.   (결론)

2. 귀납 추론

특수한 또는 개별적인 사실로부터 일반적인 결론을 이끌어 내는 추론을 말한다. 귀납 추론은 구체적 사실들
을 기반으로 하여 결론을 이끌어 내기 때문에 필연성을 따지기보다는 개연성과 유관성, 표본성 등을 중시하
게 된다. 여기서 개연성이란, 관찰된 어떤 사실이 같은 조건하에서 앞으로도 관찰될 수 있는가 하는 가능성
을 말하고, 유관성은 추론에 사용된 자료가 관찰하려는 사실과 관련되어야 하는 것을 일컬으며, 표본성은
추론을 위한 자료의 표본 추출이 공정하게 이루어져야 하는 것을 가리킨다. 이러한 귀납 추론은 일상생활
속에서 많이 사용하고, 우리가 알고 있는 과학적 사실도 이와 같은 방법으로 밝혀졌다.

> • 히틀러는 사람이고 죽었다.
> • 스탈린도 사람이고 죽었다.
> • 그러므로 모든 사람은 죽는다.

그러나 전제들이 참이어도 결론이 항상 참인 것은 아니다. 단 하나의 예외로 인하여 결론이 거짓이 될 수
있다.

> • 성냥불은 뜨겁다.
> • 연탄불도 뜨겁다.
> • 그러므로 모든 불은 뜨겁다.

위 예문에서 '성냥불이나 연탄불이 뜨거우므로 모든 불은 뜨겁다.'라는 결론이 나왔는데, 반딧불은 뜨겁지
않으므로 '모든 불이 뜨겁다.'라는 결론은 거짓이 된다.

(1) 완전 귀납 추론

관찰하고자 하는 집합의 전체를 다 검증함으로써 대상의 공통 특질을 밝혀내는 방법이다. 이는 예외 없는 진실을 발견할 수 있다는 장점은 있으나, 집합의 규모가 크고 속성의 변화가 다양할 경우에는 적용하기 어려운 단점이 있다.

예 1부터 10까지의 수를 다 더하여 그 합이 55임을 밝혀내는 방법

(2) 통계적 귀납 추론

통계적 귀납 추론은 관찰하고자 하는 집합의 일부에서 발견한 몇 가지 사실을 열거함으로써 그 공통점을 결론으로 이끌어 내려는 방식을 가리킨다. 관찰하려는 집합의 규모가 클 때 그 일부를 표본으로 추출하여 조사하는 방식이 이에 해당하며, 표본 추출의 기준이 얼마나 적합하고 공정한가에 따라 그 결과에 대한 신뢰도가 달라진다는 단점이 있다.

예 여론조사에서 일부의 국민에 대한 설문 내용을 바탕으로, 이를 전체 국민의 여론으로 제시하는 것

(3) 인과적 귀납 추론

관찰하고자 하는 집합의 일부 원소들이 지닌 인과 관계를 인식하여 그 원인이나 결과를 이끌어 내려는 방식을 말한다.

① 일치법 : 공통적인 현상을 지닌 몇 가지 사실 중에서 각기 지닌 요소 중 어느 한 가지만 일치한다면 이 요소가 공통 현상의 원인이라고 판단

예 마을 잔칫집에서 돼지고기를 먹은 사람들이 집단 식중독을 일으켰다. 따라서 식중독의 원인은 상한 돼지고기가 아닌가 생각한다.

② 차이법 : 어떤 현상이 나타나는 경우와 나타나지 않은 경우를 놓고 보았을 때, 각 경우의 여러 조건 중 단 하나만이 차이를 보인다면 그 차이를 보이는 조건이 원인이 된다고 판단

예 현수와 승재는 둘 다 지능이나 학습 시간, 학습 환경 등이 비슷한데 공부하는 태도에는 약간의 차이가 있다.

따라서 둘의 성적이 차이를 보이는 것은 학습 태도의 차이 때문으로 생각된다.

③ 일치·차이 병용법 : 몇 개의 공통 현상이 나타나는 경우와 몇 개의 그렇지 않은 경우를 놓고 일치법과 차이법을 병용하여 적용함으로써 그 원인을 판단

예 학업 능력 정도가 비슷한 두 아동 집단에 대해 처음에는 같은 분량의 과제를 부여하고 나중에는 각기 다른 분량의 과제를 부여한 결과, 많이 부여한 집단의 성적이 훨씬 높게 나타났다. 이로 보아, 과제를 많이 부여하는 것이 적게 부여하는 것보다 학생의 학업 성적 향상에 도움이 된다고 판단할 수 있다.

④ 공변법 : 관찰하는 어떤 사실의 변화에 따라 현상의 변화가 일어날 때 그 변화의 원인이 무엇인지 판단

예 담배를 피우는 양이 각기 다른 사람들의 집단을 조사한 결과, 담배를 많이 피울수록 폐암에 걸릴 확률이 높다는 사실이 발견되었다.

⑤ 잉여법 : 앞의 몇 가지 현상이 뒤의 몇 가지 현상의 원인이며, 선행 현상의 일부분이 후행 현상의 일부분이라면, 선행 현상의 나머지 부분이 후행 현상의 나머지 부분의 원인임을 판단

예 어젯밤 일어난 사건의 혐의자는 정은이와 규민이 두 사람인데, 정은이는 알리바이가 성립되어 혐의 사실이 없는 것으로 밝혀졌다. 따라서 그 사건의 범인은 규민이일 가능성이 높다.

3. 유비 추론

두 개의 대상 사이에 일련의 속성이 동일하다는 사실에 근거하여 그것들의 나머지 속성도 동일하리라는 결론을 이끌어내는 추론, 즉 이미 알고 있는 것에서 다른 유사한 점을 찾아내는 추론을 말한다. 그렇기 때문에 유비 추론은 기준이 되는 사물이나 현상이 있어야 한다. 유비 추론은 가설을 세우는 데 유용하다. 이미 알고 있는 사례로부터 아직 알지 못하는 것을 생각해 봄으로써 쉽게 가설을 세울 수 있다. 이때 유의할 점은 이미 알고 있는 사례와 이제 알고자 하는 사례가 매우 유사하다는 확신과 증거가 있어야 한다. 그렇지 않은 상태에서 유비 추론에 의해 결론을 이끌어 내면, 그것은 개연성이 거의 없고 잘못된 결론이 될 수도 있다.

• 지구에는 공기, 물, 흙, 햇빛이 있다.	A는 a, b, c, d의 속성을 가지고 있다.
• 화성에는 공기, 물, 흙, 햇빛이 있다.	B는 a, b, c, d의 속성을 가지고 있다.
• 지구에 생물이 살고 있다.	A는 e의 속성을 가지고 있다.
• 그러므로 화성에도 생물이 살고 있을 것이다.	그러므로 B도 e의 속성을 가지고 있을 것이다.

핵심예제

※ 다음 제시문을 읽고 각 문장이 항상 참이면 ①, 거짓이면 ②, 알 수 없으면 ③을 고르시오.
[1~2]

- 5층짜리 아파트에 A, B, C, D, E가 살고 있다.
- A는 2층에 살고 있다.
- B는 A보다 위층에 살고 있다.
- C와 D는 이웃한 층에 살고 있다.

01 E는 1층에 살고 있다.

① 참   ② 거짓   ③ 알 수 없음

| 해설 | B는 A보다 위층에 살고 있고, C와 D가 이웃한 층에 살고 있으려면 3 ~ 5층 중에 두 층을 차지해야 하므로 1층에 사는 사람은 E이다.

정답 ①

02 B는 4층에 살고 있다.

① 참   ② 거짓   ③ 알 수 없음

| 해설 | B가 4층에 살면 C와 D가 이웃한 층에 살 수 없다. 따라서 B는 4층에 살 수 없다.

정답 ②

02 | 언어비판 적중예상문제

정답 및 해설 p.007

대표유형 1 　명제

01 어느 도시에 있는 병원의 공휴일 진료 현황은 다음과 같다. 공휴일에 진료하는 병원의 수는?

- B병원이 진료를 하지 않으면 A병원은 진료를 한다.
- B병원이 진료를 하면 D병원은 진료를 하지 않는다.
- A병원이 진료를 하면 C병원은 진료를 하지 않는다.
- C병원이 진료를 하지 않으면 E병원이 진료를 한다.
- E병원은 공휴일에 진료를 하지 않는다.

① 1곳　　　　　　　　　　　　　② 2곳
③ 3곳　　　　　　　　　　　　　④ 4곳
⑤ 5곳

02 경제학과, 물리학과, 통계학과, 지리학과 학생인 A ~ D는 검은색, 빨간색, 흰색의 세 가지 색 중 적어도 1가지 이상의 색을 좋아한다. 다음 〈조건〉에 따라 항상 참인 것은?

조건
- 경제학과 학생은 검은색과 빨간색만 좋아한다.
- 경제학과 학생과 물리학과 학생은 좋아하는 색이 서로 다르다.
- 통계학과 학생은 빨간색만 좋아한다.
- 지리학과 학생은 물리학과 학생과 통계학과 학생이 좋아하는 색만 좋아한다.
- C는 검은색을 좋아하고, B는 빨간색을 좋아하지 않는다.

① A는 통계학과이다.　　　　　　② B는 물리학과이다.
③ C는 지리학과이다.　　　　　　④ D는 경제학과이다.
⑤ B와 C는 빨간색을 좋아한다.

※ 다음 제시문을 바탕으로 추론할 수 있는 것을 고르시오. [3~15]

03

- A ~ E 다섯 명을 포함한 여덟 명이 달리기 경기를 하였다.
- A와 D는 연속으로 들어왔으나, C와 D는 연속으로 들어오지 않았다.
- A와 B 사이에 3명이 있다.
- B는 일등도, 꼴찌도 아니다.
- E는 4등 또는 5등이고, D는 7등이다.
- 5명을 제외한 3명 중에 꼴찌는 없다.

① C가 3등이다.　　　　　　　② A가 C보다 늦게 들어왔다.

③ B가 E보다 늦게 들어왔다.　　④ D가 E보다 일찍 들어왔다.

⑤ E가 C보다 일찍 들어왔다.

04

- 6층짜리 주택에 A ~ F가 입주하려고 한다.
- B와 D 중 높은 층에서 낮은 층의 수를 빼면 4이다.
- B와 F는 인접할 수 없다.
- A는 E보다 밑에 산다.
- D는 A보다 밑에 산다.
- A는 3층에 산다.

① C는 5층에 산다.　　　　　　② E는 F와 인접해 있다.

③ B는 F보다 높은 곳에 산다.　　④ C는 B보다 높은 곳에 산다.

⑤ D는 A가 사는 층 바로 아래에 산다.

05

- 어떤 학생은 음악을 즐긴다.
- 모든 음악을 즐기는 것은 나무로 되어 있다.
- 나무로 되어 있는 것은 모두 악기다.

① 어떤 학생은 악기다.

② 모든 학생은 악기다.

③ 모든 음악을 즐기는 것은 학생이다.

④ 어떤 음악을 즐기는 것은 나무로 되어 있지 않다.

⑤ 모든 악기는 학생이다.

06

> - 사과를 좋아하면 배를 좋아하지 않는다.
> - 귤을 좋아하면 배를 좋아한다.
> - 귤을 좋아하지 않으면 오이를 좋아한다.

① 사과를 좋아하면 오이를 좋아하지 않는다.
② 배를 좋아하면 오이를 좋아한다.
③ 귤을 좋아하면 사과를 좋아한다.
④ 배를 좋아하지 않으면 사과를 좋아한다.
⑤ 사과를 좋아하면 오이를 좋아한다.

07

> - 에스파를 좋아하는 사람은 스테이씨를 좋아한다.
> - 르세라핌을 좋아하는 사람은 뉴진스를 좋아한다.
> - 스테이씨를 좋아하는 사람은 아이브를 좋아한다.
> - 진수는 르세라핌을 좋아한다.

① 르세라핌을 좋아하는 사람은 에스파를 좋아한다.
② 스테이씨를 좋아하는 사람은 르세라핌을 좋아한다.
③ 진수는 뉴진스를 좋아한다.
④ 에스파를 좋아하는 사람은 뉴진스를 좋아한다.
⑤ 아이브를 좋아하는 사람은 르세라핌을 좋아한다.

08

> - 경철이는 윤호보다 바둑을 못 둔다.
> - 윤호는 정래보다 바둑을 못 둔다.
> - 혜미는 윤호보다 바둑을 잘 둔다.

① 정래는 혜미보다 바둑을 잘 둔다.
② 바둑을 가장 잘 두는 사람은 혜미다.
③ 혜미는 경철이보다 바둑을 잘 둔다.
④ 경철이가 정래보다 바둑을 잘 둔다.
⑤ 윤호는 혜미보다 바둑을 잘 둔다.

09

> • 어떤 ♣는 산을 좋아한다.
> • 산을 좋아하는 것은 여행으로 되어 있다.
> • 모든 여행으로 되어 있는 것은 자유이다.

① 어떤 ♣는 자유이다.
② 여행으로 되어 있는 것은 ♣이다.
③ 산을 좋아하는 모든 것은 ♣이다.
④ 산을 좋아하는 어떤 것은 여행으로 되어 있지 않다.
⑤ 모든 ♣는 여행으로 되어 있다.

10

> • 노란 상자는 초록 상자에 들어간다.
> • 파란 상자는 빨간 상자에 들어간다.
> • 빨간 상자와 노란 상자가 같은 크기이다.

① 파란 상자는 초록 상자에 들어가지 않는다.
② 초록 상자는 빨간 상자에 들어간다.
③ 초록 상자는 파란 상자에 들어가지 않는다.
④ 노란 상자는 빨간 상자에 들어간다.
⑤ 노란 상자에 초록 상자와 빨간 상자 모두 들어간다.

11

> • 인디 음악을 좋아하는 사람은 독립영화를 좋아한다.
> • 클래식을 좋아하는 사람은 재즈 밴드를 좋아한다.
> • 독립영화를 좋아하지 않는 사람은 재즈 밴드를 좋아하지 않는다.

① 인디 음악을 좋아하지 않는 사람은 재즈 밴드를 좋아한다.
② 독립영화를 좋아하는 사람은 재즈 밴드를 좋아하지 않는다.
③ 재즈 밴드를 좋아하는 사람은 인디 음악을 좋아하지 않는다.
④ 클래식을 좋아하는 사람은 독립영화를 좋아한다.
⑤ 클래식을 좋아하는 사람은 인디 음악을 좋아하지 않는다.

12

- 모든 선생님은 공부를 좋아한다.
- 어떤 학생은 운동을 좋아한다.

① 모든 학생은 운동을 좋아한다.
② 모든 학생은 공부를 좋아한다.
③ 어떤 학생은 공부를 좋아한다.
④ 어떤 선생님은 공부를 좋아한다.
⑤ 모든 선생님은 운동을 좋아한다.

13

- 은지는 정주보다 빠르다.
- 경순이는 정주보다 느리다.
- 민경이는 은지보다 빠르다.

① 경순이가 가장 느리다.
② 정주가 가장 느리다.
③ 은지는 민경이 보다 빠르다.
④ 정주는 민경이 보다 빠르다.
⑤ 민경이는 정주보다는 느리지만, 경순이 보다는 빠르다.

14

- 마포역 부근의 어떤 정형외과는 토요일이 휴진이다.
- 공덕역 부근의 어떤 치과는 토요일이 휴진이다.
- 공덕역 부근의 모든 치과는 화요일이 휴진이다.

① 마포역 부근의 어떤 정형외과는 화요일이 휴진이다.
② 마포역 부근의 모든 정형외과는 화요일이 휴진이 아니다.
③ 마포역 부근의 어떤 정형외과는 토요일과 화요일 모두 휴진이다.
④ 모든 공덕역 부근의 치과는 토요일이 휴진이 아니다.
⑤ 공덕역 부근의 어떤 치과는 토요일, 화요일이 모두 휴진이다.

15

> • 커피를 마시면 치즈케이크도 먹는다.
> • 마카롱을 먹으면 요거트를 먹지 않는다.
> • 요거트를 먹지 않으면 커피를 마신다.
> • 치즈케이크를 먹으면 초코케이크를 먹지 않는다.
> • 아이스크림을 먹지 않으면 초코케이크를 먹는다.

① 마카롱을 먹으면 아이스크림을 먹는다.
② 요거트를 먹지 않으면 초코케이크를 먹는다.
③ 아이스크림을 먹으면 치즈케이크를 먹는다.
④ 커피를 마시지 않으면 초코케이크를 먹는다.
⑤ 치즈케이크를 먹지 않으면 마카롱을 먹는다.

대표유형 2   조건추리

16 K대학교 동아리 회원 A~E가 주말을 포함한 일주일 동안 각자 하루를 골라 봉사활동을 한다. 다음 〈조건〉에 따라 항상 참이 아닌 것은?

> **조건**
> • A, B, C, D, E는 일주일 동안 정해진 요일에 혼자서 봉사활동을 한다.
> • A는 B보다 빠른 요일에 봉사활동을 한다.
> • E는 C가 봉사활동을 다녀오고 이틀 후에 봉사활동을 한다.
> • B와 D는 평일에 봉사활동을 한다.
> • C는 목요일에 봉사활동을 하지 않는다.
> • A는 월요일, 화요일 중에 봉사활동을 한다.

① E가 수요일에 봉사활동을 한다면 토요일에 봉사활동을 하는 사람이 있다.
② B가 화요일에 봉사활동을 한다면 토요일에 봉사활동을 하는 사람은 없다.
③ C가 A보다 빨리 봉사활동을 한다면 D는 목요일에 봉사활동을 할 수 있다.
④ D가 금요일에 봉사활동을 한다면 다섯 명은 모두 평일에 봉사활동을 한다.
⑤ D가 A보다 빨리 봉사활동을 한다면 B는 금요일에 봉사활동을 하지 않는다.

17 K회사의 영업팀과 홍보팀에서 근무 중인 총 9명(A~I)의 사원은 워크숍을 가려고 하는데, 한 층당 4개의 객실로 이루어져 있는 호텔을 1층부터 3층까지 사용한다. 다음 〈조건〉을 참고할 때, 항상 옳은 것은?(단, 직원 한 명당 하나의 객실을 사용하며, 2층 이상의 객실은 반드시 엘리베이터를 이용해야 한다)

> **조건**
> • 202호는 현재 공사 중이라 사용할 수 없다.
> • 영업팀 A사원은 홍보팀 B, E사원과 같은 층에 묵는다.
> • 3층에는 영업팀 직원 C, D, F가 묵는다.
> • 홍보팀 G사원은 같은 팀 H사원의 바로 아래층 객실에 묵는다.
> • I사원은 101호에 배정받았다.

① 영업팀은 총 5명의 직원이 워크숍에 참석했다.
② 홍보팀 G사원은 2층에 묵는다.
③ 영업팀 C사원의 객실 바로 아래층은 빈 객실이다.
④ 엘리베이터를 이용해야 하는 사람의 수는 영업팀보다 홍보팀이 더 많다.
⑤ 홍보팀 E사원이 객실에 가기 위해서는 반드시 엘리베이터를 이용해야 한다.

18 K회사의 기획부서에는 사원 A~D와 대리 E~G가 소속되어 있으며, 이들 중 4명이 해외 진출 사업을 진행하기 위해 베트남으로 출장을 갈 예정이다. 다음 〈조건〉을 따를 때, 항상 참이 되는 것은?

> **조건**
> • 사원 중 적어도 한 사람은 출장을 간다.
> • 대리 중 적어도 한 사람은 출장을 가지 않는다.
> • A사원과 B사원 중 적어도 한 사람이 출장을 가면, D사원은 출장을 간다.
> • C사원이 출장을 가면, E대리와 F대리는 출장을 가지 않는다.
> • D사원이 출장을 가면, G대리도 출장을 간다.
> • G대리가 출장을 가면, E대리도 출장을 간다.

① A사원은 출장을 간다.   ② B사원은 출장을 간다.
③ C사원은 출장을 가지 않는다.   ④ D사원은 출장을 가지 않는다.
⑤ G사원은 출장을 가지 않는다.

19 A ~ D 네 사람은 한 아파트에 살고 있고, 이 아파트는 1층과 2층, 층별로 1호, 2호로 구성되어 있다. 다음 〈조건〉을 참고할 때, 〈보기〉 중 옳은 것을 모두 고르면?

조건
- 각 집에는 한 명씩만 산다.
- D는 2호에 살고, A는 C보다 위층에 산다.
- B와 C는 서로 다른 호수에 산다.
- A와 B는 이웃해 있다.

보기
ㄱ. 1층 1호 - C   ㄴ. 1층 2호 - B
ㄷ. 2층 1호 - A   ㄹ. 2층 2호 - D

① ㄱ, ㄴ   ② ㄱ, ㄷ
③ ㄴ, ㄷ   ④ ㄴ, ㄹ
⑤ ㄱ, ㄴ, ㄷ, ㄹ

20 다음 〈조건〉을 바탕으로 할 때, 〈보기〉에 대한 판단으로 옳은 것은?

조건
- 사각 테이블에 사장과 A, B, C부서의 임원이 2명씩 앉아 있다.
- 사장은 사각 테이블의 어느 한 면에 혼자 앉아 있다.
- A부서의 임원들은 나란히 앉아 있다.
- C부서의 임원은 서로 마주보고 있으며, 그중 한 임원은 B부서의 임원 사이에 있다.
- 사각 테이블의 한 면에는 최대 4명이 앉을 수 있다.

보기
A : C부서의 한 임원은 어느 한 면에 혼자 앉아 있다.
B : 테이블의 어느 한 면은 항상 비어 있다.

① A만 옳다.
② B만 옳다.
③ A, B 모두 옳다.
④ A, B 모두 틀리다.
⑤ A, B 모두 옳은지 틀린지 판단할 수 없다.

21 K회사에서는 근무 연수가 1년씩 높아질수록 사용할 수 있는 여름 휴가 일수가 하루씩 늘어난다. K회사에 근무하는 A~E사원은 각각 서로 다른 해에 입사하였고, 최대 근무 연수가 4년을 넘지 않는다고 할 때, 다음 내용을 바탕으로 올바르게 추론한 것은?

> • 올해로 3년 차인 A사원은 여름 휴가일로 최대 4일을 사용할 수 있다.
> • B사원은 올해 여름휴가로 5일을 모두 사용하였다.
> • C사원이 사용할 수 있는 여름 휴가 일수는 A사원의 휴가 일수보다 짧다.
> • 올해 입사한 D사원은 1일을 여름 휴가일로 사용할 수 있다.
> • E사원의 여름 휴가 일수는 D사원보다 길다.

① E사원은 C사원보다 늦게 입사하였다.
② 근무한 지 1년이 채 되지 않으면 여름휴가를 사용할 수 없다.
③ C사원의 올해 근무 연수는 2년이다.
④ B사원의 올해 근무 연수는 4년이다.
⑤ 근무 연수가 높은 순서대로 나열하면 'B-A-C-E-D'이다.

22 A~D 4명이 다음 〈조건〉에 따라 구두를 샀다고 할 때, A는 주황색 구두를 포함하여 어떤 색의 구두를 샀는가?(단, 빨간색 – 초록색, 주황색 – 파란색, 노란색 – 남색은 보색 관계이다)

> **조건**
> • 세일하는 품목은 빨간색, 주황색, 노란색, 초록색, 파란색, 남색, 보라색으로 각 한 켤레씩 남았다.
> • A는 주황색을 포함하여 두 켤레를 샀다.
> • C는 빨간색 구두를 샀다.
> • B, D는 파란색을 좋아하지 않는다.
> • C, D는 같은 수의 구두를 샀다.
> • B는 C가 산 구두와 보색 관계인 구두를 샀다.
> • D는 B가 산 구두와 보색 관계인 구두를 샀다.
> • 모두 한 켤레 이상씩 샀으며, 네 사람은 세일 품목을 모두 샀다.

① 노란색　　　　　　　② 초록색
③ 파란색　　　　　　　④ 남색
⑤ 보라색

23 수영, 슬기, 경애, 정서, 민경의 머리 길이가 서로 다르다고 할 때, 다음을 읽고 바르게 추론한 것은?

> • 수영이는 단발머리로 슬기와 경애의 머리보다 짧다.
> • 정서의 머리는 수영보다 길지만, 슬기보다는 짧다.
> • 경애의 머리는 정서보다 길지만, 슬기보다는 짧다.
> • 민경의 머리는 경애보다 길지만, 다섯 명 중에 가장 길지는 않다.

① 경애는 단발머리이다.
② 슬기의 머리가 가장 길다.
③ 민경의 머리는 슬기보다 길다.
④ 수영의 머리가 다섯 명 중 가장 짧지는 않다.
⑤ 머리가 긴 순서대로 나열하면 '슬기 – 정서 – 민경 – 경애 – 수영'이다.

※ 다음 사실로부터 추론할 수 있는 것을 고르시오. [24~30]

24

> • 지훈이는 이번 주 워크숍에 참여하며, 다음 주에는 체육대회에 참가할 예정이다.
> • 영훈이는 다음 주 체육대회와 창립기념일 행사에만 참여할 예정이다.

① 지훈이는 다음 주 창립기념일 행사에 참여한다.
② 영훈이는 이번 주 워크숍에 참여한다.
③ 지훈이와 영훈이는 이번 주 체육대회에 참가한다.
④ 지훈이와 영훈이는 다음 주 체육대회에 참가한다.
⑤ 영훈이는 창립기념일 행사보다 체육대회에 먼저 참가한다.

25

- 화단의 나팔꽃은 봉숭아꽃보다 먼저 핀다.
- 화단의 장미꽃은 봉숭아꽃보다 늦게 핀다.

① 장미꽃이 가장 먼저 핀다.
② 봉숭아꽃이 가장 늦게 핀다.
③ 장미꽃이 나팔꽃보다 먼저 핀다.
④ 나팔꽃이 장미꽃보다 먼저 핀다.
⑤ 장미꽃과 나팔꽃이 봉숭아꽃보다 먼저 핀다.

26

- 현수는 주현이보다 일찍 일어난다.
- 주현이는 수현이보다 늦게 일어난다.

① 현수가 가장 먼저 일어난다.
② 수현이가 가장 먼저 일어난다.
③ 주현이가 가장 늦게 일어난다.
④ 수현이는 현수보다 먼저 일어난다.
⑤ 수현이는 현수보다 늦게 일어난다.

27

- 지후의 키는 178cm이다.
- 시후는 지후보다 3cm 더 크다.
- 재호는 시후보다 5cm 더 작다.

① 지후의 키가 가장 크다.
② 재호의 키가 가장 크다.
③ 시후의 키가 가장 작다.
④ 재호의 키는 176cm이다.
⑤ 지후와 재호의 키는 같다.

28

- 바나나의 열량은 방울토마토의 열량보다 높다.
- 딸기의 열량은 사과의 열량보다 낮다.
- 사과의 열량은 바나나의 열량보다 낮다.

① 딸기의 열량이 가장 낮다.
② 방울토마토의 열량이 가장 낮다.
③ 사과의 열량이 가장 높다.
④ 바나나의 열량이 가장 높다.
⑤ 방울토마토는 딸기보다 열량이 높다.

29

- 바둑이는 점박이보다 먼저 태어났다.
- 얼룩이는 바둑이보다 늦게 태어났다.
- 누렁이는 네 형제 중 가장 먼저 태어났다.

① 점박이는 네 형제 중 막내다.
② 얼룩이는 네 형제 중 막내다.
③ 바둑이는 네 형제 중 둘째다.
④ 점박이는 얼룩이보다 먼저 태어났다.
⑤ 점박이와 얼룩이는 쌍둥이이다.

30

- 수진이는 어제 밤 10시에 자서 오늘 아침 7시에 일어났다.
- 지은이는 어제 수진이보다 30분 늦게 자서 오늘 아침 7시가 되기 10분 전에 일어났다.
- 혜진이는 항상 9시에 자고, 8시간의 수면 시간을 지킨다.
- 정은이는 어제 수진이보다 10분 늦게 잤고, 혜진이보다 30분 늦게 일어났다.

① 지은이는 가장 먼저 일어났다.
② 정은이는 가장 늦게 일어났다.
③ 혜진이의 수면 시간이 가장 짧다.
④ 수진이의 수면 시간이 가장 길다.
⑤ 수진, 지은, 혜진, 정은 모두 수면 시간이 8시간 이상이다.

03 | 수열추리 핵심이론

| 수열 |

(1) **등차수열** : 앞의 항에 일정한 수를 더해 이루어지는 수열

첫째항이 a, 공차가 d인 등차수열의 일반항을 a_n이라고 하면

$a_n = a + (n-1)d$

$a_{n+1} - a_n = d$

예 $\underset{+2}{1 \quad} \underset{+2}{3 \quad} \underset{+2}{5 \quad} \underset{+2}{7 \quad} \underset{+2}{9 \quad} \underset{+2}{11 \quad} \underset{+2}{13 \quad} 15$

(2) **등비수열** : 앞의 항에 일정한 수를 곱해 이루어지는 수열

첫째항이 a, 공비가 r인 등비수열의 일반항을 a_n이라고 하면

$a_n = ar^{n-1}$

$a_{n+1} \div a_n = r \ (a \neq 0, \ r \neq 0)$

예 $\underset{\times 2}{1 \quad} \underset{\times 2}{2 \quad} \underset{\times 2}{4 \quad} \underset{\times 2}{8 \quad} \underset{\times 2}{16 \quad} \underset{\times 2}{32 \quad} \underset{\times 2}{64 \quad} 128$

(3) **계차수열** : 앞의 항과의 차가 일정하게 증가하는 수열

$b_n = a_{n+1} - a_n \ (n = 1, \ 2, \ 3 \cdots)$

예 $1 \quad 2 \quad 4 \quad 7 \quad 11 \quad 16 \quad 22 \quad 29$

$\quad\ {+1} \quad {+2} \quad {+3} \quad {+4} \quad {+5} \quad {+6} \quad {+7}$

$\quad\quad\ {+1} \quad {+1} \quad {+1} \quad {+1} \quad {+1} \quad {+1}$

(4) **피보나치 수열** : 앞의 두 항의 합이 그 다음 항의 수가 되는 수열

$a_n = a_{n-1} + a_{n-2} \ (n \geq 3, \ a_n = 1, \ a_2 = 1)$

예 $1 \quad 1 \quad \underset{1+1}{2} \quad \underset{1+2}{3} \quad \underset{2+3}{5} \quad \underset{3+5}{8} \quad \underset{5+8}{13} \quad \underset{8+13}{21}$

(5) 건너뛰기 수열 : 두 개 이상의 수열이 일정한 간격을 두고 번갈아가며 나타나는 수열

예 1 1 3 7 5 13 7 19

- 홀수 항 : 1 3 5 7
  $+2$ $+2$ $+2$

- 짝수 항 : 1 7 13 19
  $+6$ $+6$ $+6$

(6) 군수열 : 일정한 규칙성으로 몇 항씩 묶어 나눈 수열

- 각 군 안에서 항들이 이루는 수열
- 각 군의 항의 개수가 이루는 수열
- 각 군의 첫째 항들이 이루는 수열

예 • 1 1 2 1 2 3 1 2 3 4

$\Rightarrow$ 1 1 2 1 2 3 1 2 3 4

• 1 3 4 6 5 11 2 6 8 9 3 12

$\Rightarrow$ 1 3 4 6 5 11 2 6 8 9 3 12
    $1+3=4$ $6+5=11$ $2+6=8$ $9+3=12$

• 1 3 3 2 4 8 5 6 30 7 2 14

$\Rightarrow$ 1 3 3 2 4 8 5 6 30 7 2 14
    $1\times3=3$ $2\times4=8$ $5\times6=30$ $7\times2=14$

※ 일정한 규칙으로 수를 나열할 때, 빈칸에 들어갈 가장 알맞은 숫자를 고르시오. [1~40]

01

| 266 | 250 | ( ) | 251 | 264 | 252 | 263 |

① 210   ② 234

③ 265   ④ 275

⑤ 280

02

| 94 | 52 | 80 | 62 | ( ) | 72 | 52 | 82 |

① 60   ② 62

③ 64   ④ 66

⑤ 68

03

| −81 | −30 | −27 | −21 | −9 | −12 | ( ) |

① −3   ② −1

③ 0   ④ 1

⑤ 2

04

| 1 | 2 | 8 | ( ) | 148 | 765 | 4,626 |

① 12   ② 24

③ 27   ④ 33

⑤ 36

05

| 64 | 16 | 12 | 3 | $\dfrac{11}{2}$ | ( ) | $\dfrac{75}{16}$ |

① $\dfrac{5}{4}$ ② $\dfrac{11}{4}$

③ $\dfrac{7}{8}$ ④ $\dfrac{11}{8}$

⑤ $\dfrac{15}{8}$

06

1   3   11   43   171   ( )

① 232   ② 459

③ 683   ④ 855

⑤ 923

07

5   0   1   5   3   ( )   6   2   36

① 15   ② 45

③ 75   ④ 125

⑤ 160

08

-7 3   2   ( ) -4 -13 27   5 -16

① 10   ② 15

③ 20   ④ 25

⑤ 30

09

| 29.5 | 3 | 6 | 59 | 5 | 4 | 12.4 | 15.5 | 33 | 6 | ( ) | 85.25 |

① 6

② 8.5

③ 11.5

④ 13

⑤ 15.5

10

$$\frac{12}{17} \quad \frac{10}{19} \quad \frac{8}{21} \quad \frac{6}{23} \quad \frac{4}{25} \quad (\ \ )$$

① $\frac{1}{24}$

② $\frac{1}{26}$

③ $\frac{2}{27}$

④ $\frac{2}{29}$

⑤ $\frac{3}{31}$

11

537 524 498 459 407 ( )

① 342

② 299

③ 289

④ 276

⑤ 256

12

13 19 30 51 87 ( )

① 140

② 143

③ 150

④ 153

⑤ 160

13

$$1 \quad 5 \quad 16 \quad 34 \quad 59 \quad (\quad) \quad 130$$

① 51   ② 61
③ 71   ④ 81
⑤ 91

14

$$10 \quad 42 \quad 58 \quad 66 \quad 70 \quad 72 \quad (\quad)$$

① 68   ② 69
③ 71   ④ 73
⑤ 74

15

$$2 \quad 0 \quad -6 \quad (\quad) \quad -78 \quad -240$$

① -12 ② -18
③ -24 ④ -32
⑤ -40

16

$$2 \quad 4 \quad 11 \quad 6 \quad 12 \quad 19 \quad 14 \quad (\quad) \quad 35 \quad 30$$

① 16   ② 17
③ 22   ④ 23
⑤ 28

17

80	81	( )	27	54	9	41	3	

① 65 ② 66
③ 67 ④ 68
⑤ 69

18

2	3	7	−6	12	12	17	( )

① − 15 ② − 17
③ − 21 ④ − 24
⑤ − 26

19

−8	1	−7	4	−4	( )	1	16

① 1 ② 6
③ 9 ④ 17
⑤ 21

20

30	12	20	14	11	16	3	18	( )	20

① − 4 ② 4
③ − 5 ④ 5
⑤ 6

21

| | 1 | 5 | 3 | 2 | 4 | 9 | 4 | ( ) | 27 | 8 | 2 | 81 |

① 1
② 2
③ 3
④ 5
⑤ 7

22

| | 14 | 16 | 35 | 109 | ( ) | 2,211 |

① 338
② 368
③ 424
④ 441
⑤ 450

23

| | 3 | 1 | −1 | ( ) | −33 | −171 |

① −9
② −7
③ −5
④ 3
⑤ 5

24

| | 3 | 8 | 16 | 17 | 42 | ( ) | 94 | 71 |

① 35
② 38
③ 40
④ 42
⑤ 44

25

7	18	13	16	( )	14	25

① 7   ② 9
③ 15   ④ 17
⑤ 19

26

-150	-145	-135	-115	( )	5	165

① -60 ② -65
③ -70 ④ -75
⑤ -80

27

3	5	4	9	25	16	27	( )	64

① 45   ② 64
③ 85   ④ 125
⑤ 128

28

41	216	51	36	61	( )	71	1

① 6   ② 9
③ 11   ④ 14
⑤ 16

29

9	( )	18	108	36	216

① 24   ② 44

③ 54   ④ 64

⑤ 68

30

3	−3	−12	−18	( )	−78

① −64   ② −66

③ −72   ④ −75

⑤ −78

31

2	( )	4	6	9	14	22	35

① 3   ② 5

③ 8   ④ 10

⑤ 12

32

−7	−3	−8	−9	( )	−22

① −10   ② −15

③ −17   ④ −20

⑤ −21

33

| | | ( ) | 3 | 1 | 8 | −7 | 71 | −22 |

① −3   ② 0
③ 2   ④ 3
⑤ 4

34

| 3 | 7 | −15 | 11 | −37 | 37 | −85 | ( ) |

① 85   ② 111
③ 181   ④ 183
⑤ 189

35

| −3 | 9 | 4 | 11 | 13 | 22 | 33 | ( ) |

① 45   ② 53
③ 58   ④ 64
⑤ 72

36

| −2 | −3 | −5 | ( ) | −13 | −21 |

① −6   ② −7
③ −8   ④ −9
⑤ −10

37

3	5	( )	75	1,125	84,375

① 10   ② 15

③ 20   ④ 25

⑤ 30

38

2	−8	3	−6	4	( )	5	−2

① −4   ② −3

③ −1   ④ 0

⑤ 1

39

$$\frac{6}{8} \quad \frac{12}{9} \quad \frac{18}{10} \quad (\ \ ) \quad \frac{30}{12} \quad \frac{36}{13}$$

① $\dfrac{24}{11}$ ② $\dfrac{25}{12}$

③ $\dfrac{37}{11}$ ④ $\dfrac{49}{12}$

⑤ $\dfrac{51}{11}$

40

−1	1	5.5	13.5	26	44	( )	100.5

① 55.5   ② 59.5

③ 62.5   ④ 68.5

⑤ 90.5

※ 다음은 일정한 규칙에 따라 수를 배치한 것이다. 빈칸에 들어갈 가장 알맞은 수를 고르시오. [1~24]

01

6	12	27	40	48
3	4	9	2	3
4	5	5	22	( )

① 13 ② 16
③ 18 ④ 19
⑤ 22

02

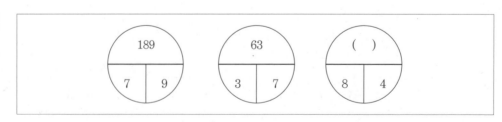

① 74 ② 88
③ 96 ④ 104
⑤ 112

03

	27	31	( )	42	
11	9	7	15	3	24

① 25   ② 29
③ 31   ④ 39
⑤ 48

04

29	31	12
3	4	7
15	8	9
( )	156	147

① 127   ② 130
③ 132   ④ 138
⑤ 143

05

44			74			( )		
4	7	11	9	20	8	15	3	7

① 68   ② 65
③ 62   ④ 53
⑤ 50

24	15	8	9
19	34	12	97
12	7.5	4	4.5
22	37	( )	100

① 8

② 11

③ 15

④ 17

⑤ 21

13	16	19	22
4	9	14	19
45	52	59	66
124	( )	98	85

① 102

② 105

③ 108

④ 111

⑤ 117

08

31	37

15	16	21

( )	32

6	13	19

−4	12

−7	3	9

① 12 ② 19
③ 22 ④ 26
⑤ 28

09

6	5	4	4
5			7
6			( )
2	8	3	6

① 2 ② 4
③ 6 ④ 9
⑤ 11

10

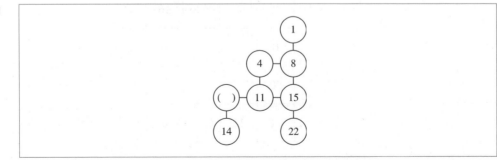

① 6 ② 7
③ 8 ④ 9
⑤ 10

11

Triangle 1: 4 (left), 7 (right), 7 (inside), 21 (bottom)
Triangle 2: 12 (left), 4 (right), ( ) (inside), 28 (bottom)
Triangle 3: 5 (left), 3 (right), 2 (inside), 13 (bottom)

① − 20   ② − 10

③ 10   ④ 20

⑤ 30

12

2	3	6	( )	9
5	1	4	7	3
10	3	24	14	27

① 2   ② 4

③ 6   ④ 7

⑤ 8

13

2	5	−3	16
6			6
20			−7
−8	11	( )	5

① 9   ② 12

③ 15   ④ 18

⑤ 21

14

6	13	20
( )	4	10
15	11	7
38	16	−6

① −1 ② −2
③ −4 ④ −6
⑤ −8

15

	1	8	−2	
5	2	−3	7	( )

① 0 ② 1
③ 2 ④ 3
⑤ 4

16

25	20	27	−8
12	39	5	−10
−4	21	−25	35
13	( )	2	14

① 0 ② −1
③ −2 ④ −4
⑤ −6

17

1	3	4	6	7
2	−1	−2	3	1
5	10	20	( )	50

① 18 　　　　② 24
③ 30 　　　　④ 45
⑤ 55

18

8	27	132
32	( )	156
56	75	180

① 39 　　　　② 43
③ 47 　　　　④ 49
⑤ 51

19

2	2
3	5
5	10
6	16
10	( )

① 22 　　　　② 23
③ 24 　　　　④ 25
⑤ 26

20

−4	9	7	7
17	−9	22	8
9	( )	−8	9
4	9	16	−3

① 16 ② 17
③ 18 ④ 19
⑤ 20

21

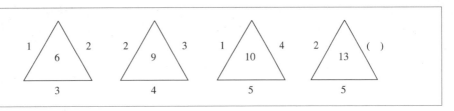

① 4 ② 6
③ 8 ④ 10
⑤ 12

22

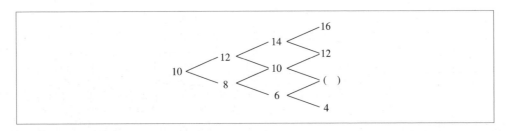

① 6 ② 7
③ 8 ④ 10
⑤ 14

23

1	2	3	2
4	3	3	2
5	5	( )	4
9	8	9	6

① 3   ② 4

③ 5   ④ 6

⑤ 7

24

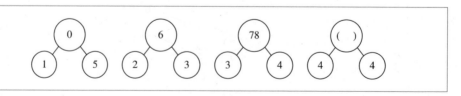

① 214   ② 236

③ 252   ④ 264

⑤ 273

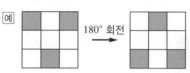

도형추리 핵심이론

도형의 회전·대칭

(1) 180° 회전한 도형은 좌우와 상하가 모두 대칭이 된 모양이다.

예

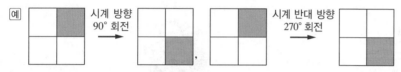

(2) 시계 방향으로 90° 회전한 도형은 시계 반대 방향으로 270° 회전한 도형과 같다.

예

(3) 좌우 반전 → 좌우 반전, 상하 반전 → 상하 반전은 같은 도형이 된다.

예

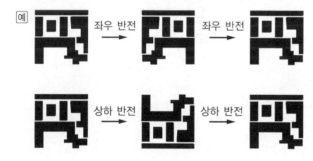

(4) 도형을 거울에 비친 모습은 방향에 따라 좌우 또는 상하로 대칭된 모습이 나타난다.

예

01 다음 그림을 시계 반대 방향으로 90° 회전하고, 상하로 뒤집은 다음, 시계 방향으로 45° 회전시킨 것은?

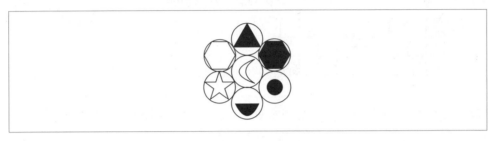

①   ②

③   ④

⑤

02 다음 제시된 도형을 시계 반대 방향으로 144° 회전한 것은?

①

②

③

④

⑤

03 다음 도형을 상하 반전한 후, 시계 반대 방향으로 270° 회전했을 때의 모양은?

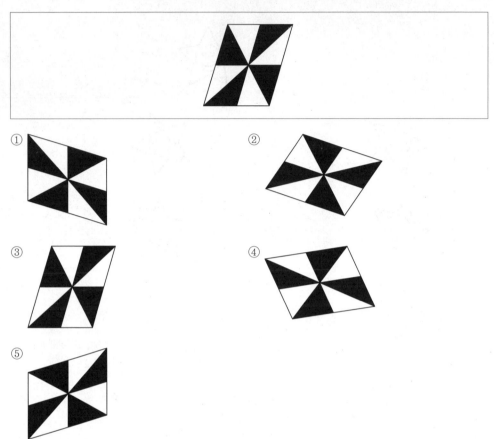

04 다음 도형을 좌우 반전한 후, 시계 방향으로 90° 회전했을 때의 모양은?

①

②

③

④

⑤

※ 다음 규칙을 읽고 질문에 답하시오. [5~7]

작동 버튼	기능
◐	도형을 시계 방향으로 90° 회전하고, 도형의 색을 모두 반대로 바꾼다(흰색 → 검은색, 검은색 → 흰색).
◑	도형을 시계 반대 방향으로 90° 회전한다.
◈	도형을 180° 회전한다.
▣	도형의 색을 모두 반대로 바꾼다(흰색 → 검은색, 검은색 → 흰색).

05 〈보기〉의 처음 상태에서 작동 버튼을 두 번 눌렀더니 다음과 같은 결과가 나타났다. 다음 중 작동 버튼의 순서를 바르게 나열한 것은?

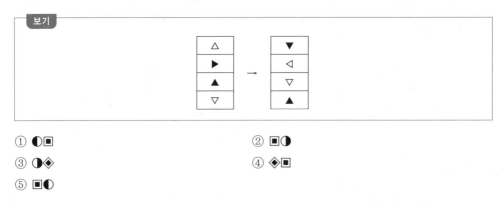

① ◐▣　　　　　　　　　　② ▣◐

③ ◐◈　　　　　　　　　　④ ◈▣

⑤ ▣◐

06 〈보기〉의 처음 상태에서 작동 버튼을 두 번 눌렀더니 다음과 같은 결과가 나타났다. 다음 중 작동 버튼의 순서를 바르게 나열한 것은?

> **보기**
>
> | ▼ |
> |---|
> | ▷ |
> | ◀ |
> | △ |
>
> →
>
> | ◀ |
> |---|
> | ▽ |
> | ▲ |
> | ▷ |

① ◐◈　　　　　　　　　　② ▣◈

③ ◐◑　　　　　　　　　　④ ▣◐

⑤ ◈◐

07 〈보기〉의 처음 상태에서 작동 버튼을 세 번 눌렀더니 다음과 같은 결과가 나타났다. 다음 중 작동 버튼의 순서를 바르게 나열한 것은?

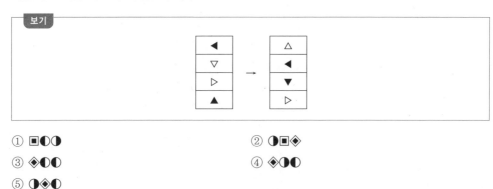

① ■◐◑
② ◐■◆
③ ◆◐◑
④ ◆◑◐
⑤ ◐◆◑

※ 다음 규칙을 읽고 질문에 답하시오. [8~9]

작동 버튼	기능
A	홀수 칸의 도형을 서로 바꾼다.
B	짝수 칸의 도형을 서로 바꾼다.
C	첫 번째와 두 번째의 도형을 서로 바꾼다.
D	세 번째와 네 번째의 도형을 서로 바꾼다.

08 〈보기〉의 처음 상태에서 작동 버튼을 두 번 눌렀더니, 다음과 같은 결과가 나타났다. 다음 중 작동 버튼의 순서를 바르게 나열한 것은?

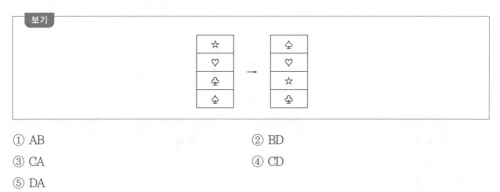

① AB
② BD
③ CA
④ CD
⑤ DA

CHAPTER 04 도형추리 • **79**

09 〈보기〉의 처음 상태에서 작동 버튼을 두 번 눌렀더니, 다음과 같은 결과가 나타났다. 다음 중 작동 버튼의 순서를 바르게 나열한 것은?

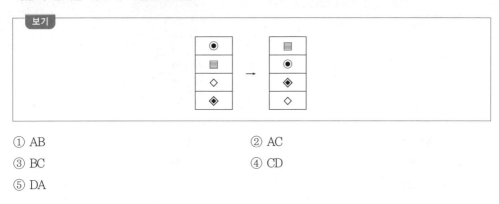

① AB   ② AC

③ BC   ④ CD

⑤ DA

※ 다음 규칙을 읽고 질문에 답하시오. [10~12]

작동 버튼	기능
◁	☆이 ★로 바뀌고, ○은 ●로 바뀐다.
◀	●이 ◆로 바뀐다.
▷	◆이 ◇로 바뀌고, ★이 ☆로 바뀐다.
▶	○이 ◆로 바뀌고, ◇이 ★로 바뀐다.

10 〈보기〉의 처음 상태에서 작동 버튼을 두 번 눌렀더니, 다음과 같은 결과가 나타났다. 다음 중 작동 버튼의 순서를 바르게 나열한 것은?

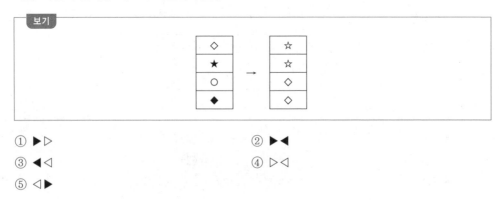

① ▶▷   ② ▶◀

③ ◀◁   ④ ▷◁

⑤ ◁▶

11 〈보기〉의 처음 상태에서 작동 버튼을 두 번 눌렀더니, 다음과 같은 결과가 나타났다. 다음 중 작동 버튼의 순서를 바르게 나열한 것은?

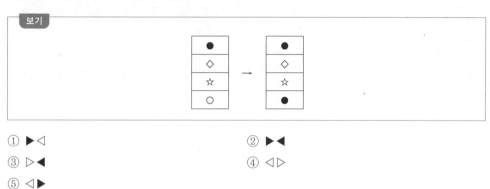

① ▶◁
② ▶◀
③ ▷◀
④ ◁▷
⑤ ◁▶

12 〈보기〉의 처음 상태에서 작동 버튼을 세 번 눌렀더니, 다음과 같은 결과가 나타났다. 다음 중 작동 버튼의 순서를 바르게 나열한 것은?

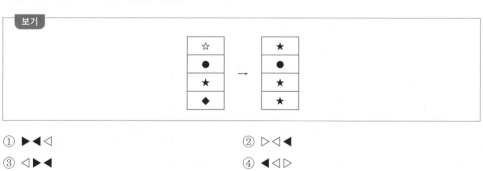

① ▶◀◁
② ▷◁◀
③ ◁▶◀
④ ◀◁▷
⑤ ▷▶◁

작동 버튼	기능
☆	첫 번째 칸과 세 번째 칸 화살표를 시계 반대 방향으로 90° 회전시킨다.
★	두 번째 칸과 네 번째 칸 화살표를 180° 회전시킨다.
○	모든 화살표를 시계 방향으로 90° 회전시킨다.
●	두 번째 칸과 세 번째 칸 화살표를 시계 방향으로 45° 회전시킨다.

13 〈보기〉의 처음 상태에서 작동 버튼을 두 번 눌렀더니, 다음과 같은 결과가 나타났다. 다음 중 작동 버튼의 순서를 바르게 나열한 것은?

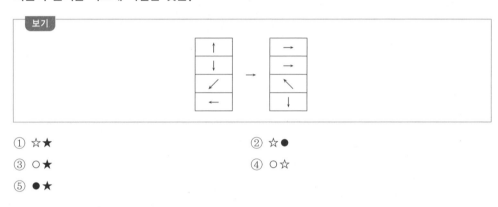

① ☆★　　　　　　　　　　② ☆●

③ ○★　　　　　　　　　　④ ○☆

⑤ ●★

14 〈보기〉의 처음 상태에서 작동 버튼을 두 번 눌렀더니, 다음과 같은 결과가 나타났다. 다음 중 작동 버튼의 순서를 바르게 나열한 것은?

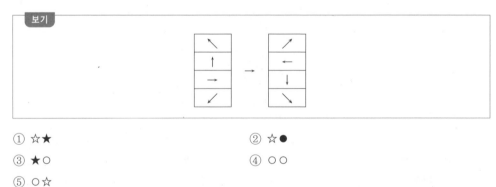

① ☆★　　　　　　　　　　② ☆●

③ ★○　　　　　　　　　　④ ○○

⑤ ○☆

15 〈보기〉의 처음 상태에서 작동 버튼을 세 번 눌렀더니, 다음과 같은 결과가 나타났다. 다음 중 작동 버튼의 순서를 바르게 나열한 것은?

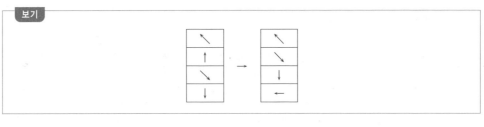

① ○★●

② ○☆★

③ ●☆★

④ ☆○★

⑤ ●○☆

※ 다음 규칙을 읽고 질문에 답하시오. [16~18]

작동 버튼	기능
⊕	모든 도형을 상하 대칭시킨다.
⊖	모든 도형을 좌우 대칭시킨다.
⊗	모든 도형을 시계 방향으로 90° 회전시킨다.
⊘	모든 원형을 좌우 대칭시킨다.

16 〈보기〉의 처음 상태에서 작동 버튼을 두 번 눌렀더니, 다음과 같은 결과가 나타났다. 다음 중 작동 버튼의 순서를 바르게 나열한 것은?

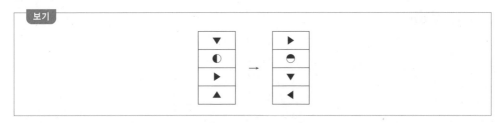

① ⊕⊖

② ⊕⊘

③ ⊘⊗

④ ⊖⊘

⑤ ⊗⊖

17 〈보기〉의 처음 상태에서 작동 버튼을 두 번 눌렀더니, 다음과 같은 결과가 나타났다. 다음 중 작동 버튼의 순서를 바르게 나열한 것은?

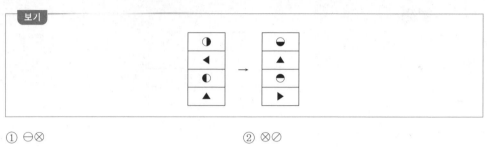

① ⊖⊗

② ⊗⊘

③ ⊕⊖

④ ⊕⊘

⑤ ⊖⊘

18 〈보기〉의 처음 상태에서 작동 버튼을 세 번 눌렀더니, 다음과 같은 결과가 나타났다. 다음 중 작동 버튼의 순서를 바르게 나열한 것은?

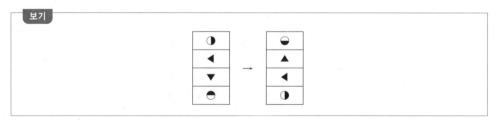

① ⊕⊘⊕

② ⊕⊗⊖

③ ⊖⊕⊘

④ ⊗⊘⊕

⑤ ⊗⊕⊖

※ 다음 규칙을 읽고 질문에 답하시오. [19~20]

작동 버튼	기능
가	가장 큰 수의 일의 자리 숫자와 백의 자리 숫자를 서로 바꾼 후 두 번째 칸 수의 백의 자리 숫자에 2를 더한다.
나	첫 번째 칸 수의 십의 자리 숫자와 일의 자리 숫자를 서로 바꾼다. 세 번째 칸 수의 백의 자리 숫자와 일의 자리 숫자를 서로 바꾼다.
다	가장 작은 수의 십의 자리 숫자에 2를 곱한 후 일의 자리 숫자와 십의 자리 숫자를 서로 바꾼다.
라	두 번째 칸 수의 십의 자리 수와 네 번째 칸 수의 백의 자리 수를 서로 바꾼다.

19 〈보기〉의 처음 상태에서 작동 버튼을 두 번 눌렀더니, 다음과 같은 결과가 나타났다. 다음 중 작동 버튼의 순서를 바르게 나열한 것은?

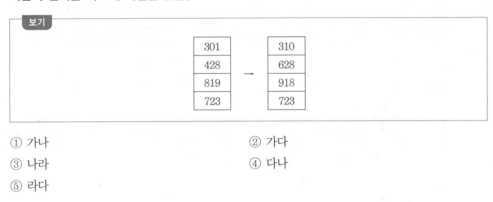

① 가나   ② 가다
③ 나라   ④ 다나
⑤ 라다

20 〈보기〉의 처음 상태에서 작동 버튼을 두 번 눌렀더니, 다음과 같은 결과가 나타났다. 다음 중 작동 버튼의 순서를 바르게 나열한 것은?

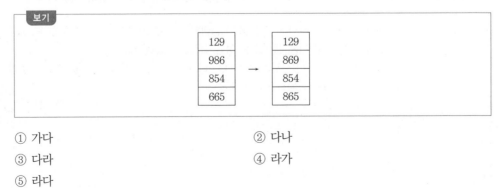

① 가다   ② 다나
③ 다라   ④ 라가
⑤ 라다

05 | 문제해결 적중예상문제

정답 및 해설 p.025

대표유형 1　자료추리

※ T주임은 해외여행을 가고자 한다. 현지 유류비 및 렌트카의 차량별 정보와 관광지 간 거리는 다음과 같다. 이어지는 질문에 답하시오. **[1~2]**

• 현지 유류비

연료	가솔린	디젤	LPG
리터당 가격	1.4달러	1.2달러	2.2달러

• 차량별 연비 및 연료

차량	K	H	P
연비	14km/L	10km/L	15km/L
연료	디젤	가솔린	LPG

※ 연료는 최소 1리터 단위로 주유가 가능함

• 관광지 간 거리

구분	A광장	B계곡	C성당
A광장		25km	12km
B계곡	25km		18km
C성당	12km	18km	

---

01 T주임이 H차량을 렌트하여 A광장에서 출발하여 C성당으로 이동한 후, B계곡으로 이동하고자 한다. T주임이 유류비를 최소화하고자 할 때, A광장에서부터 B계곡으로 이동할 때 소요되는 유류비는?(단, 처음 자동차를 렌트했을 때 차에 연료는 없다)

① 4.2달러　　　　　　　　　② 4.5달러
③ 5.2달러　　　　　　　　　④ 5.6달러
⑤ 6.1달러

02 T주임의 상황이 다음과 같을 때, 여행 일정을 완료하기까지 소요되는 총 이동시간은?

• T주임은 P차량을 렌트하였다. T주임은 C성당에서 출발하여 B계곡으로 이동한 후, A광장을 거쳐 C성당으로 다시 돌아오는 여행 일정을 수립하였다.
• T주임은 C성당에서 A광장까지는 시속 60km로 이동하고, A광장에서 C성당으로 이동할 때에는 시속 40km로 이동하고자 한다.

① 48분　　　　　　　　　　② 52분
③ 58분　　　　　　　　　　④ 1시간 1분
⑤ 1시간 12분

※ 다음은 호텔별 연회장 대여 현황에 대한 자료이다. 자료를 보고 이어지는 질문에 답하시오 [3~4]

〈호텔별 연회장 대여 현황〉

건물	연회장	대여료	수용 가능 인원	회사로부터 거리	비고
A호텔	연꽃실	140만 원	200명	6km	2시간 이상 대여 시 추가비용 40만 원
B호텔	백합실	150만 원	300명	2.5km	1시간 초과 대여 불가능
C호텔	매화실	150만 원	200명	4km	이동수단 제공
	튤립실	180만 원	300명	4km	이동수단 제공
D호텔	장미실	150만 원	250명	4km	-

03 총무팀에 근무하고 있는 이대리는 김부장에게 다음과 같은 지시를 받았다. 이대리가 연회장 예약을 위해 지불해야 하는 예약금은 얼마인가?

> 다음주에 있을 회사 창립 20주년 기념 행사를 위해 준비해야 할 것들 알려줄게요. 먼저 다음주 금요일 오후 6시부터 8시까지 사용 가능한 연회장 리스트를 뽑아서 행사에 적합한 연회장을 예약해주세요. 연회장 대여를 위한 예산은 160만 원이고, 회사에서의 거리가 가까워야 임직원들이 이동하기에 좋을 것 같아요. 행사 참석 인원은 240명이고, 이동수단을 제공해준다면 우선적으로 고려하도록 하세요. 예약금은 대여료의 10%라고 하니 예약 완료하고 지불하도록 하세요.

① 13만 원
② 14만 원
③ 15만 원
④ 16만 원
⑤ 17만 원

04 회사 창립 20주년 기념 행사의 연회장 대여 예산이 200만 원으로 증액된다면, 이대리는 어떤 연회장을 예약하겠는가?

① A호텔 연꽃실
② B호텔 백합실
③ C호텔 매화실
④ C호텔 튤립실
⑤ D호텔 장미실

※ 다음 〈조건〉을 보고 ?에 들어갈 도형을 고르시오. [5~6]

조건

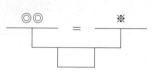

05

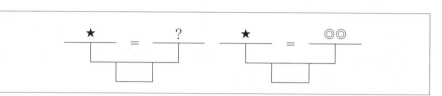

① ※◎◎   ② ※

③ ◎※   ④ ※※

⑤ ※※※

06

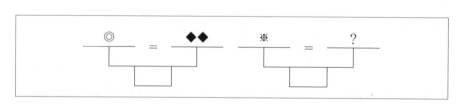

① ※◆◆   ② ◎◎◆◆

③ ◎◆◆   ④ ◆◆◎◎

⑤ ◆◆◆◆

※ 다음 〈조건〉을 보고 ?에 들어갈 도형을 고르시오. **[7~8]**

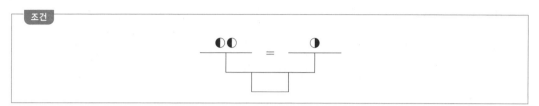

07

① ◐◑◑◐

② ◑◑◑◐

③ ▣▣◑◐

④ ◑◑◑◐◑◐

⑤ ▣▣▣▣▣▣

08

① ◑◑◑◐

② ◐◑◑◑

③ ◑◐◑◐

④ ◐◑◐◑

⑤ ◐◑◐◐

※ 다음 〈조건〉을 보고 ?에 들어갈 도형을 고르시오. [9~10]

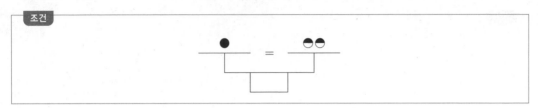

09

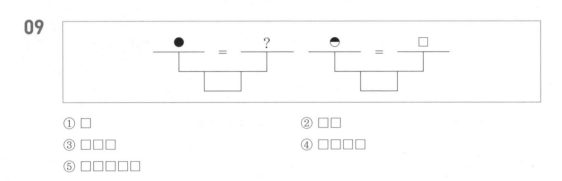

① □

② □□

③ □□□

④ □□□□

⑤ □□□□□

10

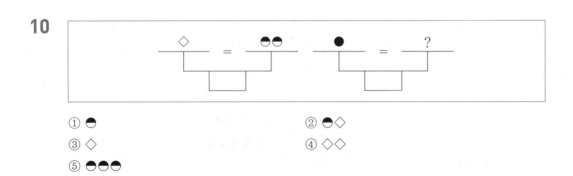

① ◑

② ◑◇

③ ◇

④ ◇◇

⑤ ◑◑◑

※ 다음은 그래프 구성 명령어 실행 예시이다. 이를 참고하여 이어지는 질문에 답하시오. [11~13]

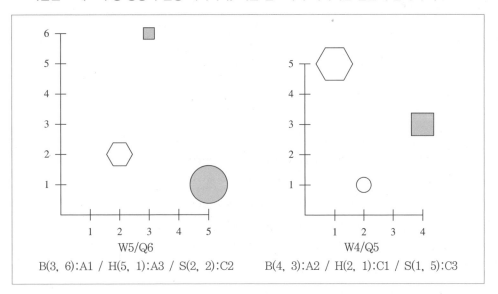

B(3, 6):A1 / H(5, 1):A3 / S(2, 2):C2   B(4, 3):A2 / H(2, 1):C1 / S(1, 5):C3

11 W4/Q4 S(1, 3):A3 / H(2, 1):A1 / B(3, 5):A2의 그래프를 산출할 때, 오류가 발생하여 아래와 같은 그래프가 산출되었다. 다음 중 오류가 발생한 것은?

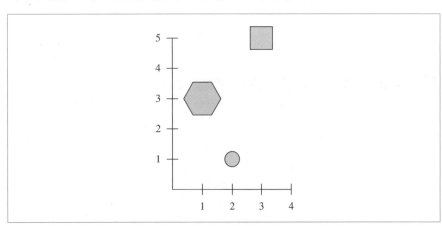

① W4/Q4   ② S(1, 3):A3
③ H(2, 1):A1   ④ B(3, 5):A2
⑤ 알 수 없음

12 다음 그래프에 알맞은 명령어는 무엇인가?

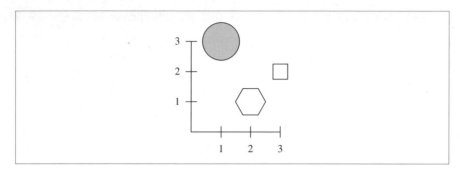

① W3/Q3 S(2, 1):C2 / H(1, 3):A1 / B(3, 2):C1
② W3/Q3 S(2, 1):C2 / H(1, 3):A3 / B(3, 2):C1
③ W3/Q3 S(2, 1):C3 / H(1, 3):A3 / B(3, 2):C1
④ W3/Q3 S(2, 1):A3 / H(1, 3):A3 / B(3, 2):C1
⑤ W3/Q3 S(2, 1):C3 / H(3 ,1):A3 / B(3, 2):C1

13 다음의 그래프에 알맞은 명령어는 무엇인가?

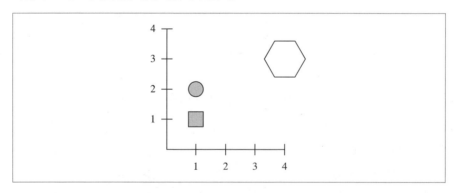

① W4/Q4 S(4, 3):C3 / H(2, 1):A1 / B(1, 1):A1
② W4/Q4 S(4, 3):C3 / H(1, 2):A1 / B(1, 1):C1
③ W4/Q4 S(4, 3):C3 / H(1, 2):C1 / B(1, 1):A1
④ W4/Q4 S(4, 3):C3 / H(1, 2):C1 / B(1, 1):A2
⑤ W4/Q4 S(4, 3):C3 / H(1, 2):A1 / B(1, 1):A1

※ 다음 〈보기〉는 그래프 구성 명령어 실행 예시이다. 〈보기〉를 참고하여 다음 물음에 답하시오. [14~15]

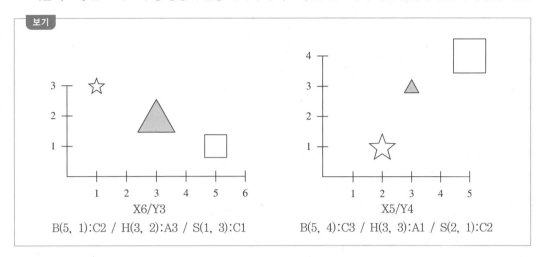

14 다음의 그래프에 알맞은 명령어는 무엇인가?

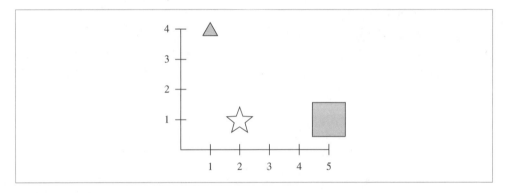

① X5/Y4

　B(5, 1):A3 / H(1, 4):A1 / S(2, 1):C1

② X5/Y5

　B(5, 1):A3 / H(1, 4):A1 / S(2, 1):C1

③ X4/Y5

　B(5, 1):A3 / H(1, 4):A1 / S(2, 1):C2

④ X5/Y4

　B(5, 1):A3 / H(1, 4):A1 / S(2, 1):C2

⑤ X4/Y4

　B(5, 1):A3 / H(1, 4):A1 / S(2, 1):C2

15 다음과 같은 그래프를 산출할 때, 오류가 발생하여 X5/Y5 B(3, 4):A2 / H(2, 3):A1 / S(1, 2):A2 로 입력되었다. 오류를 수정한 것으로 적절하지 않은 것은?

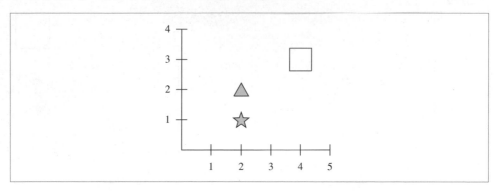

① X5/Y5 → X5/Y4

② B(3, 4):A2 → B(4, 3):A2

③ H(2, 3):A1 → H(2, 2):A1

④ S(1, 2):A2 → S(2, 1):A1

⑤ 알 수 없음

※ 다음은 K공장에서 안전을 위해 정기적으로 실시하는 검침에 대한 안내사항이다. 이어지는
　물음에 답하시오. **[16~17]**

〈계기판 검침 안내사항〉

정기적으로 매일 오후 2시에 다음의 안내사항에 따라 검침을 하고 그에 따른 조치를 취하도록 한다.

〈계기판 A · B · C의 표준수치〉

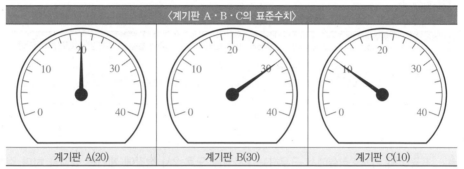

| 계기판 A(20) | 계기판 B(30) | 계기판 C(10) |

[기계조작실]

1. 계기판을 확인하여 PSD 수치를 구한다.
　※ 기계의 에너지 효율이 4등급 또는 5등급의 경우 계기판 B는 고려하지 않음
　※ 기계 에너지 효율 및 시간당 소비전력에 따른 Mode 적용함

구분	Serial Mode 적용	Parallel Mode 적용
1등급	1kW 초과	1kW 이하
2등급	2kW 초과	2kW 이하
3등급	2.5kW 초과	2.5kW 이하
4등급	4kW 초과	4kW 이하
5등급	4.5kW 초과	4.5kW 이하

• Serial Mode
　PSD＝검침 시각 각 계기판 수치의 합
• Parallel Mode
　PSD＝검침 시각 각 계기판 수치의 평균

2. PSD 수치에 따라서 알맞은 버튼을 누른다.

수치	버튼
PSD ≤ 기준치+10	정상
기준치+10 < PSD ≤ 기준치+20	점검
기준치+20 < PSD	교체

※ 에너지 효율 등급이 1~3등급일 경우 세 계기판의 표준수치 합을 기준치로 삼고, 4~5등급일 경우
　세 계기판의 표준수치 합의 $\frac{1}{3}$을 기준치로 삼음

3. 기계조작실에서 버튼을 누르면 버튼에 따라 상황통제실의 경고등에 불이 들어온다.

버튼	경고등
정상	녹색
교체	노란색
점검	빨간색

[상황통제실]
들어온 경고등의 색을 보고 필요한 조치를 취한다.

경고등	조치
녹색	정상 가동
노란색	기계 A/S 신청
빨간색	기계 교체

16 K공장의 기계조작실에서 근무하는 Y사원은 오후 2시 정각에 계기판 점검을 하며 검침 일지를 쓰고 있다. 에너지 효율이 2등급인 기계의 계기판 수치는 〈보기〉와 같고, 시간당 소비전력은 2.3kW였다. 이때, Y사원이 눌러야 하는 버튼의 경고등은 무엇이며, 이를 본 상황통제실에서는 어떤 조치를 취해야 하는가?

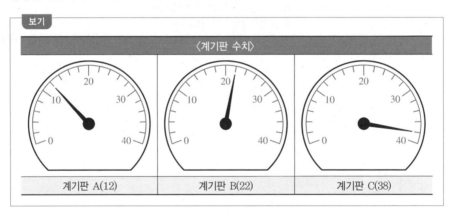

	경고등	조치
①	녹색	정상 가동
②	노란색	기계 A/S 신청
③	노란색	기계 교체
④	빨간색	기계 교체
⑤	빨간색	기계 A/S 신청

17 16번 문제에서 Y사원이 기계의 붙어있는 에너지 효율 등급을 잘못 보고 검침 버튼을 잘못 눌렀다고 한다. 알맞은 버튼의 경고등이 녹색일 때, 다음 중 가능한 에너지 효율 등급과 PSD 수치로 알맞게 짝지어진 것은?(단, 등급을 제외한 나머지 조건은 16번 문제와 동일하다)

	에너지 효율 등급	PSD 수치
①	1등급	72
②	3등급	72
③	4등급	24
④	5등급	25
⑤	5등급	30

18 다음은 K공장에서 안전을 위해 정기적으로 실시하는 검침에 대한 안내사항이다. K공장의 기계조작실에서 근무하는 B사원은 월요일 아침 9시가 되자 계기판을 점검하여 검침일지를 쓰려고 한다. 오늘 실외 온도계 수치는 −4℃이고, 실내 온도계의 수치는 22℃였으며, 계기판의 수치는 〈보기〉와 같았다. B사원이 눌러야 하는 버튼은 무엇이며, 이를 본 상황통제실에서는 다음 중 어떤 조치를 취해야 하는가?

〈계기판 검침 안내사항〉

정기적으로 매일 오전 9시에 다음의 안내사항에 따라 검침을 하고 그에 따른 조치를 취하도록 한다.

〈계기판 A·B·C의 표준 수치〉		
계기판 A	계기판 B	계기판 C

[기계조작실]

1. 계기판을 확인하여 PSD 수치를 구한다.
   ※ 검침하는 시각에 실외 온도계의 온도가 영상이면 B계기판은 고려하지 않음
   ※ 검침하는 시각에 실내 온도계의 온도가 20℃ 미만이면 Parallel Mode를, 20℃ 이상이면 Serial Mode를 적용함
   • Parallel Mode
     PSD=검침 시각 각 계기판 수치의 평균
   • Serial Mode
     PSD=검침 시각 각 계기판 수치의 합

2. PSD 수치에 따라서 알맞은 버튼을 누른다.

수치	버튼
PSD≤기준치	정상
기준치<PSD<기준치+5	경계
기준치+5≤PSD	비정상

※ 화요일과 금요일은 세 계기판의 표준 수치의 합의 $\frac{1}{2}$을 기준치로 삼고, 나머지 요일은 세 계기판의 표준 수치의 합을 기준치로 삼음(단, 온도에 영향을 받지 않음)

3. 기계조작실에서 버튼을 누르면 버튼에 따라 상황통제실의 경고등에 불이 들어온다.

버튼	경고등
정상	녹색
경계	노란색
비정상	빨간색

[상황통제실]

들어온 경고등의 색을 보고 필요한 조치를 취한다.

경고등	조치
녹색	정상 가동
노란색	안전요원 배치
빨간색	접근제한 및 점검

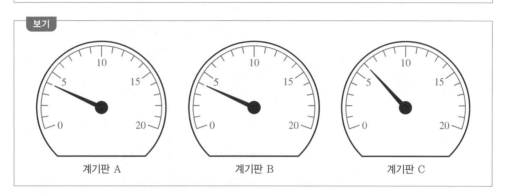

보기

계기판 A   계기판 B   계기판 C

	버튼	조치
①	정상	정상 가동
②	정상	안전요원 배치
③	경계	안전요원 배치
④	비정상	접근제한 및 점검
⑤	비정상	정상 가동

배우기만 하고 생각하지 않으면 얻는 것이 없고,
생각만 하고 배우지 않으면 위태롭다.

– 공자 –

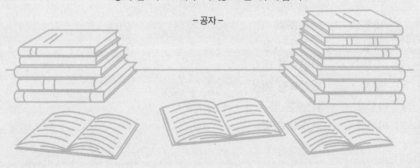

2

최종점검 모의고사

제1회 최종점검 모의고사

모바일 OMR
답안채점 / 성적분석
서비스

☑ 응시시간 : 90분   ☑ 문항 수 : 150문항

정답 및 해설 p.030

| 01 | 언어이해

01 다음 글의 핵심 내용으로 가장 적절한 것은?

> BMO 금속 및 광업 관련 리서치 보고서에 따르면 최근 가격 강세를 지속해 온 알루미늄, 구리, 니켈 등 산업금속들의 4분기 중 공급 부족 심화와 가격 상승세가 전망된다. 산업금속이란 산업에 필수적으로 사용되는 금속들을 말하는데, 앞서 제시한 알루미늄·구리·니켈뿐만 아니라 비교적 단단한 금속에 속하는 은이나 금 등도 모두 산업에 많이 사용될 수 있는 금속이므로 산업금속의 카테고리에 속한다고 할 수 있다. 이러한 산업금속은 물품을 생산하는 기계의 부품으로서 필요하기도 하고, 전자제품 등의 소재로 쓰이기도 하기 때문에 특정 분야의 산업이 활성화되면 특정 금속의 가격이 뛰거나 심각한 공급난을 겪기도 한다.
>
> 금융투자업계에 따르면 최근 전세계적인 경제 회복 조짐과 함께 탈(脫)탄소 트렌드, 즉 '그린 열풍'에 따른 수요 증가로 산업금속 가격이 초강세이다. 런던금속거래소에서 발표한 자료에 따르면 올해 들어 지난달까지 알루미늄은 20.7%, 구리는 47.8%, 니켈은 15.9% 각 가격이 상승했다. 자료에서도 알 수 있듯이 구리 수요를 필두로 알루미늄, 니켈 등 전반적인 산업금속 섹터의 수요량이 증가하였다. 이는 전기자동차 산업의 확충과 관련이 있다. 전기자동차의 핵심적인 부품인 배터리를 만드는 데 구리와 니켈이 사용되기 때문이다. 이때, 배터리 소재 중 니켈의 비중을 높이면 배터리의 용량을 키울 수 있으나 배터리의 안정성이 저하된다. 기존의 전기자동차 배터리는 니켈의 사용량이 높았기 때문에 더욱 안정성 문제가 제기되어 왔다. 그래서 연구 끝에 적정량의 구리를 배합하는 것이 배터리 성능과 안정성을 모두 향상시키기 위해서 중요하다는 것을 밝혀내었다. 구리가 전기자동차 산업의 핵심 금속인 셈이다.
>
> 이처럼 전기자동차와 배터리 등 환경 산업에 필수적인 금속들의 수요는 증가하는 반면, 세계 각국의 환경 규제 강화로 인해 금속의 생산은 오히려 감소하고 있기 때문에 산업금속에 대한 공급난과 가격 인상이 우려되고 있다.

① 전기자동차의 배터리 성능을 향상하는 기술
② 세계적인 '그린 열풍' 현상 발생의 원인
③ 필수적인 산업금속 공급난으로 인한 문제
④ 전기자동차 산업 확충에 따른 산업금속 수요의 증가
⑤ 탈(脫)탄소 산업의 대표 주자인 전기자동차 산업

02 다음 글의 중심 내용으로 가장 적절한 것은?

통계는 다양한 분야에서 사용되며 막강한 위력을 발휘하고 있다. 그러나 모든 도구나 방법이 그렇듯이 통계 수치에도 함정이 있다. 함정에 빠지지 않으려면 통계 수치의 의미를 정확히 이해하고, 도구와 방법을 올바르게 사용해야 한다. 친구 5명이 만나서 이야기를 나누다가 연봉이 화제가 되었다. 2,000만 원이 4명, 7,000만 원이 1명이었는데, 평균을 내면 3,000만 원이다. 이 숫자에 대해 4명은 "나는 봉급이 왜 이렇게 적을까?"하며 한숨을 내쉬었다. 그러나 이 평균값 3,000만 원이 5명의 집단을 대표하는 데에 아무 문제가 없을까? 물론 계산 과정에는 하자가 없지만, 평균을 집단의 대푯값으로 사용하는 데에 어떤 한계가 있을 수 있는지 깊이 생각해 보지 않는다면, 우리는 잘못된 생각에 빠질 수도 있다. 평균은 극단적으로 아웃라이어(비정상적인 수치)에 민감하다. 집단 내에 아웃라이어가 하나만 있어도 평균이 크게 바뀐다는 것이다. 위의 예에서 1명의 연봉이 7,000만 원이 아니라 100억 원이었다고 하자. 그러면 평균은 20억 원이 넘게 된다.

나머지 4명은 자신의 연봉이 평균치의 100분의 1밖에 안 된다며 슬퍼해야 할까? 연봉 100억 원인 사람이 아웃라이어이듯이 처음의 예에서 연봉 7,000만 원인 사람도 아웃라이어인 것이다. 두드러진 아웃라이어가 있는 경우에는 평균보다는 최빈값이나 중앙값이 대푯값으로서 더 나을 수 있다.

① 평균은 집단을 대표하는 수치로서는 매우 부적당하다.
② 통계는 숫자 놀음에 불과하므로 통계 수치에 일희일비할 필요가 없다.
③ 평균보다는 최빈값이나 중앙값이 대푯값으로서 더 적당하다.
④ 통계는 올바르게 활용하면 다양한 분야에서 사용할 수 있는 도구이다.
⑤ 통계 수치의 의미와 한계를 정확히 인식하고 사용할 필요가 있다.

세계 표준시가 정해지기 전 사람들은 태양이 가장 높게 뜬 시간을 정오로 정하고, 이를 해당 지역의 기준 시간으로 삼았다. 그러다 보니 수많은 정오 시간(자오 시간)이 생겨 시간의 통일성을 가질 수 없었고, 다른 지역과 시간을 통일해야 한다는 필요성도 느끼지 못했다. 그러나 이 세계관은 철도의 출현으로 인해 무너졌다. 1969년 미국 최초의 대륙 횡단 철도가 개통되었다. 당시 미국 대륙 철도역에서 누군가가 현재 시각을 물으면 대답하는 사람은 한참 망설여야 했다. 각기 다른 여러 시간이 공존했기 때문이다. 시간의 혼란은 철도망이 확장될수록 점점 더 심각해졌다. 이에 따라 캐나다 태평양 철도 건설을 진두지휘한 샌퍼드 플레밍 (Sandford Fleming)은 자신의 고국인 영국에서 철도 시간 때문에 겪었던 불합리한 경험을 토대로 세계 표준시를 정하는 데 온 힘을 쏟았다.

지구를 경도에 따라 15도씩 나눠 15도마다 1시간씩 시간 간격을 두고, 이를 24개 시차 구역으로 구별한 플레밍의 제안은 1884년 미국 전역에 도입되었다. 이는 다시 1884년 10월 워싱턴에서 열린 '국제자오선 회의'로 이어졌고, 각국이 영국 그리니치 천문대를 통과하는 자오선을 본초자오선으로 지정하는 데 동의했다.

워싱턴에서 열린 회의의 주제는 본초자오선, 즉 전 세계 정오의 기준선이 되는 자오선을 어디로 설정해야 하는가에 대한 것이었다. 3주간의 일정으로 시작된 본초자오선 회의는 영국과 프랑스의 대결이었다. 어떻게든 그리니치가 세계 표준시의 기준으로 채택되는 것을 관철하려는 영국, 그리고 이를 막고 파리 본초자오선을 세계 기준으로 삼으려는 프랑스의 외교 전쟁이 불꽃을 튀겼다. 마침내 지루한 회의와 협상 끝에 1884년 10월 13일 그리니치가 세계 표준시로 채택되었다. 지구상의 경도마다 달랐던 각각의 지역 표준시들이 사라지고 하나의 시간 틀에 인류가 속하게 된 것이다.

우리나라는 대한제국 때인 1908년 세계 표준시를 도입했다. 한반도 중심인 동경 127.5도 기준으로, 세계 표준시의 기준인 영국보다 8시간 30분 빨랐다. 하지만 일제강점기인 1912년, 일본의 총독부는 우리의 표준시를 동경 135도를 기준으로 하는 일본 표준시로 변경하였다. 광복 후 1954년에는 주권 회복 차원에서 127.5도로 환원했다가 1961년 박정희 정부 때 다시 국제 교역 문제로 인해 135도로 변경되었다.

03 다음 중 윗글의 서술상 특징으로 가장 적절한 것은?

① 구체적인 사례를 들어 세계 표준시에 대한 이해를 돕고 있다.

② 세계 표준시에 대한 여러 가지 견해를 소개하고 이를 비교, 평가하고 있다.

③ 세계 표준시가 등장하게 된 배경을 구체적으로 소개하고 있다.

④ 세계 표준시의 변화 과정과 그것의 문제점을 언급하고 있다.

⑤ 권위 있는 학자의 견해를 들어 세계 표준시의 정당성을 입증하고 있다.

04 다음 중 윗글의 내용으로 적절하지 <u>않은</u> 것은?

① 표준시가 정해지기 전에는 수많은 시간이 존재하였다.

② 철도의 출현이 세계 표준시 정립에 결정적인 역할을 하였다.

③ 영국과 프랑스는 본초자오선 설정을 두고 치열하게 대립했다.

④ 현재 우리나라의 시간은 대한제국 때 지정한 시각보다 30분 느리다.

⑤ 우리나라의 표준시는 도입 이후 총 3번의 변화를 겪었다.

05 다음 글의 내용 전개 방식으로 가장 적절한 것은?

> 지구가 스스로 빙빙 돈다는 것, 또 그런 상태로 태양 주변을 빙빙 돌고 있다는 것은 선구자들의 연구 덕분에 증명된 사실이다. 하지만 돌고 있는 것은 지구뿐만이 아니다. 물 역시 지구 내에서 끊임없이 돌고 있다. '물이 돌고 있다.'는 의미는 지구처럼 물이 시계 방향이나 반시계 방향으로 빙빙 돌고 있다는 뜻은 아니다. 지구 내 물의 전체 양은 변하지 않은 채 상태와 존재 위치만 바뀌면서 계속해서 '순환'하고 있음을 말한다.
>
> 그러면 '물의 순환'을 과학적으로 어떻게 정의할 수 있을까? 한마디로 물이 기체, 액체, 고체로 그 상태를 바꾸면서 지표면과 지하·대기 사이를 순환하고, 이 과정에서 비와 눈 같은 여러 가지 기상 현상을 일으킨다고 할 수 있다. 강과 바다에서 물이 증발하면 수증기가 되는데, 수증기가 상공으로 올라가다 보면 기압이 낮아져 팽창하게 된다. 그러면서 에너지를 쓰게 되고 온도가 낮아지다 보면 수증기는 다시 작은 물방울이나 얼음 조각으로 변하는데, 그것이 우리가 알고 있는 구름이다. 구름의 얼음 조각이 커지거나 작은 물방울들이 합해지면 큰 물방울이 눈이나 비가 되어 내리고, 지표 사이로 흘러 들어간 물은 다시 강과 바다로 가게 된다. 이러한 현상은 영원히 반복된다.
>
> 이처럼 물의 순환은 열을 흡수하느냐와 방출하느냐에 따라 물의 상태가 변함으로써 발생한다. 쉽게 말해 얼음이 따뜻한 곳에 있으면 물이 되고, 물에 뜨거운 열을 가하면 수증기가 되는 것처럼, '고체 → 액체 → 기체' 혹은 '고체 → 기체'로 변화할 때는 열을 흡수하고, 반대의 경우에는 열을 방출하는 것이다. 흡수된 열에너지는 운동에너지로 전환되어 고체보다는 액체, 액체보다는 기체 상태에서 분자 사이의 움직임을 더 활발하게 만든다.

① 대상에 대한 다양한 관점을 소개하면서 이를 서로 절충하고 있다.

② 전문가의 견해를 토대로 현상의 원인을 분석하고 있다.

③ 비유의 방식을 통해 대상의 속성을 드러내고 있다.

④ 대상의 상태 변화 과정을 통해 현상을 설명하고 있다.

⑤ 묘사를 통해 대상을 구체적으로 설명하고 있다.

06 다음 사회공헌 활동에 대한 기사를 읽고, 기업 활동의 사례 중 사회공헌 활동으로 참고할 사항이 아닌 것은?

> 사회공헌 활동은 기업의 사회적 책임을 일컫는 말로, 미국 조지아대학교의 아치 캐럴 교수는 기업의 사회적 책임을 이윤 창출, 법률 준수, 윤리적 책임, 자선적 책임 4가지로 구분하고 있다. 이 가운데 이윤 창출의 경우 기업은 사회의 기본 경제 단위로서 재화와 서비스를 생산할 책임을 지고 있다는 것을 의미하며, 법률 준수는 기업이 법을 지키며 경제 활동을 하는 것을, 윤리적 책임은 법으로는 규정하지 못하지만 기업이 사회의 기대치에 맞는 윤리적 행동과 활동을 할 것을, 마지막으로 자선적 책임은 사회적 기부 행위, 약물 남용 방지 프로그램, 보육시설 운영, 사회복지시설 운영 등 사회의 공익을 위한 자선 활동을 할 책임을 말한다.

① A사는 최저임금법이 개정될 때마다 최저임금을 개선하며 최저임금법을 꾸준히 지켜오고 있다.
② B사는 독거노인, 소년소녀가장, 다문화가정 등을 방문하여 기부금과 생필품을 전달하고 있다.
③ C사는 꾸준한 연구 개발로 소비자들에게 질 좋은 서비스를 제공하기 위해 최선을 다하고 있다.
④ D사는 환경보호를 위한 에코 경영을 올해의 경영 목표로 정했다.
⑤ E사는 타사와의 경쟁에서 승리하기 위해 외국 기업의 사례를 벤치마킹하고 있다.

07 다음 글의 내용으로 적절하지 않은 것은?

> 치매(Dementia)는 유발 요인에 따라 여러 종류로 나뉜다. 미국 정신의학협회에서 발간한 '정신 질환 진단 및 통계 편람(DSN-IV)'에서는 치매를 혈관성 치매, 두뇌손상성 치매, 파킨슨병에 의한 치매 등 11가지 종류로 분류하고 있다. 뉴욕 알버트 아인슈타인 의과대학의 로버트 카츠만(Robert Katzman)은 1976년 이 중에서도 알츠하이머형(型) 치매 환자가 전체 치매 환자의 50 ~ 60%를 차지하는 것으로 추정했다. 이후 알츠하이머형 치매의 특징적 임상 양상을 평가하는 것이 중요하게 생각되었지만, 당시 의학 기술로는 부검으로만 특징적 병리 조직을 확인할 수 있었다.
> 이처럼 과거에는 치매가 한참 진행된 다음에야 추정을 할 수 있었고, 사실상의 확진은 부검을 통해서만 가능했다. 하지만 최근에는 영상의학적 진단법의 발달로 치매의 진단 방법도 비약적으로 발전했다. 알츠하이머 치매는 신경섬유와 시냅스의 손실이 두드러지게 나타나는데, 이는 컴퓨터단층촬영(CT; Computed Tomography)이나 자기공명영상(MRI; Magnetic Resonance Imaging) 등의 영상의학을 통해 어렵지 않게 진단할 수 있게 되었으며, 특히 핵의학적 영상학인 단일광자단층촬영(SPECT; Single Photon Emission Computed Tomography)과 양전자방출단층촬영(PET; Positron Emission Tomography)을 통해 혈류의 저하를 측정하거나 치매 초기 특징적 부위의 조직 기능 저하를 측정하여 과거보다 훨씬 빠르게 치매를 진단할 수 있게 되었다.

① 미국 정신의학협회에서는 치매를 11가지 종류로 분류한다.
② 알츠하이머형 치매 환자는 전체 치매 환자의 50 ~ 60%를 차지하는 것으로 추정되었다.
③ 알츠하이머형 치매 환자에서는 혈류의 저하가 측정된다.
④ 과거에도 알츠하이머형 치매의 확진은 환자의 생전에 가능했다.
⑤ 치매는 신경섬유와 시냅스의 손실이 두드러지게 나타나는 경향이 있다.

08 다음 글의 ⓒ의 관점에서 ㉠의 관점을 비판한 내용으로 가장 적절한 것은?

> 20세기 초에 이르기까지 유럽의 언어학자들은 언어를 진화하고 변화하는 대상으로 보고, 언어학이 역사적이어야 한다고 생각하였다. 이러한 관점은 "언어가 역사적으로 발달해 온 방식을 어느 정도 고찰하지 않고서는 그 언어를 성공적으로 설명할 수 없다."라는 ㉠ 파울의 말로 대변된다.
> 이러한 경향에 반해 ⓒ 소쉬르는 언어가 역사적인 산물이더라도 변화 이전과 변화 이후를 구별해서 보아야 한다고 주장하였다. 언어는 구성 요소의 순간 상태 이외에는 어떤 것에 의해서도 규정될 수 없는 가치 체계이므로, 그 자체로서의 가치 체계와 변화에 따른 가치를 구별하지 않고서는 언어를 정확하게 연구할 수 없다는 것이다. 화자는 하나의 상태 앞에 있을 뿐이며, 화자에게는 시간 속에 위치한 현상의 연속성이 존재하지 않기 때문이다. 그러므로 한 시기의 언어 상태를 기술하기 위해서는 그 상태에 이르기까지의 모든 과정을 무시해야 한다고 하였다.

① 자연 현상과는 달리 과거의 언어와 현재의 언어는 상호 간의 인과 관계에 의해 설명될 수 있다.
② 언어는 끊임없이 변화하므로 변화의 내용보다는 변화의 원리를 밝히는 것이 더 중요하다.
③ 현재의 언어와 과거의 언어는 각각 정적인 상태이지만 전자는 후자를 바탕으로 하고 있다.
④ 화자의 말은 발화 당시의 언어 상태를 반영하므로 언어 연구는 그 당시의 언어를 대상으로 해야 한다.
⑤ 언어에는 역사의 유물과 같은 증거가 없기 때문에 언어학은 과거의 언어와 관련된 사실을 밝힐 수 없다.

09 다음 글의 바로 뒤에 이어질 내용으로 가장 적절한 것은?

> 나노선과 나노점을 만들기 위해 하향식과 상향식의 두 가지 방법이 시도되고 있다. 하향식 방법은 원료 물질을 전자빔 등을 이용하여 작게 쪼개는 방법인데, 현재 7나노미터 수준까지 제조가 가능하지만 생산성과 경제적 효용성이 문제가 되고 있다. 이러한 문제점을 해결하기 위해 시도되고 있는 상향식 방법에서는 물질을 작게 쪼개는 대신 원자나 분자의 결합력에 따른 자기 조립 현상을 이용하여 나노 입자를 제조하려 한다.

① 상향식 방법은 경제적 측면에서는 하향식에 비해 훨씬 유리하나, 기술적으로 해결해야 할 난점들이 많다는 데 문제가 있다.
② 하향식 방법의 기술적인 문제만 해결된다면 상향식 방법은 효용성이 없다.
③ 나노 기술 구현의 최대 난제는 나노 물질의 인위적 제조이다. 나노 물질은 나노점, 나노선, 나노박막의 형태로 구분된다.
④ 나노 기술은 여러 가지 분야에서 활용되고 있다.
⑤ 경제적 문제로 인해 상향식 방법보다는 하향식 방법이 선호되고 있다.

특허권은 발명에 대한 정보의 소유자가 특허 출원 및 담당 관청의 심사를 통하여 획득한 특허를 일정 기간 독점적으로 사용할 수 있는 법률상 권리를 말한다. 한편 영업 비밀은 생산 방법, 판매 방법, 그 밖에 영업 활동에 유용한 기술상 또는 경영상의 정보 등으로, 일정 조건을 갖추면 법으로 보호받을 수 있다. 법으로 보호되는 특허권과 영업 비밀은 모두 지식 재산인데, 정보 통신 기술(ICT) 산업은 이 같은 지식 재산을 기반으로 창출된다. 지식 재산 보호 문제와 더불어 최근에는 ICT 다국적 기업이 지식 재산으로 거두는 수입에 대한 과세 문제가 불거지고 있다.

일부 국가에서는 ICT 다국적 기업에 대해 디지털세 도입을 진행 중이다. ㉮ 디지털세는 이를 도입한 국가에서 ICT 다국적 기업이 거둔 수입에 대해 부과되는 세금이다. 디지털세의 배경에는 법인세 감소에 대한 각국의 우려가 있다. 법인세는 국가가 기업으로부터 걷는 세금 중 가장 중요한 것으로, 재화나 서비스의 판매 등을 통해 거둔 수입에서 제반 비용을 제외하고 남은 이윤에 대해 부과하는 세금이라 할 수 있다.

많은 ICT 다국적 기업이, 법인세율이 현저하게 낮은 국가에 자회사를 설립하고 그 자회사에 이윤을 몰아주는 방식으로 법인세를 회피한다는 비판이 있어 왔다. 예를 들면 ICT 다국적 기업 Z사는 법인세율이 매우 낮은 A국에 자회사를 세워 특허의 사용 권한을 부여한다. 그리고 법인세율이 A국보다 높은 B국에 설립된 Z사의 자회사에서 특허 사용으로 수입이 발생하면 Z사는 B국의 자회사로 하여금 A국의 자회사에 특허 사용에 대한 수수료인 로열티를 지출하도록 한다. 그 결과 Z사는 B국의 자회사에 법인세가 부과될 이윤을 최소화한다. ICT 다국적 기업의 본사를 많이 보유한 국가에서도 해당 기업에 대한 법인세 징수는 문제가 된다. 그러나 그중 어떤 국가들은 ICT 다국적 기업의 활동이 해당 산업에서 자국이 주도권을 유지하는 데 중요하기 때문에라도 디지털세 도입에는 방어적이다.

ICT 산업을 주도하는 국가에서 더 중요한 문제는 ICT 지식 재산 보호의 국제적 강화일 수 있다. 이론적으로 봤을 때 지식 재산의 보호가 약할수록 유용한 지식 창출의 유인이 저해되어 지식의 진보가 정체되고, 지식 재산의 보호가 강할수록 해당 지식에 대한 접근을 막아 소수의 사람만이 혜택을 보게 된다. 전자로 발생한 손해를 유인 비용, 후자로 발생한 손해를 접근 비용이라고 한다면, 지식 재산 보호의 최적 수준은 두 비용의 합이 최소가 될 때일 것이다. 각국은 그 수준에서 자국의 지식 재산 보호 수준을 설정한다. 특허 보호 정도와 국민 소득의 관계를 보여 주는 한 연구에서는 국민 소득이 일정 수준 이상인 상태에서는 국민 소득이 증가할수록 특허 보호 정도가 강해지는 경향이 있지만, 가장 낮은 소득 수준을 벗어난 국가들은 그들보다 소득 수준이 낮은 국가들보다 오히려 특허 보호가 약한 것으로 나타났다. 이는 지식 재산 보호의 최적 수준에 대해서도 국가별 입장이 다름을 시사한다.

10 다음 중 윗글에서 언급하지 않은 것은?

① 영업 비밀의 범위
② 영업 비밀이 법적 보호 대상으로 인정받기 위한 절차
③ 법으로 보호되는 특허권과 영업 비밀의 공통점
④ 디지털세를 도입하게 된 배경
⑤ 이론적으로 지식 재산 보호의 최적 수준을 설정하는 기준

11 다음 중 윗글의 ㉮에 대한 설명으로 적절하지 않은 것은?

① ICT 다국적 기업의 본사를 많이 보유한 국가 중에는 디지털세 도입에 방어적인 곳이 있다.

② 도입된 국가에서 ICT 다국적 기업이 거둔 수입에 대해 부과된다.

③ 지식 재산 보호와는 관련이 없다.

④ 법인세 감소에 대한 우려가 디지털세를 도입하게 된 배경이다.

⑤ 여러 국가에 자회사를 설립하는 것과 관련이 있다.

12 다음 글의 내용으로 적절하지 않은 것은?

> 조금 예민한 문제이지만 외몽골과 내몽골이라는 용어도 문제가 있다. 외몽골은 중국을 중심으로 바깥쪽이라는 뜻이고, 내몽골은 중국의 안쪽에 있다는 말이다. 이러한 영토 내지는 귀속 의식을 벗어나서 객관적으로 표현한다면 북몽골, 남몽골로 구분하는 것이 더 낫다. 그러나 이렇게 하면 중국과의 불화는 불을 보듯이 뻔하다. 중국의 신강(新疆)도 '새 영토'라는 뜻이므로 지나치게 중화주의적이다. 그곳에 사는 사람들의 고유 전통을 완전히 무시한 것이기도 하다. 미국과 캐나다, 그리고 호주의 원주민 보호 구역 역시 '보호'라는 의미를 충족하지 못한다. 수용 지역이라고 하는 것이 더욱 객관적이다. 그러나 그렇게 한다면 외교적인 부담을 피할 길이 없다. 이처럼 예민한 지명 문제는 학계 목소리로 남겨 두는 것이 좋다.

① 정부는 외몽골을 북몽골로 불러야 한다.

② 지명 문제로 외교 마찰을 빚는 것은 바람직하지 않다.

③ 외몽골, 내몽골, 신강(新疆) 등과 같은 표현은 객관적인 표현이라 할 수 없다.

④ 외교적 마찰이 예상되는 지명 문제에 대해서는 학계에서 논의하는 것이 좋다.

⑤ 중국이 '신강'과 같은 원리로 이름을 붙이는 것은, 지나치게 중화주의적인 태도이다.

민화는 매우 자유분방한 화법을 구사한다. 민화는 본(本)에 따라 그리는 그림이기 때문에 전부가 비슷할 것이라고 생각하기 쉽다. 그러나 실상은 그 반대로 같은 주제이면서 똑같은 그림은 없다. 왜냐하면 양반처럼 제약받아야 할 사상이나 규범이 현저하게 약한 민중들은 얼마든지 자기 취향대로 생략하고 과장해서 그림을 그릴 수 있었기 때문이다.

민화의 자유분방함은 공간 구성법에서도 발견된다. 많은 경우 민화에는 공간을 묘사하는 데 좌우·상하·고저가 분명한 일관된 작법이 없다. 사실 중국이 중심이 된 동북아시아에서 통용되던 전형적인 화법은 한 시점에서 바라보고 그 원근에 따라 일관되게 그리는 것이 아니라 이른바 삼원법(三遠法)에 따라 다각도에서 그리는 것이다. ⊙ 민화에서는 대상을 바라보는 시각이 이보다 더 자유롭다. 그렇다고 민화에 나타난 화법에 전혀 원리가 없다고는 할 수 없다. 민화에서는 종종 그리려는 대상을 한층 더 완전하게 표현하기 위해 그 대상의 여러 면을 화면에 동시에 그려 놓는다. 그런 까닭에 민화의 화법은 서양의 입체파들이 사용하는 화법과 비교되기도 한다. 가령 김홍도의 맹호도를 흉내 내 그린 듯한 민화의 경우처럼 호랑이의 앞면과 옆면을 동시에 그려 놓은 예나, 책거리 그림의 경우처럼 겉과 속, 왼쪽과 오른쪽을 동시에 그려 놓은 것이 그 예에 속한다. 민화의 화가들은 객관적으로 보이는 현실을 무시하고 자신의 의도에 따라 표현하고 싶은 것을 마음대로 표현해 버린 것이다. 그러니까 밖에 주어진 현실에 종속되기보다는 자신의 자유로운 판단을 더 믿은 것이다.

같은 맥락에서 볼 때 민화에서 가장 이해하기 힘든 화법은 아마 역원근법일 것이다. 이 화법은 책거리에 많이 나오는 것으로 앞면을 작고 좁게 그리고 뒷면을 크고 넓게 그리는 화법인데, 이는 그리려는 대상의 모든 면, 특히 물체의 왼쪽 면과 오른쪽 면을 동시에 표현하려는 욕심에서 나온 화법으로 판단된다. 이런 작법을 통해 우리는 당시의 민중들이 자신들의 천진하고 자유분방한 사고방식을 스스럼없이 표현할 수 있을 정도로 사회적 여건이 성숙되었음을 알 수 있다. ⓛ 이것은 19세기에 농상(農商)의 경제 체제의 변화나 신분 질서의 와해 등으로 기존의 기층민(基層民)들이 자기를 표현할 수 있는 경제적·신분적 근거가 확고하게 되었음을 의미한다.

민중들의 자유분방함이 표현된 민화에는 화법적인 것 말고도 내용 면에서도 억압에서 벗어나려는 해방의 염원이 실려 있다. 민화가 농도 짙은 해학을 깔면서도 그러한 웃음을 통해 당시 부조리한 현실을 풍자했다는 것은 잘 알려진 사실이다. 호랑이 그림에서 까치나 토끼는 서민을, 호랑이는 권력자나 양반을 상징한다. 즉, 까치나 토끼가 호랑이에게 면박을 주는 그림을 통해 서민이 양반들에게 면박을 주고 싶은 마음을 표현하고 있다. 이 모두가 민중들의 신장된 힘 혹은 표현력을 나타낸다.

13 다음 중 윗글의 ⊙, ⓛ에 들어갈 말로 가장 적절한 것은?

	⊙	ⓛ
①	그러므로	따라서
②	그런데	즉
③	따라서	즉
④	그러므로	그런데
⑤	그런데	한편

14 다음 중 윗글의 내용으로 가장 적절한 것은?

① 민화는 일정한 화법이나 원리가 존재하지 않는 것이 특징이다.

② 민화와 서양의 입체파 화법이 닮은 것은 둘 다 서민층의 성장을 배경으로 하고 있기 때문이다.

③ 민화는 화법이나 내용면에서 모두 신분 상승의 염원을 드러내고 있다.

④ 삼원법은 민화와 달리 한 시점에서 원근에 따라 일관되게 그리는 것이 특징이다.

⑤ 민화의 화가들은 객관적인 현실보다 자신의 내면의 목소리에 더 귀를 기울였다.

15 다음 문장을 논리적 순서대로 바르게 나열한 것은?

> (가) 또한 내과 교수팀은 "이번에 발표된 치료 성적은 치료 중인 많은 난치성 결핵 환자들에게 큰 희망을 줄 수 있을 것"이라고 발표했다.
>
> (나) A병원 내과 교수팀은 결핵 및 호흡기학회에서 그동안 치료가 매우 어려운 것으로 알려진 난치성 결핵의 치료 성공률을 세계 최고 수준인 80%로 높였다고 발표했다.
>
> (다) 완치가 거의 불가능한 난치성 결핵균에 대한 치료 성적이 우리나라가 세계 최고 수준인 것으로 발표되어 치료 중인 환자와 가족들에게 희소식이 되고 있다.
>
> (라) 내과 교수팀은 지난 10년간 A병원에서 치료한 결핵 환자 155명의 치료 성적을 분석한 결과, 치료 성공률이 49%에서 57%, 현재는 80%에 이르렀다고 발표했다.

① (가) – (나) – (다) – (라) 　　② (가) – (라) – (다) – (나)

③ (나) – (다) – (가) – (라) 　　④ (다) – (가) – (라) – (나)

⑤ (다) – (나) – (라) – (가)

※ 다음은 건강과 관련된 주간지에 게시된 기사이다. 다음 기사를 읽고 이어지는 질문에 답하시오. [16~17]

(가) 대부분의 실험 참가자들은 청소년기에 부모에게서 많은 칭찬과 보상을 받으며 원만한 관계를 맺음으로써 성인기에 코르티솔 수치가 높아진 것으로 나타났다. 코르티솔 수치가 높다는 것은 주의에 집중하고 민첩하며 재빠른 상황 판단과 대처를 할 수 있다는 의미로, 이는 원만한 인간관계로 이어져 개인의 삶에 좋은 영향을 미친다고 볼 수 있다. 인간관계에서 벌어지는 미묘한 문제를 잘 알아채고 세부적인 사항들에 좀 더 주목할 수 있기 때문이다.

(나) 부모와 긍정적인 관계를 형성한 청소년은 성인이 되고 나서도 원만한 인간관계 등을 통해 개인의 삶에 긍정적인 영향을 주는 것으로 나타났다. 미국 아이오와 대학교 연구팀은 미국 시애틀 거주자를 대상으로 이에 대한 연구를 진행했다. 우선 실험 참가자들이 청소년일 때 부모와의 관계를 확인하고, 이후 부모와의 긍정적인 관계가 성인이 된 후 어떠한 영향을 미쳤는지 살폈다.

(다) 그런데 일부 실험 참가자는 다른 양상이 나타났다. 청소년기에 시작된 부모의 칭찬과 보상이 코르티솔 수치에 별다른 영향을 미치지 않은 것이다. 이는 어릴 때부터 범죄, 가정 문제 등에 노출되는 일이 많았던 경우로, 이 경우 이미 스스로를 보호하고 경계하면서 자랐기 때문일 것으로 분석된다. 즉, 부모와의 관계가 자녀의 삶에 영향을 미치지만, 외부 환경이 끼치는 영향 역시 무시할 수 없다는 의미로 해석될 수 있는 것이다.

(라) 5년이 지난 뒤 19~22세 사이의 성인이 된 실험 참가자들에게서 타액 샘플을 채취한 다음 코르티솔 수치를 살폈다. 코르티솔은 스트레스에 반응하여 분비되는 호르몬으로, 자연스럽게 인간관계를 형성하면서 나타나는 호르몬으로도 볼 수 있다. 성별, 수입 상태, 수면 습관 등 다양한 변인을 통제한 상태에서 분석해본 결과, 부모와 청소년의 관계는 코르티솔 수치와 연관성을 보였다.

16 다음 중 위 기사를 읽고 각 문단을 논리적 순서대로 바르게 나열한 것은?

① (가) – (나) – (라) – (다) ② (가) – (다) – (라) – (나)
③ (나) – (가) – (다) – (라) ④ (나) – (라) – (가) – (다)
⑤ (나) – (라) – (다) – (가)

17 다음 중 위 기사의 제목으로 가장 적절한 것은?

① 대인 관계 형성, 인종별로 다르게 나타나
② 코르티솔로 나타나는 부모와 자식의 관계
③ 부모와의 좋은 관계, 개인의 삶에 영향 미쳐
④ 외부 환경으로 나타나는 자녀의 스트레스
⑤ 격려와 적절한 보상의 효과성 검증

18 다음 제시된 글 뒤에 이어질 내용을 논리적 순서대로 바르게 나열한 것은?

> 텔레비전 앞에 앉아 있으면 우리는 침묵한다. 수줍은 소녀가 된다. 텔레비전은 세상의 그 무엇에 대해서도 다 이야기한다.
> ㉠ 하지만 텔레비전은 내 사적인 질문 따위는 거들떠보지도 않는다.
> ㉡ 심지어 텔레비전은 자기 자신에 관해서도 이야기한다.
> ㉢ 남 앞에서 자기에 관해 말하는 것을 몹시 불편해하는 나로서는 존경하고 싶을 지경이다.

① ㉠ – ㉡ – ㉢
② ㉠ – ㉢ – ㉡
③ ㉡ – ㉢ – ㉠
④ ㉢ – ㉠ – ㉡
⑤ ㉢ – ㉡ – ㉠

※ 다음 글의 빈칸에 들어갈 내용으로 가장 적절한 것을 고르시오. [19~20]

19

> 디지털화된 파일을 바탕으로 활자나 그림을 인쇄하는 2D프린터와 같이 3D프린터는 입력한 도면을 바탕으로 3차원의 입체 물품을 만들어낸다. 2D프린터는 종이와 같은 2차원 평면에서 앞뒤(x축)와 좌우(y축)로 운동하지만, 3D프린터는 여기에 상하(z축) 운동을 더해 3차원의 입체적인 공간에서 인쇄가 가능하다. 이러한 3D프린터를 이용해 골조와 벽체를 뽑아내는 3D프린팅 건축이 건축업계에 새로운 자동화 바람을 일으키고 있다.
> 지난 10월 서울 중구에 국내 1호 3D프린팅 건축물이 들어섰다. 불과 14시간 만에 완공됐으며, 건축비도 기존의 10분의 1밖에 들지 않았다. 3D프린팅 건축은 바닥 기초 작업을 제외한 대부분 공정을 자동화하여 비용과 시간, 재료, 노동력 등을 최대 80%까지 절감할 수 있다.
> 미국의 3D프린팅 건축업체인 '아이콘'은 비영리 NGO 단체인 '뉴스토리'와 함께 멕시코, 엘살바도르, 아이티 등 남미 빈곤 지역에 상대적으로 저렴한 3D프린팅 주택 800여 채를 짓는 프로젝트를 진행하고 있다. 프랑스에서는 3D프린팅 주택에 세계 최초로 가족이 입주하였다. 프랑스의 한 대학이 지은 이 주택은 3개의 침실이 있는 단층 건물로, 불과 이틀 만에 골조를 올렸다.
> 다만, 현재 3D프린팅 건축의 한계는 _____이다. 아직 3D프린팅 건축은 최대 5층까지만 가능하다. 지진이나 화재 등에 대한 안전성이 검증되지 않았기 때문이다. 또한 현재 3D프린팅 기술로는 건물보다 더 큰 3D프린터가 필요하다는 것도 해결해야 할 과제이다.

① 건물의 부피
② 건물의 무게
③ 건물의 위치
④ 건물의 높이
⑤ 건물의 종류

20

인간의 손가락처럼 움직이는 로봇 H가 개발되었다. 공압식 손가락 로봇인 H에는 정교한 촉각과 미끄러짐을 감지하는 감각 시스템이 내장돼 있어 물건을 적절한 압력으로 섬세하게 쥐는 인간의 능력을 모방할 수 있다. H는 크기와 모양이 불규칙하거나 작고 연약한 물체를 다루는 데 어려움을 겪는 농업 및 물류 자동화 분야에서 가치를 발휘할 것으로 예상된다.

물류 자동화에 보편적으로 사용되는 관절 로봇은 복합적인 '움켜쥐기 알고리즘' 및 엔드 이펙터(손가락)의 정확한 배치와 물건을 쥐기 위한 고가의 센서 기기 및 시각 센서 등을 필요로 한다. 공기압을 통해 제어되는 H의 손가락은 구부리거나 힘을 가할 수 있으며, 각 손가락의 촉각 센서에 따라 개별적으로 제어된다. 따라서 H의 손가락은 _____ 인간의 손이 물건을 쥘 때와 마찬가지로 우선 손가락이 물건에 닿을 때까지 다가가 위치를 파악하고 해당 위치에 맞게 손가락 위치를 조정하여 물건을 쥐는 것이다. 이때 물건이 떨어지면 이를 즉각적으로 인식할 수 있으며, 물건이 미끄러지는 것을 감지하면 스스로 손가락의 힘을 더 높일 수 있다. 여기서 한걸음 더 나아가 기존 로봇이 쥐거나 포장할 수 있었던 물건의 종류와 수도 확대되었다.

실리콘 재질로 만들어진 H의 내부는 비어있으며, 새롭게 적용된 센서들이 손가락 모양의 실리콘 성형 과정에서 내장되고 공기 실(Air Chamber)이 중심을 지나간다. H의 유연한 손가락 표면은 식품을 만져도 안전하며, 쉽게 세척이 가능하다. 또한 손가락이 손상되거나 마모되더라도 저렴한 비용으로 교체할 수 있도록 개발됐다.

로봇 개발 업체 관계자는 "집품 및 포장 작업으로 인력에 크게 의존하는 물류 산업은 항상 직원의 고용 및 부족 문제를 겪고 있다. 물류 체인의 집품 및 포장 자동화가 대규모 자동화보다 뒤떨어진 상황에서 H의 감각 시스템은 물체 선별 작업이나 자동화 주문을 처음부터 끝까지 이행할 수 있도록 하는 물류 산업 분야의 혁명이 될 것이다."라고 말했다.

① 고가의 센서 기기를 필요로 한다.
② 기존 관절 로봇보다 쉽게 구부러질 수 있다.
③ 밀리미터 단위의 정확한 위치 지정을 필요로 하지 않는다.
④ 가까운 곳에 위치한 물건을 멀리 있는 물건보다 더 쉽게 잡을 수 있다.
⑤ 무거운 물건도 간단하게 잡을 수 있다.

21 다음 글을 바탕으로 한 추론으로 가장 적절한 것은?

> 노모포비아는 '휴대 전화가 없을 때(No mobile) 느끼는 불안과 공포증(Phobia)'이라는 의미의 신조어이다. 영국의 인터넷 보안업체 시큐어엔보이는 2012년 3월 영국인 1,000명을 대상으로 설문 조사한 결과 응답자의 66%가 노모포비아, 즉 휴대 전화를 소지하지 않았을 때 공포를 느낀다고 발표했다. 노모포비아는 특히 스마트폰을 많이 쓰는 젊은 나이일수록 그 증상이 심하다. 18 ~ 24세 응답자의 경우 노모포비아 응답률이 77%나 됐다. 전문가들은 이 증상이 불안감, 자기 회의감 증가, 책임 전가와 같은 정신적인 스트레스를 넘어 육체적 고통도 상당한 수준이라고 이야기한다. 휴대 전화에 집중하느라 계단에서 구르거나 난간에서 떨어지는 경미한 사고부터 심각한 차 사고까지 그 피해는 광범위하다.

① 노모포비아는 젊은 나이의 휴대 전화 보유자에게서 나타난다.
② 노모포비아는 스마트폰을 사용하는 경우에 무조건 나타난다.
③ 정신적인 스트레스만 발생시킨다.
④ 휴대 전화를 사용하지 않는 사람에게서는 노모포비아 증상이 나타나지 않는다.
⑤ 모든 젊은이들에게서 노모포비아 증상이 나타난다.

22 다음 글의 주제로 가장 적절한 것은?

> 멸균이란 곰팡이, 세균, 박테리아, 바이러스 등 모든 미생물을 사멸시켜 무균 상태로 만드는 것을 의미한다. 멸균 방법에는 물리적·화학적 방법이 있으며, 멸균 대상의 특성에 따라 적절한 멸균 방법을 선택하여 실시할 수 있다. 먼저 물리적 멸균법에는 열이나 화학약품을 사용하지 않고 여과기를 이용하여 세균을 제거하는 여과법, 병원체를 불에 태워 없애는 소각법, 100℃에서 10 ~ 20분간 물품을 끓이는 자비(煮沸) 소독법, 미생물을 자외선에 직접 노출시키는 자외선 소독법, 160 ~ 170℃의 열에서 1 ~ 2시간 동안 건열 멸균기를 사용하는 건열법, 포화된 고압증기 형태의 습열로 미생물을 파괴시키는 고압증기 멸균법 등이 있다. 다음으로 화학적 멸균법은 화학약품이나 가스를 사용하여 미생물을 파괴하거나 성장을 억제하는 방법을 말한다. 여기에는 E.O 가스, 알코올, 염소 등 여러 가지 화학약품이 사용된다.

① 멸균의 중요성
② 뛰어난 멸균 효과
③ 다양한 멸균 방법
④ 멸균 시 발생할 수 있는 부작용
⑤ 실생활에서 사용되는 멸균

23 다음 글의 중심 내용으로 가장 적절한 것은?

> '있어빌리티'는 '있어 보인다.'와 능력을 뜻하는 영어 단어 'Ability'를 합쳐 만든 신조어로, 실상은 별거 없지만, 사진이나 영상을 통해 뭔가 있어 보이게 자신을 잘 포장하는 능력을 의미한다. 이처럼 있어빌리티는 허세, 과시욕 등의 부정적인 단어와 함께 사용되어 왔다. 그러나 기업과 마케팅 전문가들은 있어빌리티를 중요한 마케팅 포인트로 생각하고, 있어 보이고 싶은 소비자의 심리를 겨냥해 마케팅 전략을 세운다. 있어 보이기 위한 연출에는 다른 사람이 사용하는 것과는 다른 특별한 상품이 필요하기 때문이다. 과거에는 판매하는 제품이나 서비스가 얼마나 괜찮은지를 강조하기 위한 홍보 전략이 성행했다면, 최근에는 특정 상품을 구매하고 서비스를 이용하는 소비자가 얼마나 특별한지에 대해 강조하는 방식이 많다. VIP 마케팅 또한 있어빌리티를 추구하는 소비자들을 위한 마케팅 전략이다. VIP에 속한다는 것 자체가 자신이 특별한 사람이라는 것을 증명하기 때문이다.

① 자기과시의 원인
② 자기표현의 중요성
③ 자기과시 욕구의 문제점
④ 자기과시를 활용한 마케팅 전략
⑤ 자기과시로 인한 사회 문제점

24 다음 의견에 대한 반대 측의 논거로 가장 적절한 것은?

> 인터넷 신조어를 국어사전에 당연히 올려야 한다고 생각합니다. 사전의 역할은 모르는 말이 나올 때, 그 뜻이 무엇인지 쉽게 찾을 수 있도록 하는 것입니다. '안습', '멘붕' 같은 말은 널리 쓰이고 있음에도 불구하고 국어사전에 없기 때문에 어른들이나 우리말을 배우는 외국인들이 큰 불편을 겪고 있습니다.

① '멘붕'이나 '안습' 같은 신조어는 이미 널리 쓰이고 있다. 급격한 변화를 특징으로 하는 정보화 시대에 많은 사람이 사용하는 말이라면 표준어로 인정해야 한다.
② 영국의 권위 있는 사전인 '옥스퍼드 영어 대사전'은 최근 인터넷 용어로 쓰이던 'OMG(어머나)', 'LOL(크게 웃다)' 등과 같은 말을 정식 단어로 인정하였다.
③ 언어의 창조성 측면에서 우리말이 현재보다 더욱 풍부해질 수 있으므로 가능하면 더 많은 말을 사전에 등재하는 것이 바람직하다.
④ '멘붕'이나 '안습' 같은 말들은 갑자기 생긴 말로 오랜 시간 언중 사이에서 사용되지 않고 한때 유행하다가 사라질 가능성이 있는 말이다.
⑤ 인터넷 신조어의 등장은 시대에 따라 변한 언어의 한 종류로 자연스러운 언어 현상 중 하나이다.

25 다음 글의 주장에 대해 반박하는 내용으로 적절하지 않은 것은?

> 프랑크푸르트학파는 대중문화의 정치적 기능을 중요하게 본다. 20세기 들어 서구 자본주의 사회에서 혁명이 불가능하게 된 이유 가운데 하나는 바로 대중문화가 대중들을 사회의 권위에 순응하게 함으로써 사회를 유지하는 기능을 하고 있기 때문이라는 것이다. 이 순응의 기능은 두 방향으로 진행된다. 한편으로 대중문화는 대중들에게 자극적인 오락거리를 제공함으로써 정신적인 도피를 유도하여 정치에 무관심하도록 만든다는 것이다. 유명한 3S(Sex, Screen, Sports)는 바로 현실도피와 마취를 일으키는 대표적인 도구들이다. 다른 한편으로 대중문화는 자본주의적 가치관과 이데올로기를 은연 중에 대중들이 받아들이게 하는 적극적인 세뇌 작용을 한다. 영화나 드라마, 광고나 대중음악의 내용이 규격화되어 현재의 지배적인 가치관을 지속해서 주입함으로써, 대중은 현재의 문제를 인식하고 더 나은 상태로 생각할 수 있는 부정의 능력을 상실한 일차원적 인간으로 살아가게 된다는 것이다. 프랑크푸르트학파의 대표자 가운데 한 사람인 아도르노(Adorno)는 특별히 「대중음악에 대하여」라는 글에서 대중음악이 어떻게 이러한 기능을 수행하는지 분석했다. 그의 분석에 따르면, 대중음악은 우선 규격화되어 누구나 쉽고 익숙하게 들을 수 있는 특징을 가진다. 그리고 이런 익숙함은 어려움 없는 수동적인 청취를 조장하여, 자본주의 안에서의 지루한 노동의 피난처 구실을 한다. 그리고 나아가 대중음악의 소비자들이 기존 질서에 심리적으로 적응하게 함으로써 사회적 접착제의 역할을 한다.

① 대중문화의 영역은 지배계급이 헤게모니를 얻고자 하는 시도와 이에 대한 반대 움직임이 서로 얽혀 있는 곳으로 보아야 한다.

② 대중문화를 소비하는 대중이 문화 산물을 생산한 사람이 의도하는 그대로 문화 산물을 소비하는 존재에 불과하다는 생각은 현실과 맞지 않는다.

③ 발표되는 음악의 80%가 인기를 얻는 데 실패하고, 80% 이상의 영화가 엄청난 광고에도 불구하고 흥행에 실패한다는 사실은 대중이 단순히 수동적인 존재가 아니라는 것을 단적으로 드러내 보여주는 예이다.

④ 대중의 평균적 취향에 맞추어 높은 질을 유지하는 것이 어렵다 하더라도 19세기까지의 대중이 즐겼던 문화에 비하면 현대의 대중문화는 훨씬 수준 높고 진보된 것으로 평가할 수 있다.

⑤ 대중문화는 지배 이데올로기를 강요하는 지배문화로만 구성되는 것도 아니고, 이에 저항하여 자발적으로 발생한 저항문화로만 구성되는 것도 아니다.

26 다음 글을 바탕으로 한 추론으로 적절하지 않은 것은?

사람의 무게중심이 지지점과 가까울수록 넘어지지 않는다. 지지점은 물체가 지면에 닿은 부분으로 한 발로 서 있을 때에는 그 발바닥이 지지점이 되고, 두 발을 벌리고 서 있을 경우에는 두 발바닥 사이가 안정 영역이 된다. 균형감을 유지하기 위해서는 안정 영역에 무게중심이 놓여 있어야 한다. 만약 외부의 힘에 의해서 무게중심이 지지점과 연직 방향*에서 벗어난다면, 중력에 의한 회전력을 받게 되어 지지점을 중심으로 회전하며 넘어진다. 이렇게 기우뚱거리며 넘어지는 과정도 회전 운동이라 할 수 있다.

*연직 방향 : 중력과 일직선상에 있는 방향

① 사람은 무게중심이 지면에 닿아 있는 부분과 가까울수록 넘어지지 않는다.
② 두 지지점 사이는 안정 영역이라고 한다.
③ 무게중심이 지지점과 연직 방향에서 벗어나도 회전력을 받으면 넘어지지 않을 수 있다.
④ 균형감을 유지하기 위해서는 무게중심이 두 지지점 사이에 있어야 한다.
⑤ 중력에 의한 회전력은 균형감을 무너뜨려 사람을 넘어지게 만들기도 한다.

27 다음 제시문의 뒤에 와야 하는 내용으로 가장 적절한 것은?

지금처럼 정보 통신 기술이 발달하지 않았던 시절에 비둘기는 '전서구(傳書鳩)'라고 불리며 먼 곳까지 소식을 전해 주었다. 비둘기는 다리에 편지를 묶어 날려 보내면 아무리 멀리 있어도 자기의 집을 찾아오는 습성이 있는 것으로 알려져 있다.
이러한 비둘기의 습성에 관해 많은 과학자들이 연구한 결과, 비둘기가 자기장을 이용해 집을 찾는다는 것을 밝혀냈다. 비둘기에게 불투명한 콘텍트렌즈를 끼워 시야를 가리고 먼 곳에서 날려 집을 찾아오는지에 대한 실험을 했을 때, 비둘기는 정확하게 집을 찾아왔다. 또한 비둘기의 머리에 코일을 감아 전기를 통하게 한 후, 지구 자기의 N극 위치와 같이 N극이 비둘기 아래쪽에 형성되도록 한 비둘기는 집을 잘 찾아 갔지만, 머리 위쪽에 형성되도록 한 비둘기는 엉뚱한 방향으로 날아가 집을 찾지 못했다.

① 비둘기의 서식 환경
② 비둘기와 태양 사이의 관계
③ 비둘기가 자기장을 느끼는 원인
④ 비둘기가 철새가 아닌 이유
⑤ 비둘기가 자기장을 느끼지 못하게 하는 방법

28 다음 글을 바탕으로 한 추론으로 가장 적절한 것은?

비자발적인 행위는 강제나 무지에서 비롯된 행위이다. 반면에 자발적인 행위는 그것의 실마리가 행위자 자신 안에 있다. 행위자 자신 안에 행위의 실마리가 있는 경우에는 행위를 할 것인지 말 것인지가 행위자 자신에게 달려 있다.

욕망이나 분노에서 비롯된 행위들을 모두 비자발적이라고 할 수는 없다. 그것들이 모두 비자발적이라면 인간 아닌 동물 중 어떤 것도 자발적으로 행위를 하는 게 아닐 것이며, 아이들조차 그럴 것이기 때문이다. 우리가 욕망하는 것 중에는 마땅히 욕망해야 할 것이 있는데, 그러한 욕망에 따른 행위는 비자발적이라고 할 수 없다. 실제로 우리는 어떤 것들에 대해서는 마땅히 화를 내야 하며, 건강이나 배움과 같은 것은 마땅히 욕망해야 한다. 따라서 욕망이나 분노에서 비롯된 행위를 모두 비자발적인 것으로 보아서는 안 된다.

합리적 선택에 따르는 행위는 모두 자발적인 행위지만 자발적인 행위의 범위는 더 넓다. 왜냐하면 아이들이나 동물들도 자발적으로 행위를 하긴 하지만 합리적 선택에 따라 행위를 하지는 못하기 때문이다. 또한 욕망이나 분노에서 비롯된 행위는 어떤 것도 합리적 선택을 따르는 행위가 아니다. 이성이 없는 존재는 욕망이나 분노에 따라 행위를 할 수 있지만, 합리적 선택에 따라 행위를 할 수는 없기 때문이다. 또 자제력이 없는 사람은 욕망 때문에 행위를 하지만 합리적 선택에 따라 행위를 하지는 않는다. 반대로 자제력이 있는 사람은 합리적 선택에 따라 행위를 하지, 욕망 때문에 행위를 하지는 않는다.

① 욕망에 따른 행위는 모두 자발적인 것이다.

② 자제력이 있는 사람은 자발적으로 행위를 한다.

③ 자제력이 없는 사람은 비자발적으로 행위를 한다.

④ 자발적인 행위는 모두 합리적 선택에 따른 것이다.

⑤ 마땅히 욕망해야 할 것을 하는 행위는 모두 합리적 선택에 따른 것이다.

29 다음 글을 바탕으로 한 추론으로 적절하지 않은 것은?

> 브랜드 전략의 성공 요인을 다음의 세 가지로 집약할 수 있다.
> 첫째, 브랜드 핵심이다. 이것은 한 제품을 다른 비슷한 제품들과 구별되게 하고 그것을 독특하게 만드는 모든 요소들을 말한다. 물론 어느 브랜드도 모든 면에서 다른 브랜드와 다를 수는 없다. 그러나 적어도 그것은 전략적인 차별점이나 독특하다고 내세우는 면, 그리고 경쟁에서의 강점 등에서는 다른 브랜드와 확연히 구별돼야 한다. 둘째, 높은 인지도. 이상적인 경우에는 브랜드 이름이 제품 범주 전체를 가리키게 된다. 제록스(복사기), 미원(조미료), 스카치테이프(테이프), 지프(지프차), 팸퍼스(기저귀) 등이 바로 그런 보기들이다. 셋째, 감정적인 가치다. 강력한 브랜드는 한결같이 쓰는 사람들이 각별한 애정을 느낀다. 통상 브랜드 핵심은 특수한 기법을 써서 측정할 수 있고, 브랜드 인지도도 마케팅 조사를 통해서 어느 정도 파악할 수 있다. 그러나 브랜드의 감정적인 가치는 계량화하기 힘들다. 그래서 브랜드의 감정적인 측면은 기업이 가장 통제하기 어려운 면이기도 하다. 또 이것은 고객들의 신뢰 및 그들의 브랜드 충성도와 깊이 연관되어 있다. 특히 오늘날처럼 변화의 속도가 빠른 시대일수록 브랜드에 대한 변함없는 애정은 기업의 아주 귀중한 자산이자 매우 바람직한 소비자들의 행동 방식이다.

① 브랜드의 감정적인 측면은 고객의 충성도와 밀접한 관련이 있다.
② A사 핸드폰의 지문 인식은 브랜드 전략의 성공 요인 첫 번째, 브랜드 핵심과 관련이 있다.
③ 호치키스(스테이플러)는 둘째, 높은 인지도의 예로 들 수 있다.
④ 브랜드 핵심은 특수한 기법을 써도 측정할 수 없다.
⑤ 브랜드의 감정적인 가치는 계량화하기 힘들다.

30 다음 글을 통해 추론할 수 있는 것은?

> 바닷속에 서식했던 척추동물의 조상형 동물들은 체와 같은 구조를 이용하여 물속의 미생물을 걸러 먹었다. 이들은 몸집이 아주 작아서 물속에 녹아 있는 산소가 몸 깊숙한 곳까지 자유로이 넘나들 수 있었기 때문에 별도의 호흡계가 필요하지 않았다. 그런데 몸집이 커지면서 먹이를 거르던 체와 같은 구조가 호흡 기능까지 갖게 되어 마침내 아가미 형태로 변형되었다. 즉, 소화계의 일부가 호흡 기능을 담당하게 된 것이다. 그 후 호흡계의 일부가 변형되어 허파로 발달하고, 그 허파는 위장으로 이어지는 식도 아래쪽으로 뻗어 나갔다. 한편, 공기가 드나드는 통로는 콧구멍에서 입천장을 뚫고 들어가 입과 아가미 사이에 자리 잡게 되었다. 이러한 진화 과정을 보여 주는 것이 폐어(肺魚) 단계의 호흡계 구조이다.
> 이후 진화 과정이 거듭되면서 호흡계와 소화계가 접하는 지점이 콧구멍 바로 아래로부터 목 깊숙한 곳으로 이동하였다. 그 결과 머리와 목구멍의 구조가 변형되지 않는 범위 내에서 호흡계와 소화계가 점차 분리되었다. 즉, 처음에는 길게 이어져 있던 호흡계와 소화계의 겹친 부위가 점차 짧아졌고, 마침내 하나의 교차점으로만 남게 된 것이다. 이것이 인간을 포함한 고등 척추동물에서 볼 수 있는 호흡계의 기본 구조이다. 따라서 음식물로 인한 인간의 질식 현상은 척추동물 조상형 단계를 지나 자리 잡게 된 허파의 위치 – 당시에는 최선의 선택이었을 – 때문에 생겨난 진화의 결과라 할 수 있다.

① 폐어 단계의 호흡계 구조에서 갖고 있던 아가미는 척추동물의 허파로 진화하였다.
② 조상형 동물은 몸집이 커지면서 호흡 기능의 중요성이 줄어드는 대신 소화 기능이 중요해졌다.
③ 진화는 순간순간에 필요한 대응일 뿐 최상의 결과를 내는 과정이 아니다.
④ 지금의 척추동물과는 달리 조상형 동물들은 산소를 필요로 하지 않았다.
⑤ 척추동물로 진화해오면서 호흡계와 소화계는 완전히 분리되었다.

01 갑숙, 을혁, 병민이는 점심 식사 후 항상 음료를 마시며, 종류는 식혜·숭늉·미숫가루·수정과 4종류가 있다. 다음 자료를 토대로 옳은 것은?

> • 갑숙이는 숭늉과 미숫가루를 좋아하지 않는다.
> • 을혁이는 수정과를 좋아한다.
> • 갑숙이와 을혁이는 좋아하는 음료가 서로 다르다.
> • 병민이는 수정과를 좋아하지 않는다.

① 병민이는 식혜를 좋아한다.
② 갑숙이는 식혜를 좋아한다.
③ 병민이는 미숫가루를 좋아한다.
④ 병민이와 을혁이는 좋아하는 음료가 같다.
⑤ 갑숙이가 좋아하는 음료는 주어진 내용만으로는 알 수 없다.

02 시위에 가담한 A ~ G 7명이 연행되었는데, 이 중에 시위 주동자가 2명이 있다. 누가 주동자인지에 대해서 증인 5명이 아래와 같이 진술했다. 증인들의 진술을 고려할 때, 주동자 중 1명은 누구인가?

> 증인 1 : A, B, G는 모두 아니다.
> 증인 2 : E, F, G는 모두 아니다.
> 증인 3 : C와 G 중에서 최소 1명은 주동자이다.
> 증인 4 : A, B, C, D 중에서 최소 1명은 주동자이다.
> 증인 5 : B, C, D 중에서 최소 1명이 주동자이고, D, E, F 중에서 최소 1명이 주동자이다.

① A   ② B
③ C   ④ F
⑤ G

03 A ~ D가 키우는 동물의 종류에 대해서 다음과 같은 사실이 알려져 있다. 다음 중 판단한 내용으로 옳은 것은?

> - A는 개, C는 고양이, D는 닭을 키운다.
> - B는 토끼를 키우지 않는다.
> - A가 키우는 동물은 B도 키운다.
> - A와 C는 같은 동물을 키우지 않는다.
> - A, B, C, D 각각은 2종류 이상의 동물을 키운다.
> - A, B, C, D는 개, 고양이, 토끼, 닭 이외의 동물은 키우지 않는다.

① C는 키우지 않지만 D가 키우는 동물이 있다.
② 3가지 종류의 동물을 키우는 사람은 없다.
③ B와 C가 공통으로 키우는 동물이 있다.
④ 3명이 공통으로 키우는 동물은 없다.
⑤ B는 개를 키우지 않는다.

04 K휴게소의 물품 보관함에는 자물쇠로 잠긴 채 오랫동안 방치되고 있는 보관함 네 개가 있다. 휴게소 관리 직원인 L씨는 방치 중인 보관함을 정리하기 위해 사무실에서 보유하고 있는 1 ~ 6번까지의 열쇠로 네 개의 자물쇠를 모두 열어 보았다. 다음 자료를 참고할 때, 항상 참인 것은?(단, 하나의 자물쇠는 정해진 하나의 열쇠로만 열린다)

> - 첫 번째 자물쇠는 1번 또는 2번 열쇠로 열렸다.
> - 두 번째 자물쇠와 네 번째 자물쇠는 3번 열쇠로 열리지 않았다.
> - 6번 열쇠로는 어떤 자물쇠도 열지 못했다.
> - 두 번째 또는 세 번째 자물쇠는 4번 열쇠로 열렸다.
> - 세 번째 자물쇠는 4번 또는 5번 열쇠로 열렸다.

① 첫 번째 자물쇠는 반드시 1번 열쇠로 열린다.
② 두 번째 자물쇠가 2번 열쇠로 열리면, 세 번째 자물쇠는 5번 열쇠로 열린다.
③ 세 번째 자물쇠가 5번 열쇠로 열리면, 네 번째 자물쇠는 2번 열쇠로 열린다.
④ 네 번째 자물쇠가 5번 열쇠로 열리면, 두 번째 자물쇠는 2번 열쇠로 열린다.
⑤ 3번 열쇠로는 어떤 자물쇠도 열지 못한다.

05 K리그의 네 팀(서울, 울산, 전북, 제주)에 대한 다음 내용을 참고할 때, 다음 중 항상 옳지 않은 것은?

- 경기는 하루에 한 경기만 열린다.
- 화요일에는 전북이 제주와 원정 경기를 하고, 토요일에는 서울이 전북과 홈경기를 한다.
- 원정 경기를 치른 다음날은 반드시 쉰다.
- 이틀 연속으로 홈경기를 하면 다음날은 반드시 쉰다.
- 각 팀은 모두 일주일에 세 번 각각 다른 팀과 경기를 한다.
- 각 팀은 적어도 한 번은 홈경기를 한다.

---

① 울산이 금요일에 홈경기를 한다면, 제주와의 시합이다.
② 제주가 수요일에 경기를 한다면, 목요일에는 경기를 할 수 없다.
③ 서울이 주말에 모두 경기를 한다면, 월요일에는 경기를 할 수 없다.
④ 전북이 목요일에 경기를 한다면, 금요일의 경기는 서울과 제주의 경기이다.
⑤ 제주가 원정 경기를 할 수 있는 날은 모두 평일이다.

06 약국에 희경, 은정, 소미, 정선 4명의 손님이 방문하였다. 약사는 이들로부터 처방전을 받아 A ~ D 네 봉지의 약을 조제하였다. 다음 내용이 참일 때 옳은 것은?

- 방문한 손님들의 병명은 몸살, 배탈, 치통, 피부병이다.
- 은정이의 약은 B에 해당하고, 은정이는 몸살이나 배탈 환자가 아니다.
- A는 배탈 환자에 사용되는 약이 아니다.
- D는 연고를 포함하고 있는데, 이 연고는 피부병에만 사용된다.
- 희경이는 임산부이고, A와 D에는 임산부가 먹어서는 안 되는 약품이 사용되었다.
- 소미는 몸살 환자가 아니다.

---

① 희경이는 배탈이 났다.
② 소미가 처방받은 약은 A이다.
③ 소미는 치통 환자이다.
④ 은정이는 피부병에 걸렸다.
⑤ 정선이는 몸살이 났고, 이에 해당하는 약은 C이다.

07 한 야구팀이 재정난을 겪게 되면서 핵심 선수인 민한, 대호, 성흔, 주찬이를 각각 다른 팀으로 트레이드하려고 한다. C팀이 투수만 스카우트하게 될 경우, 다음 자료를 토대로 반드시 참인 것은?

(가) 이들을 원하는 팀은 A ~ D 4팀이 있다.

(나) 각 팀은 포수, 내야수, 외야수, 투수 중 중복 없이 하나만 얻을 수 있다.

(다) 각 팀은 1명만 스카우트할 수 있다.

(라) 민한이는 투수만 가능하다.

(마) 대호는 B팀만 가려고 한다.

(바) A팀은 외야수를 원한다.

(사) 성흔이는 포수와 외야수만 가능하다.

(아) 주찬이는 D팀을 가려고 하지 않는다.

(자) 외야수 포지션은 성흔이와 주찬이 중에 선택한다.

---

① 주찬이는 포수로 스카우트될 것이다.

② A팀에서 스카우트할 선수는 성흔이다.

③ D팀은 선택할 포지션이 없어서 스카우트를 포기한다.

④ D팀이 성흔이를 포수로 데려갈 것이다.

⑤ B팀은 대호를 외야수로 스카우트할 것이다.

08 다음 내용에 따라 문항 출제위원을 위촉하고자 한다. 다음 중 반드시 참인 것은?

위촉하고자 하는 문항 출제위원은 총 6명이다. 후보자는 논리학자 4명, 수학자 6명, 과학자 5명으로 추려졌다. 논리학자 2명은 형식논리를 전공했고 다른 2명은 비형식논리를 전공했다. 수학자 2명은 통계학을 전공했고 3명이 기하학을 전공했으며 나머지 1명은 대수학을 전공했다. 과학자들은 각각 물리학, 생명과학, 화학, 천문학, 기계공학을 전공했다.

〈문항 출제위원의 선정 조건〉

• 형식논리 전공자가 선정되면 비형식논리 전공자도 같은 인원만큼 선정된다.

• 수학자 중에서 통계학자만 선정되는 경우는 없다.

• 과학자는 최소 2명은 선정되어야 한다.

• 논리학자, 수학자는 최소 1명씩은 선정되어야 한다.

• 기하학자는 천문학자와 함께 선정되고, 기계공학자는 통계학자와 함께 선정된다.

---

① 형식논리 전공자와 비형식논리 전공자가 1명씩 선정된다.

② 과학자는 최대 4명까지 선정될 수 있다.

③ 전공이 서로 다른 수학자가 2명 선정된다.

④ 통계학 전공자를 포함하면 수학자는 3명이 선정될 수 없다.

⑤ 논리학자가 3명이 선정되는 경우는 없다.

09 K기업의 A대리는 다음과 같이 보고서 작성을 위한 방향을 구상 중이다. 다음의 명제가 모두 참일 때, 공장을 짓는다는 결론을 얻기 위해 빈칸에 필요한 명제는?

- 재고가 있다.
- 설비 투자를 늘리지 않는다면, 재고가 있지 않다.
- 건설 투자를 늘릴 때에만, 설비 투자를 늘린다.
- _____

① 설비 투자를 늘린다.
② 건설 투자를 늘리지 않는다.
③ 재고가 있거나 설비 투자를 늘리지 않는다.
④ 건설 투자를 늘린다면 공장을 짓는다.
⑤ 설비 투자를 늘리지 않을 때만 공장을 짓는다.

10 다음 내용을 바탕으로 E는 C보다 위층에 입주한다는 결론을 얻었다면, 이러한 결론에 대한 판단으로 가장 알맞은 것은?

- 6층짜리 주택에 A, B, C, D, E, F가 각각 한 층씩 입주하려고 한다.
- B와 D 사이에는 3층의 간격이 있다.
- B와 F는 인접한 층에 입주할 수 없다.
- A는 E보다 아래층에 입주한다.
- D는 A보다 아래층에 입주한다.
- A는 3층에 입주한다.

① 확실하지 않지만 틀릴 확률이 높다.
② 확실하지 않지만 맞을 확률이 높다.
③ 주어진 조건만으로는 알 수 없다.
④ 확실히 아니다.
⑤ 확실히 맞다.

※ 다음 제시문을 읽고 각 문장이 항상 참이면 ①, 거짓이면 ②, 알 수 없으면 ③을 고르시오. [11~12]

- 민희는 나경이보다 손이 크다.
- 예진이는 재은이보다 손이 작다.
- 예진이는 나경이보다 손이 작다.
- 이현이는 재은이보다 손이 작지만 가장 작은 것은 아니다.

11 예진이의 손이 제일 작다.

① 참   ② 거짓   ③ 알 수 없음

12 이현이와 나경이의 손 크기는 거의 같다.

① 참   ② 거짓   ③ 알 수 없음

※ 다음 제시문을 읽고 각 문장이 항상 참이면 ①, 거짓이면 ②, 알 수 없으면 ③을 고르시오. [13~14]

- 자동차는 마차보다 빠르다.
- 비행기는 자동차보다 빠르다.
- 자동차는 마차보다 무겁다.

13 비행기가 가장 무겁다.

① 참   ② 거짓   ③ 알 수 없음

14 비행기, 자동차, 마차 순으로 속도가 빠르다.

① 참   ② 거짓   ③ 알 수 없음

※ 다음 제시문을 읽고 각 문제가 항상 참이면 ①, 거짓이면 ②, 알 수 없으면 ③을 고르시오. [15~16]

> • 수연이는 사탕을 3개 가지고 있다.
> • 수정이는 사탕을 7개 가지고 있다.
> • 미영이는 수연이보다는 사탕이 많고, 수정이보다는 사탕이 적다.

15 미영이의 사탕은 5개 이하이다.

① 참   ② 거짓   ③ 알 수 없음

16 미영이가 사탕을 4개 가지고 있다면, 미영이의 사탕이 수연이와 수정이의 사탕의 평균 개수보다 많다.

① 참   ② 거짓   ③ 알 수 없음

17 K기업에서는 이번 주 월~금 건강검진을 실시한다. 서로 요일이 겹치지 않도록 하루를 선택하여 건강검진을 받아야 할 때, 다음 중 반드시 참인 것은?

> • 이사원은 최사원보다 먼저 건강검진을 받는다.
> • 김대리는 최사원보다 늦게 건강검진을 받는다.
> • 박과장의 경우 금요일에는 회의로 인해 건강검진을 받을 수 없다.
> • 이사원은 월요일 또는 화요일에 건강검진을 받는다.
> • 홍대리는 수요일에 출장을 가므로 수요일 이전에 건강검진을 받아야 한다.
> • 이사원은 홍대리보다는 늦게, 박과장보다는 먼저 건강검진을 받는다.

① 홍대리는 월요일에 건강검진을 받는다.
② 박과장은 수요일에 건강검진을 받는다.
③ 최사원은 목요일에 건강검진을 받는다.
④ 최사원은 박과장보다 먼저 건강검진을 받는다.
⑤ 박과장은 최사원보다 먼저 건강검진을 받는다.

18 진영이가 다니는 유치원에는 서로 다른 크기의 토끼, 곰, 공룡, 기린, 돼지 인형이 있다. 다음에 근거하여 바르게 추론한 것은?

> • 진영이가 좋아하는 인형의 크기가 가장 크다.
> • 토끼 인형은 곰 인형보다 크다.
> • 공룡 인형은 기린 인형보다 작다.
> • 곰 인형은 기린 인형보다는 크지만 돼지 인형보다는 작다.

① 곰 인형의 크기가 가장 작다.
② 기린 인형의 크기가 가장 작다.
③ 돼지 인형은 토끼 인형보다 작다.
④ 토끼 인형은 돼지 인형보다 작다.
⑤ 진영이가 좋아하는 인형은 알 수 없다.

19 은호네 아빠, 엄마, 은호, 동생은 각각 서로 다른 사이즈의 신발을 신는다. 제시된 내용이 모두 참일 때, 다음 중 항상 참이 되는 것은?(단, 신발은 5mm 단위로 판매된다)

> • 은호의 아빠는 은호네 가족 중 가장 큰 사이즈인 270mm의 신발을 신는다.
> • 은호의 엄마는 은호의 신발보다 5mm 더 큰 사이즈의 신발을 신는다.
> • 은호에게 230mm의 신발은 조금 작고, 240mm의 신발은 조금 크다.
> • 동생의 신발 사이즈는 230mm 이하로 가족 중 가장 작은 사이즈의 신발을 신는다.

① 아빠와 엄마의 신발 사이즈 차이는 20mm이다.
② 엄마와 동생의 신발 사이즈는 10mm 이하 차이가 난다.
③ 아빠와 은호의 신발 사이즈 차이는 35mm이다.
④ 은호와 동생의 신발 사이즈 차이는 5mm 이하이다.
⑤ 동생의 신발 사이즈는 225mm이다.

20 다음 명제들이 참일 때, 다음 중 항상 참인 내용은?

> • 수박을 사면 감자를 산다.
> • 귤을 사면 고구마를 사지 않는다.
> • 사과를 사면 배도 산다.
> • 배를 사면 수박과 귤 중 하나를 산다.
> • 고구마를 사지 않으면 감자를 산다.

① 사과를 사면 수박과 귤 모두 산다.
② 수박을 사지 않으면 고구마를 산다.
③ 배를 사지 않으면 수박과 귤 모두 산다.
④ 귤을 사면 감자도 같이 산다.
⑤ 수박을 사면 귤을 산다.

21 민하, 상식, 은희, 은주, 지훈은 점심 메뉴로 쫄면, 라면, 우동, 김밥, 어묵 중 각각 하나씩을 주문하였다. 다음 명제들이 모두 참일 때, 바르게 연결된 것은?(단, 모두 서로 다른 메뉴를 주문하였다)

> • 민하와 은주는 라면을 먹지 않았다.
> • 상식과 민하는 김밥을 먹지 않았다.
> • 은희는 우동을 먹었고, 지훈은 김밥을 먹지 않았다.
> • 지훈은 라면과 어묵을 먹지 않았다.

① 지훈 – 라면, 상식 – 어묵
② 지훈 – 쫄면, 민하 – 라면
③ 은주 – 어묵, 상식 – 김밥
④ 은주 – 쫄면, 민하 – 김밥
⑤ 민하 – 어묵, 상식 – 라면

22 K기업의 A ~ D는 각각 다른 팀에 근무하는데, 각 팀은 2층, 3층, 4층, 5층에 위치하고 있다. 다음 명제들이 모두 참이라고 할 때, 항상 참이 되는 것은?

- A, B, C, D 중 2명은 부장, 1명은 과장, 1명은 대리이다.
- 대리의 사무실은 B보다 높은 층에 있다.
- B는 과장이다.
- A는 대리가 아니다.
- A의 사무실이 가장 높다.

① 부장 중 한 명은 반드시 2층에 근무한다.
② A는 부장이다.
③ 대리는 4층에 근무한다.
④ B는 2층에 근무한다.
⑤ C는 대리이다.

23 K기업은 봉사활동의 일환으로 홀로 사는 노인들에게 아침 식사를 제공하기 위해 일일 식당을 운영하기로 했다. 다음 명제들이 모두 참이라고 할 때, 항상 참이 되는 진술은?

- 음식을 요리하는 사람은 설거지를 하지 않는다.
- 주문을 받는 사람은 음식 서빙을 함께 담당한다.
- 음식 서빙을 담당하는 사람은 요리를 하지 않는다.
- 음식 서빙을 담당하는 사람은 설거지를 한다.

① A사원은 설거지를 하면서 음식을 서빙하기도 한다.
② B사원이 설거지를 하지 않으면 음식을 요리한다.
③ C사원이 음식 주문을 받으면 설거지는 하지 않는다.
④ D사원은 음식을 요리하면서 음식 주문을 받기도 한다.
⑤ E사원이 설거지를 하지 않으면 음식 주문도 받지 않는다.

24 다음 명제를 통해 얻을 수 있는 결론으로 옳은 것은?

> • 어떤 학생은 책 읽기를 좋아한다.
> • 책 읽기를 좋아하는 사람의 대부분은 어린이다.
> • 모든 어린이는 유치원에 다닌다.

① 모든 학생은 어린이다.
② 모든 학생은 유치원에 다닌다.
③ 책 읽기를 좋아하는 사람 모두가 어린이는 아니다.
④ 책 읽기를 좋아하는 사람 모두 학생이다.
⑤ 모든 어린이는 책 읽기를 좋아한다.

25 8조각의 피자를 A ~ D 네 사람이 나눠 먹는다고 할 때, 다음 중 참이 아닌 것은?

> • 네 사람 중 피자를 한 조각도 먹지 않은 사람은 없다.
> • A는 피자 두 조각을 먹었다.
> • 피자를 가장 적게 먹은 사람은 B이다.
> • C는 D보다 피자 한 조각을 더 많이 먹었다.

① 피자 한 조각이 남는다.
② 두 명이 짝수 조각의 피자를 먹었다.
③ A와 D가 먹은 피자 조각 수는 같다.
④ C가 가장 많은 조각의 피자를 먹었다.
⑤ B는 D보다 피자 한 조각을 덜 먹었다.

26 다음은 해외 출장이 잦은 해외사업팀 A ~ D사원의 항공 마일리지 현황이다. 다음 중 항상 참이 되지 않는 것은?

> • A사원의 항공 마일리지는 8,500점이다.
> • A사원의 항공 마일리지는 B사원보다 1,500점 많다.
> • C사원의 항공 마일리지는 B사원보다 많고 A사원보다 적다.
> • D사원의 항공 마일리지는 7,200점이다.

① A사원의 항공 마일리지가 가장 많다.
② D사원의 항공 마일리지가 4명 중 가장 적지는 않다.
③ B사원의 항공 마일리지는 4명 중 가장 적다.
④ C사원의 정확한 항공 마일리지는 알 수 없다.
⑤ 항공 마일리지가 많은 순서는 'A − D − C − B' 사원이다.

27 제시된 명제가 참일 때, 다음 중 옳지 않은 것은?

> • 커피를 좋아하는 사람은 홍차를 좋아하지 않는다.
> • 탄산수를 좋아하지 않는 사람은 우유를 좋아한다.
> • 녹차를 좋아하는 사람은 홍차를 좋아한다.
> • 녹차를 좋아하지 않는 사람은 탄산수를 좋아한다.

① 커피를 좋아하는 사람은 녹차를 좋아하지 않는다.
② 탄산수를 좋아하지 않는 사람은 녹차를 좋아한다.
③ 커피를 좋아하는 사람은 탄산수를 좋아한다.
④ 탄산수를 좋아하는 사람은 홍차를 좋아한다.
⑤ 홍차를 좋아하는 사람은 커피를 싫어한다.

28 다음 명제가 모두 참이라고 할 때, 반드시 참이라고 할 수 없는 것은?

> • 모든 사람은 자신에 대해서 호의적인 사람에게 호의적이다.
> • 어느 누구도 자신을 비방한 사람에게 호의적이지 않다.
> • 다른 사람을 절대 비방하지 않는 사람이 있다.
> • 어느 누구도 자기 자신에 대해서 호의적이지도 않고 자기 자신을 비방하지도 않는다.

① 두 사람이 서로 호의적이라면, 그 두 사람은 서로 비방한 적이 없다.
② 두 사람이 서로 비방한 적이 없다면, 그 두 사람은 서로 호의적이다.
③ 어떤 사람이 다른 모든 사람을 비방한다면, 그 사람에 대해 호의적인 사람은 없다.
④ A라는 사람이 다른 모든 사람을 비방한다면, A에게 호의적이지 않지만 A를 비방하지 않는 사람이 있다.
⑤ 모든 사람이 자신을 비방하지 않는 사람에게 호의적이라면, 모든 사람에게는 각자가 호의적으로 대하는 사람이 적어도 하나는 있다.

※ 다음 명제를 읽고 옳지 않은 것을 고르시오. [29~30]

29

> • 건강한 사람은 건강한 요리를 좋아한다.
> • 건강한 요리를 좋아하면 혈색이 좋다.
> • 건강하지 않은 사람은 인상이 좋지 않다.
> • 건강한 요리를 좋아하는 사람은 그렇지 않은 사람보다 콜레스테롤 수치가 낮다.

① 건강한 사람은 혈색이 좋다.
② 인상이 좋은 사람은 건강한 요리를 좋아한다.
③ 건강한 사람은 그렇지 않은 사람보다 콜레스테롤 수치가 낮다.
④ 인상이 좋은 사람은 그렇지 않은 사람보다 콜레스테롤 수치가 높다.
⑤ 혈색이 좋지 않으면 인상이 좋지 않다.

30

> • 운동을 좋아하는 사람은 담배를 좋아하지 않는다.
> • 커피를 좋아하는 사람은 담배를 좋아한다.
> • 커피를 좋아하지 않는 사람은 주스를 좋아한다.
> • 과일을 좋아하는 사람은 커피를 좋아하지 않는다.

① 운동을 좋아하는 사람은 커피를 좋아하지 않는다.
② 주스를 좋아하지 않는 사람은 담배를 좋아한다.
③ 과일을 좋아하는 사람은 담배를 좋아한다.
④ 운동을 좋아하는 사람은 주스를 좋아한다.
⑤ 과일을 좋아하는 사람은 주스를 좋아한다.

※ 일정한 규칙으로 수를 나열할 때, 다음 중 빈칸에 들어갈 가장 알맞은 수를 고르시오. [1~30]

01

$$-2 \quad \frac{7}{2} \quad -4 \quad \frac{21}{2} \quad -6 \quad (\quad)$$

① $-\dfrac{1}{3}$ 　　　　　② $-\dfrac{1}{2}$

③ $\dfrac{54}{2}$ 　　　　　④ $\dfrac{63}{2}$

③ $\dfrac{74}{3}$

02

$$\frac{6}{15} \quad \frac{18}{15} \quad \frac{18}{45} \quad (\quad) \quad \frac{54}{135}$$

① $\dfrac{36}{37}$ 　　　　　② $\dfrac{54}{45}$

③ $\dfrac{54}{68}$ 　　　　　④ $\dfrac{54}{135}$

⑤ $\dfrac{36}{135}$

03

$$25 \quad 250 \quad 62.5 \quad 625 \quad 156.25 \quad (\quad)$$

① 1,262.5 　　　　　② 12,625

③ 1,562.5 　　　　　④ 15,625

⑤ 1,862.5

04

| 5 | 6 | 13 | $\dfrac{3}{2}$ | $\dfrac{3}{2}$ | 3 | 12 | ( ) | −1 |

① 4

② $\dfrac{11}{3}$

③ $\dfrac{10}{3}$

④ 3

⑤ $\dfrac{7}{3}$

05

| $\dfrac{1}{2}$ | 1 | $\dfrac{1}{3}$ | $\dfrac{13}{12}$ | ( ) | $\dfrac{67}{60}$ |

① $\dfrac{5}{6}$

② $\dfrac{7}{6}$

③ $\dfrac{11}{24}$

④ $\dfrac{13}{60}$

⑤ $\dfrac{17}{60}$

06

| $\dfrac{1}{3}$ | $\dfrac{6}{10}$ | ( ) | $\dfrac{16}{94}$ | $\dfrac{21}{283}$ |

① $\dfrac{11}{47}$

② $\dfrac{11}{45}$

③ $\dfrac{7}{45}$

④ $\dfrac{7}{31}$

⑤ $\dfrac{11}{31}$

07

| 0.4 | 0.4 | 1.4 | ( ) | 51.4 | 310.4 | 1,865.4 |

① 4.4

② 5.4

③ 6.4

④ 7.4

⑤ 8.4

08

| 12.5 | 28 | 31.25 | 7 | 78.125 | 1.75 | ( ) | 0.4375 |

① 149.1365   ② 157.4572
③ 168.7542   ④ 175.2531
⑤ 195.3125

09

$$\frac{2}{2} \quad \frac{3}{2} \quad \frac{1}{3} \quad \frac{2}{3} \quad \frac{3}{3} \quad (\quad) \quad \frac{1}{4}$$

① $\frac{5}{3}$ ② $\frac{4}{3}$

③ $\frac{2}{4}$ ④ $\frac{3}{4}$

⑤ $\frac{4}{4}$

10

| -65 | ( ) | -25 | -15 | -10 | -5 |

① -55 ② -50
③ -45 ④ -40
⑤ -35

11

| 23 | 21 | 25 | 19 | 27 | ( ) | 29 |

① 13   ② 17
③ 24   ④ 31
⑤ 33

12

| 2 7 5   6 4 6   8 9 9   13 3 ( ) |

① 9   ② 10
③ 11   ④ 12
⑤ 13

13

| −1   2   ( )   16   31   54 |

① 3   ② 5
③ 7   ④ 9
⑤ 11

14

| 1   2   2   4   5   8   10   16   ( ) |

① 17   ② 18
③ 20   ④ 21
⑤ 22

15

| 2   2   4   4   8   6   ( ) |

① 64   ② − 128
③ 128   ④ 16
⑤ − 16

16

| 3 17 7 5 ( ) 10 7 33 13 |

① 20   ② 25
③ 30   ④ 35
⑤ 40

17

| 5 8 11 14 17 ( ) |

① 20   ② 21
③ 22   ④ 23
⑤ 24

18

| 0.4 0.5 0.65 0.85 1.1 ( ) |

① 1.35   ② 1.4
③ 1.45   ④ 1.5
⑤ 1.55

19

| 4 ( ) 5 10 7 14 11 |

① 3   ② 8
③ 11   ④ 12
⑤ 15

20

3	2	4	5	8	( )	19

① 9   ② 10

③ 11   ④ 12

⑤ 13

21

5	3	4	−2	( )	−28

① 12   ② − 14

③ 17   ④ − 20

⑤ − 24

22

913	817	( )	819	916	822	919	826	923

① 912   ② 914

③ 916   ④ 918

⑤ 920

23

3	2	8	4	3	11	5	4	( )

① 9   ② 14

③ 16   ④ 20

⑤ 24

24

1	-2	1	-2	4	-8	1	-2	( )

① 8 　　　　　　② 9

③ 10 　　　　　　④ 11

⑤ 12

25

100	80	61	43	( )	10	-5

① 28 　　　　　　② 27

③ 26 　　　　　　④ 25

⑤ 24

26

17	2	14	29	4	7	5	2	23	8	1	( )

① 15 　　　　　　② 16

③ 17 　　　　　　④ 18

⑤ 19

27

3	9	12	6	12	18	7	13	( )

① 16 　　　　　　② 17

③ 18 　　　　　　④ 19

⑤ 20

28

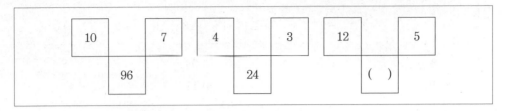

① 76 ② 80

③ 84 ④ 88

⑤ 100

29

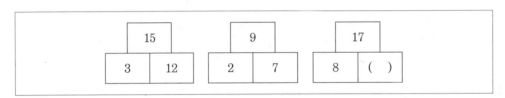

① 3 ② 5

③ 9 ④ 11

⑤ 13

30

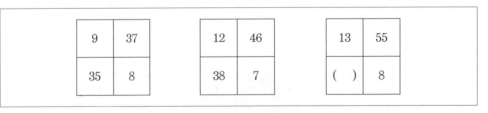

① 47 ② 49

③ 51 ④ 53

⑤ 55

01 다음 도형을 시계 방향으로 90° 회전하고, 좌우로 뒤집은 다음, 다시 시계 반대 방향으로 45° 회전한 것은?

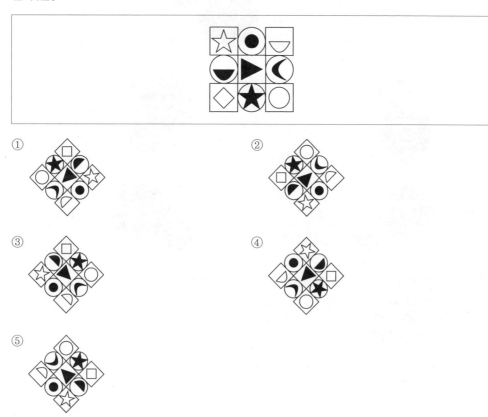

02 다음 그림을 상하 대칭 후, 시계 방향으로 45° 회전한 것은?

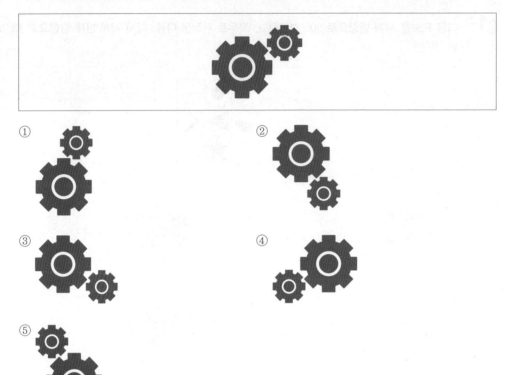

03 다음 제시된 도형을 시계 반대 방향으로 90° 회전한 것은?

04 다음 도형을 시계 방향으로 270° 회전한 후, 상하 반전했을 때의 모양은?

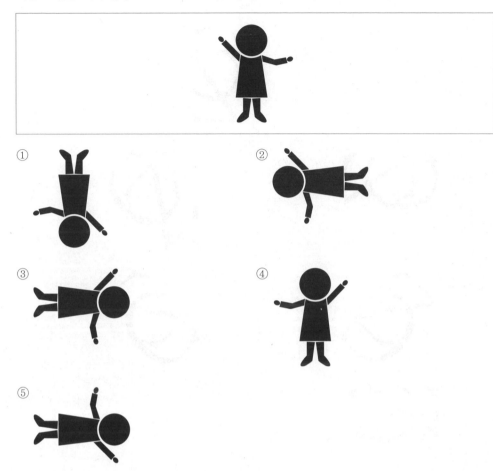

05 다음 도형을 시계 반대 방향으로 45° 회전한 후, 시계 방향으로 270° 회전했을 때의 모양은?

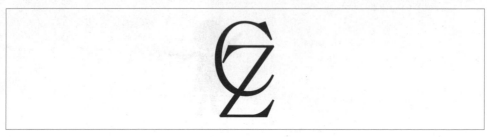

①

②

③

④

⑤

06 다음 도형을 좌우 반전한 후, 시계 방향으로 45° 회전했을 때의 모양은?

①

②

③

④

⑤

07 다음 도형을 시계 반대 방향으로 270° 회전한 후, 시계 반대 방향으로 45° 회전했을 때의 모양은?

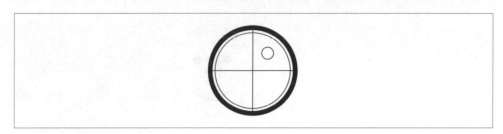

①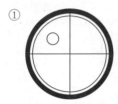

②

③

④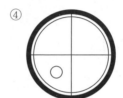

⑤

08 다음 도형을 시계 방향으로 270° 회전한 후, 좌우 반전했을 때의 모양은?

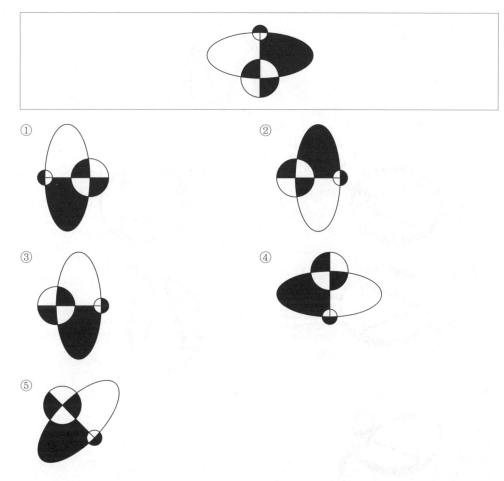

① ② ③ ④ ⑤

09 다음 도형을 상하 반전한 후, 시계 방향으로 90° 회전했을 때의 모양은?

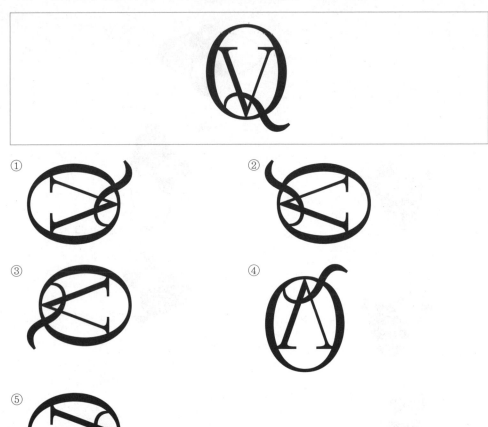

①

②

③

④

⑤

10 다음 도형을 시계 반대 방향으로 45° 회전한 후, 시계 반대 방향으로 90° 회전했을 때의 모양은?

①

②

③

④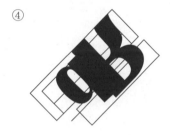

⑤

작동 버튼	기능
●	첫 번째와 두 번째 도형의 색을 반전한다.
☆	두 번째와 세 번째 도형을 시계 방향으로 90° 회전한다.
★	세 번째와 네 번째 도형을 180° 회전한다.
◇	홀수 칸 도형들을 서로 바꾸고, 짝수 칸 도형들을 서로 바꾼다.

11 〈보기〉의 처음 상태에서 작동 버튼을 두 번 눌렀더니, 다음과 같은 결과가 나타났다. 다음 중 작동 버튼의 순서를 바르게 나열한 것은?

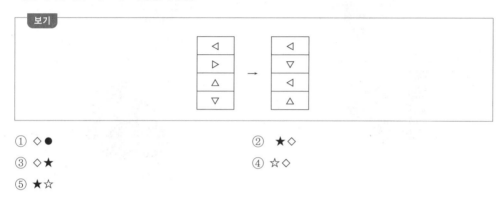

① ◇ ●
② ★ ◇
③ ◇ ★
④ ☆ ◇
⑤ ★ ☆

12 〈보기〉의 처음 상태에서 작동 버튼을 두 번 눌렀더니, 다음과 같은 결과가 나타났다. 다음 중 작동 버튼의 순서를 바르게 나열한 것은?

보기

① ◇ ☆
② ◇ ★
③ ★ ☆
④ ◇ ●
⑤ ★ ●

※ 다음 규칙을 읽고 질문에 답하시오. [13~16]

작동 버튼	기능
▣	홀수 칸 도형의 색을 반전한다.
◉	짝수 칸 도형의 색을 반전한다.
♥	첫 번째와 두 번째 도형을 서로 바꾼다.
♣	세 번째와 네 번째 도형을 서로 바꾼다.

13 〈보기〉의 처음 상태에서 작동 버튼을 두 번 눌렀더니, 다음과 같은 결과가 나타났다. 다음 중 작동 버튼의 순서를 바르게 나열한 것은?

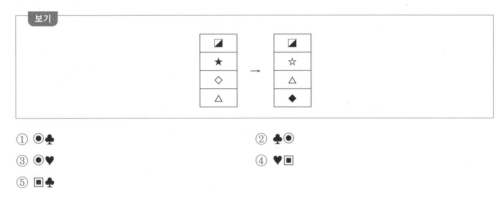

① ◉♣   ② ♣◉
③ ◉♥   ④ ♥▣
⑤ ▣♣

14 〈보기〉의 처음 상태에서 작동 버튼을 두 번 눌렀더니, 다음과 같은 결과가 나타났다. 다음 중 작동 버튼의 순서를 바르게 나열한 것은?

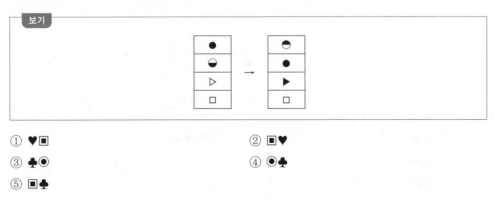

① ♥▣   ② ▣♥
③ ♣◉   ④ ◉♣
⑤ ▣♣

15 〈보기〉의 처음 상태에서 작동 버튼을 두 번 눌렀더니, 다음과 같은 결과가 나타났다. 다음 중 작동 버튼의 순서를 바르게 나열한 것은?

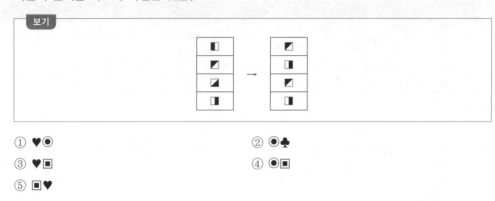

① ♥◉
② ◉♣
③ ♥■
④ ◉■
⑤ ■♥

16 〈보기〉의 처음 상태에서 작동 버튼을 두 번 눌렀더니, 다음과 같은 결과가 나타났다. 다음 중 작동 버튼의 순서를 바르게 나열한 것은?

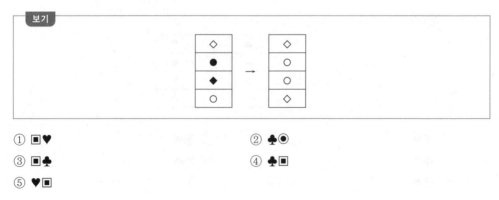

① ■♥
② ♣◉
③ ■♣
④ ♣■
⑤ ♥■

※ 다음 규칙을 읽고 질문에 답하시오. [17~19]

작동 버튼	기능
㉮	모든 홀수에 +5를 한다.
㉯	모든 짝수에 −2를 한다.
㉰	30보다 큰 홀수에 −1을 한다.
㉱	30보다 큰 짝수에 +1을 한다.

17 〈보기〉의 처음 상태에서 작동 버튼을 두 번 눌렀더니, 다음과 같은 결과가 나타났다. 다음 중 작동 버튼의 순서를 바르게 나열한 것은?

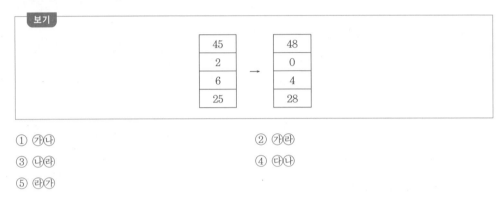

① ㉮㉯　　　　　　　　　　② ㉮㉱
③ ㉯㉱　　　　　　　　　　④ ㉰㉯
⑤ ㉱㉮

18 〈보기〉의 처음 상태에서 작동 버튼을 두 번 눌렀더니, 다음과 같은 결과가 나타났다. 다음 중 작동 버튼의 순서를 바르게 나열한 것은?

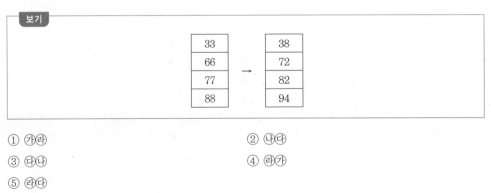

① ㉮㉱　　　　　　　　　　② ㉯㉰
③ ㉰㉯　　　　　　　　　　④ ㉱㉮
⑤ ㉱㉰

19 〈보기〉의 처음 상태에서 작동 버튼을 세 번 눌렀더니, 다음과 같은 결과가 나타났다. 다음 중 작동 버튼의 순서를 바르게 나열한 것은?

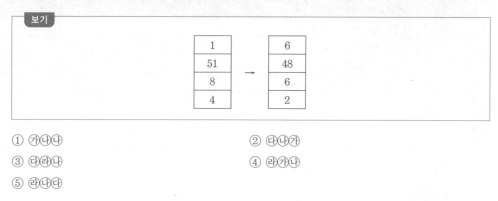

① ㉮㉯㉯

② ㉱㉯㉮

③ ㉱㉲㉯

④ ㉲㉮㉯

⑤ ㉲㉯㉱

※ 다음 규칙을 읽고 질문에 답하시오. [20~22]

작동 버튼	기능
♣	모든 도형의 색을 바꾼다(흰색 → 검은색, 검은색 → 흰색).
♡	검은색 도형을 흰색으로 바꾼다.
♧	두 번째와 네 번째 도형의 자리를 바꾼다.
◉	모든 도형을 시계 방향으로 180° 회전시킨다.

※ 맨 위 칸의 도형이 첫 번째 도형임

20 〈보기〉의 처음 상태에서 작동 버튼을 두 번 눌렀더니, 다음과 같은 결과가 나타났다. 다음 중 작동 버튼의 순서를 바르게 나열한 것은?

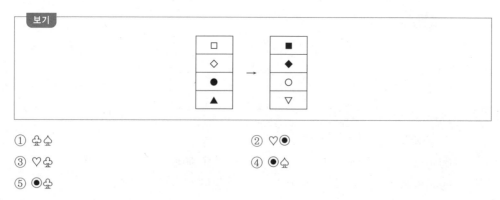

① ♧♣

② ♡◉

③ ♡♣

④ ◉♧

⑤ ◉♣

21 〈보기〉의 처음 상태에서 작동 버튼을 두 번 눌렀더니, 다음과 같은 결과가 나타났다. 다음 중 작동 버튼의 순서를 바르게 나열한 것은?

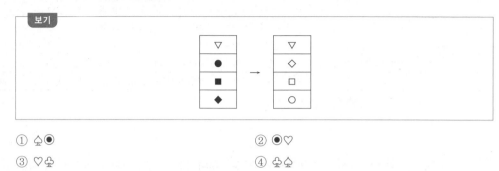

① ♧◉
② ◉♡
③ ♡♧
④ ♧♧
⑤ ◉♧

22 〈보기〉의 처음 상태에서 작동 버튼을 세 번 눌렀더니, 다음과 같은 결과가 나타났다. 다음 중 작동 버튼의 순서를 바르게 나열한 것은?

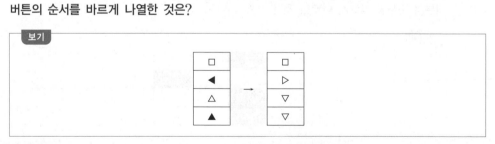

① ♧♡♡
② ♡◉♧
③ ◉♧♡
④ ♡◉◉
⑤ ◉◉♡

※ 다음 규칙을 읽고 질문에 답하시오. [23~24]

작동 버튼	기능
♧	1번 상자와 2번 상자의 색을 칠하거나 지운다(색이 없는 경우 칠하고, 색이 칠해진 경우 지운다).
♠	2번 상자와 3번 상자의 색을 칠하거나 지운다(색이 없는 경우 칠하고, 색이 칠해진 경우 지운다).
♡	1번 상자와 4번 상자에 색을 칠한다(이미 칠해진 경우 아무런 조치도 취하지 않는다).
♥	3번 상자와 4번 상자의 색을 지운다(색이 없는 경우 아무런 조치도 취하지 않는다).

※ ⬜ 색이 없는 상자, ⬛ 색을 칠한 상자

23 〈보기〉의 처음 상태에서 작동 버튼을 두 번 눌렀더니, 다음과 같은 결과가 나타났다. 다음 중 작동 버튼의 순서를 바르게 나열한 것은?

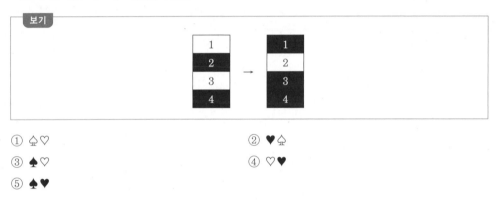

① ♠ ♡
② ♥ ♧
③ ♠ ♡
④ ♡ ♥
⑤ ♠ ♥

24 〈보기〉의 처음 상태에서 작동 버튼을 세 번 눌렀더니, 다음과 같은 결과가 나타났다. 다음 중 작동 버튼의 순서를 바르게 나열한 것은?

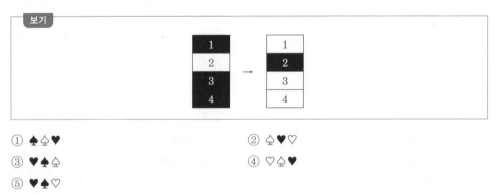

① ♠ ♧ ♥
② ♧ ♥ ♡
③ ♥ ♠ ♧
④ ♡ ♧ ♥
⑤ ♥ ♠ ♡

※ 다음 규칙을 읽고 질문에 답하시오. [25~26]

작동 버튼	기능
◁	'강'의 세기를 '약'으로 낮춘다.
▷	'약'의 세기를 '강'으로 높인다.
◀	'강'은 '중'으로, '중'은 '강'으로 세기를 바꾼다.
▶	'약'은 '중'으로, '중'은 '약'으로 세기를 바꾼다.

※ 기계는 '강－중－약'의 세기로 작동하고 있음

25 〈보기〉의 처음 상태에서 작동 버튼을 두 번 눌렀더니, 다음과 같은 결과가 나타났다. 다음 중 작동 버튼의 순서를 바르게 나열한 것은?

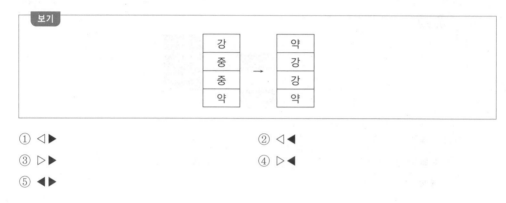

① ◁▶　　　　　　　　② ◁◀

③ ▷▶　　　　　　　　④ ▷◀

⑤ ◀▶

26 〈보기〉의 처음 상태에서 작동 버튼을 두 번 눌렀더니, 다음과 같은 결과가 나타났다. 다음 중 작동 버튼의 순서를 바르게 나열한 것은?

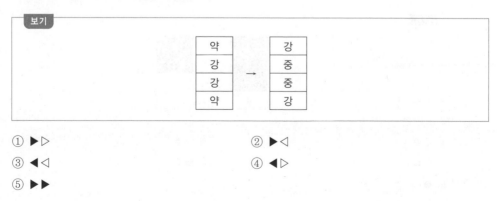

① ▶▷　　　　　　　　② ▶◁

③ ◀◁　　　　　　　　④ ◀▷

⑤ ▶▶

PART 2

※ 다음 규칙을 읽고 질문에 답하시오. [27~28]

작동 버튼	기능
◇	1번과 3번의 전구를 끈다(켜져 있는 전구만 끈다).
◆	2번과 4번의 전구를 켠다(꺼져 있는 전구만 켠다).
□	2번과 3번의 전구를 끈다(켜져 있는 전구만 끈다).
■	3번과 4번의 전구를 켠다(꺼져 있는 전구만 켠다).

※ ■ 소등, ☐ 점등

27 〈보기〉의 처음 상태에서 작동 버튼을 두 번 눌렀더니, 다음과 같은 결과가 나타났다. 다음 중 작동 버튼의 순서를 바르게 나열한 것은?

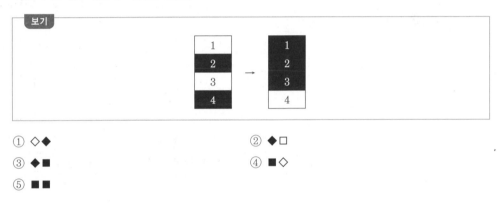

① ◇◆

② ◆□

③ ◆■

④ ■◇

⑤ ■■

28 〈보기〉의 처음 상태에서 작동 버튼을 두 번 눌렀더니, 다음과 같은 결과가 나타났다. 다음 중 작동 버튼의 순서를 바르게 나열한 것은?

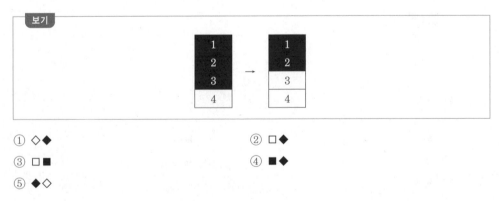

① ◇◆

② □◆

③ □■

④ ■◆

⑤ ◆◇

※ 다음 규칙을 읽고 질문에 답하시오. [29~30]

작동 버튼	기능
◇	도형이 모두 1칸 아래로 이동한다.
◆	첫 번째 칸의 도형과 세 번째 칸의 도형의 위치를 바꾼다.
□	두 번째 칸의 도형과 네 번째 칸의 도형의 위치를 바꾼다.
■	도형이 모두 2칸 아래로 이동한다.

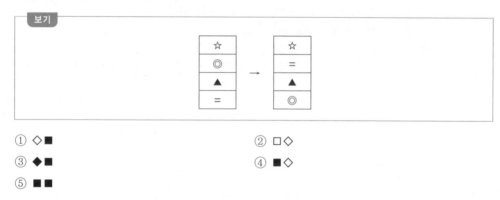

예 [도형이 모두 1칸 아래로 이동]　　　　　[도형이 모두 2칸 아래로 이동]

29 〈보기〉의 처음 상태에서 작동 버튼을 두 번 눌렀더니, 다음과 같은 결과가 나타났다. 다음 중 작동 버튼의 순서를 바르게 나열한 것은?

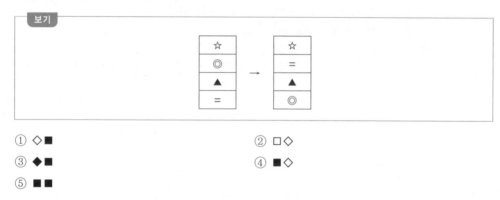

① ◇■
② □◇
③ ◆■
④ ■◇
⑤ ■■

30 〈보기〉의 처음 상태에서 작동 버튼을 두 번 눌렀더니, 다음과 같은 결과가 나타났다. 다음 중 작동 버튼의 순서를 바르게 나열한 것은?

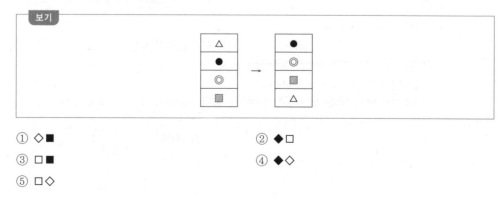

① ◇■
② ◆□
③ □■
④ ◆◇
⑤ □◇

| 05 | 문제해결

※ 다음은 K대학 졸업자 중 해외기업 인턴 지원자에 대한 정보이다. 이어지는 질문에 답하시오. [1~2]

〈K대학 졸업자 해외기업 인턴 지원자 정보〉

구분	나이	평균 학점	공인영어점수	관련 자격증 개수	희망 국가
A지원자	26세	4.10점	92점	2개	독일
B지원자	24세	4.25점	81점	0개	싱가포르
C지원자	25세	3.86점	75점	2개	일본
D지원자	28세	4.12점	78점	3개	호주
E지원자	27세	4.50점	96점	1개	영국

01 다음 〈조건1〉에 따라 점수를 부여할 때, C지원자가 인턴을 갈 국가는 어디인가?

> **조건1**
> • 나이가 어린 사람부터 순서대로 5 ~ 1점을 부여한다.
> • 평균 학점이 높은 사람부터 순서대로 5 ~ 1점을 부여한다.
> • 공인영어점수의 10%를 점수로 환산한다.
> • 관련 자격증은 1개당 3점을 부여한다.
> • 총점이 가장 높은 2명은 희망한 국가로, 3번째는 미국으로, 4번째는 중국으로 인턴을 가고, 5번째
>   는 탈락한다.

① 영국
② 일본
③ 미국
④ 중국
⑤ 탈락

02 다음 〈조건2〉와 같이 선발 기준이 변경되었을 때, 희망한 국가에 가지 못하는 지원자는 누구인가?

> **조건2**
> • 나이는 고려하지 않는다.
> • 평균 학점은 소수점 첫째 자리에서 반올림하여 점수를 부여한다.
> • 공인영어점수의 10%를 점수로 환산한다.
> • 관련 자격증은 1개당 2점을 부여한다.
> • 총점이 가장 낮은 1명은 탈락하고, 나머지는 각자 희망하는 국가로 인턴을 간다.

① A지원자
② B지원자
③ C지원자
④ D지원자
⑤ E지원자

※ D사원은 해외에서 열리는 세미나 참석을 위해 호텔을 예약하였다. 다음 자료를 보고 이어지는 질문에 답하시오. [3~4]

- 출장일 : 2025년 2월 12일(수) ~ 16일(일)

〈호텔 숙박가격〉

구분	평일(일 ~ 목)	주말(금 ~ 토)
가격	USD 120	USD 150

〈유의사항〉

- 호텔 숙박을 원하실 경우 총 숙박비의 20%에 해당하는 금액을 예치금으로 지불하셔야 합니다.
- 개인 사정으로 호텔 예약을 취소 또는 변경하실 때는 숙박 예정일 4일 전까지는 전액 환불이 가능하지만, 그 이후로는 하루에 20%씩 취소 수수료가 부과됩니다. 노쇼(No – Show)의 경우와 체크인 당일 취소를 하실 경우에는 환불이 불가하오니, 이점 유의해 주시기 바랍니다.

03 다음 중 D사원이 호텔에 지불한 예치금은 얼마인가?

① USD 105
② USD 108
③ USD 110
④ USD 120
⑤ USD 132

04 D사원은 출장 출발일에 회사 사정으로 다른 곳으로 급하게 출장을 가게 되어 호텔 예약을 취소하게 되었다. 이때, D사원이 호텔 규정에 따라 받을 수 있는 환불금액은?(단, D사원의 출장 출발일은 호텔 체크인 당일이었다)

① USD 108
② USD 222
③ USD 330
④ USD 432
⑤ 환불 불가능

※ 다음은 K은행 고객 기록에 대한 자료이다. 이어지는 질문에 답하시오. [5~6]

〈기록 체계〉

고객구분	업무	업무내용	접수창구
ㄱ	X	a	01

고객구분		업무		업무내용		접수창구	
ㄱ	개인고객	X	수신계	a	예금	01	1번창구
				b	적금	02	2번창구
ㄴ	기업고객			A	대출상담	03	3번창구
		Y	대부계	B	대출신청	04	4번창구
ㄷ	VIP고객			C	대출완료	05	5번창구
						00	VIP실

※ 업무내용은 대문자·소문자끼리만 복수선택이 가능함
※ 개인·기업 고객은 일반창구에서, VIP고객은 VIP실에서 업무를 봄
※ 수신계는 a, b의 업무만, 대부계는 A, B, C의 업무만 볼 수 있음

〈기록 현황〉

ㄱXa10	ㄴYA05	ㄴYB03	ㄱXa01	ㄱYB03
ㄱXab02	ㄷYC00	ㄴYA01	ㄴYA05	ㄴYAB03
ㄱYAB00	ㄱYaA04	ㄱXb02	ㄷYB0	ㄱXa04

05 K은행을 방문한 S기업 대표인 VIP고객이 대출신청을 하였다면, 기록 현황에 기재할 내용으로 옳은 것은?

① ㄴXB00
② ㄴYB00
③ ㄷXB00
④ ㄷYA00
⑤ ㄷYB00

06 기록 현황을 처리하는 도중 잘못 기록된 내용들이 발견되었다. 잘못된 기록 현황은 모두 몇 개인가?

① 1개
② 2개
③ 4개
④ 6개
⑤ 7개

※ K기업에 근무하는 S대리는 음악회 주최를 위해 초대 가수를 섭외하려고 한다. 다음 자료를 보고 이어지는 질문에 답하시오. **[7~8]**

〈음악회 초대 가수 후보〉

• 음악회 초대 가수 후보 : A, B, C, D, E
• 음악회 예정일 : 9월 20일 ~ 9월 21일

구분	A	B	C	D	E
섭외 가능 기간	9월 18일 ~ 9월 20일	9월 19일 ~ 9월 23일	9월 20일 ~ 9월 22일	9월 21일 ~ 9월 23일	9월 18일 ~ 9월 21일
인지도	★★★★☆	★★★★☆	★★★☆☆	★★★★☆	★★★★★
섭외 비용	155만 원/일	140만 원/일	135만 원/일	140만 원/일	160만 원/일

---

07 다음 〈조건1〉에 가장 부합한 섭외 가수 후보로 옳은 것은?

> **조건1**
> • 일정 중 9월 20일이 취소될 가능성이 있어 9월 21일에 가능한 가수를 섭외한다.
> • 예산 300만 원 내에서 2팀을 초대하고, 인지도 높은 가수부터 우선 섭외한다.
> • 인지도가 같을 경우 음악회 예정일에서 섭외 가능 날짜가 많은 후보를 섭외한다.
> • 초대 가수는 이틀 중 하루에 두 팀 모두 공연한다.

① A, E ② B, D
③ B, E ④ C, E
⑤ D, E

08 상사의 지시로 다음 〈조건2〉만 고려해 섭외를 진행하기로 했을 때, 섭외 가수 두 팀을 고른 것은?

> **조건2**
> • 인지도는 ★★★★☆ 이상이다.
> • 9월 20일에 섭외가 가능하다.
> • 섭외 비용을 최소로 한다.

① A, B ② B, C
③ B, D ④ C, D
⑤ D, E

※ K마트 온라인 홈페이지에서는 5월 가정의 달을 맞이하여 5월 17일 하루 동안 원데이 특가 세일을 한다. 다음 자료를 보고 이어지는 질문에 답하시오. [9~11]

〈5월 가정의 달 기념 원데이 특가 세일〉

상품명	정가	배송료	할인율
참목원 등심(500g)	53,000원	–	15%
진주 파프리카(1.5kg)	13,900원	3,000원	40%
진한홍삼(50mL×30포)	60,000원	5,000원	57%
◇◇비타민C(1,080mg×120정)	10,800원	2,500원	40%
밀퓌유 등심돈까스(500g×2)	17,000원	2,500원	10%
제주 고등어살(1kg)	26,500원	3,000원	25%
포기김치 5호(10kg)	56,000원	–	15%
무농약 밤(4kg)	26,000원	2,500원	10%
☆☆쌀(20kg)	64,000원	–	10%
연어회세트(200g)	20,000원	3,000원	20%
좌석용 선풍기	75,000원	–	30%
차량용 공기청정기	30,000원	2,500원	25%
밀폐용기세트	12,000원	2,500원	10%

구매 전 꼭 확인하세요!
• 원데이 특가 세일은 오전 10시에 오픈되며, 할인 기간은 당일 오전 10시부터 익일 오전 10시까지입니다.
• 오전 10시부터 선착순 200명을 대상으로 전(全) 상품을 무료로 배송해 드립니다.
• 할인율은 수량에 상관없이 표에 제시된 할인율을 적용합니다.
• 각 상품은 업체별 배송으로 배송료는 상품별로 각각 적용되며 할인율은 적용받지 않습니다.
• 배송료가 있는 상품은 구매하는 수량에 상관없이 한 번만 적용됩니다.
• 도서·산간 지역은 추가 배송료 5,000원이 적용됩니다.
   (단, 상품의 종류 및 수량에 상관없이 주문 시 한 번만 적용되며, 무료 배송 이벤트 당첨 시 면제됩니다)

09 울릉도에 살고 있는 주희는 5월 17일 오전 11시에 제주 고등어살 2kg과 진한홍삼 30포를 주문했다. 최소한의 금액으로 결제를 했을 경우 배송비를 포함하여 주희가 결제한 금액은 총 얼마인가?
   (단, 무료 배송 이벤트는 오전 10시 30분에 끝난 상황이다)

① 45,700원   ② 55,300원
③ 78,550원   ④ 79,280원
⑤ 81,450원

10 5월 17일 오후 3시 현재 준혁이의 장바구니에 담긴 상품 목록은 아래와 같다. 상품의 총 가격을 계산해보니 생각보다 많이 구매한 것 같아 등심 하나와 좌석용 선풍기를 빼려고 한다. 그렇다면 준혁이가 결제한 총 금액을 구하면?(단, 준혁이는 서울특별시 강남구에 거주하며, 무료 배송 이벤트는 끝난 상황이다)

상품명	수량	정가	할인율	배송비
참목원 등심	2	106,000원	15%	–
진주 파프리카	4	55,600원	40%	3,000원
☆☆쌀	1	64,000원	10%	–
좌석용 선풍기	1	75,000원	30%	–
무농약 밤	3	78,000원	10%	2,500원

① 200,500원   ② 208,710원

③ 209,210원   ④ 211,710원

⑤ 213,000원

11 지희와 소미는 각각 원데이 특가 세일을 이용하여 다음과 같이 상품을 구매했다. 지희는 5월 17일 오전 10시에 구매하였고, 소미는 5월 18일 오전 10시 30분에 구매했다. 또한 지희는 무료 배송 이벤트에 당첨되었고, 소미는 당첨되지 않았다. 지희와 소미 중 누가 더 많은 금액을 결제하였고, 그 금액은 얼마인가?(단, 지희는 춘천에 거주하고, 소미는 서울에 거주한다)

지희가 구매한 상품 목록	
• 진한홍삼 30포	• 진주 파프리카 3kg
• 밀푀유 등심돈까스 500g×2	• ◇◇비타민C 120정
• 포기김치 5호 10kg	• 무농약 밤 4kg
• 연어회세트 200g	• 제주 고등어살 2kg

① 지희, 104,700원   ② 소미, 107,700원

③ 지희, 107,200원   ④ 소미, 128,600원

⑤ 지희, 128,600원

※ K기업은 본사 근무환경개선을 위해 공사를 시행할 업체를 선정하고자 한다. 다음 자료를 보고 이어지는 물음에 답하시오. **[12~13]**

〈공사 시행업체 신징 방식〉

• 평가점수는 적합성점수와 실적점수, 입찰점수를 1 : 2 : 1의 비율로 합산하여 도출한다.
• 평가점수가 가장 높은 업체 한 곳을 최종 선정한다.
• 적합성점수는 각 세부항목의 점수를 합산하여 도출한다.
• 입찰가격은 가장 낮은 곳부터 10점, 8점, 6점, 4점, 2점을 부여한다.
• 평가점수가 동일한 경우, 실적점수가 우수한 업체에 우선순위를 부여한다.

〈업체별 입찰정보 및 점수〉

평가항목	업체	A	B	C	D	E
적합성점수 (30점)	운영건전성 (8점)	8	6	8	5	7
	근무효율성개선 (10점)	8	9	6	7	8
	환경친화설계 (5점)	2	3	4	5	4
	미적만족도 (7점)	4	6	5	3	7
실적점수 (10점)	최근 2년 시공실적 (10점)	6	9	7	8	7
입찰점수 (10점)	입찰가격 (억 원)	7	10	11	8	9

※ 미적만족도 항목은 지난달에 시행한 내부 설문조사 결과에 기반함

12 공사 시행업체 선정 방식에 따라 시공업체를 선정할 때, 최종 선정될 업체는?

① A업체   ② B업체
③ C업체   ④ D업체
⑤ E업체

13 K기업은 근무환경개선이라는 취지를 살리기 위해 〈공사 시행업체 선정 방식〉을 다음과 같이 수정하였다고 한다. 수정된 선정방식에 따라 최종 선정될 업체는?

〈공사 시행업체 선정 방식〉

• 평가점수는 적합성점수와 실적점수, 가격점수를 1 : 1 : 1의 비율로 합산하여 도출한다.
• 적합성점수 평가항목 중 만점을 받은 세부항목이 있는 업체는 적합성점수 총점에 가점 2점을 부여한다.
• 적합성점수는 각 세부항목의 점수를 합산하여 도출한다.
• 입찰가격은 가장 낮은 곳부터 9점, 8점, 7점, 6점, 5점을 부여한다.
• 평가점수가 높은 순으로 두 업체를 중간 선정한다.
• 중간 선정된 업체 중 근무효율성개선점수가 가장 높은 업체를 선정한다.

---

① A업체   ② B업체
③ C업체   ④ D업체
⑤ E업체

※ 다음은 본부장 승진 대상자의 평가항목별 점수에 대한 자료이다. 주어진 자료를 보고 질문에 답하시오.
[14~15]

〈본부장 승진 대상자 평가 결과〉

대상자	외국어능력	필기	면접	해외 및 격오지 근무경력
A	8점	9점	10점	2년
B	9점	8점	8점	1년
C	9점	9점	7점	4년
D	10점	8.5점	8.5점	5년
E	7점	9점	8.5점	5년
F	8점	7점	10점	4년
G	9점	7점	9점	7년
H	9점	10점	8점	3년
I	10점	7.5점	10점	6년

14 다음 〈조건〉에 따라 승진 대상자 2명을 선발한다고 할 때, 선발된 직원으로 옳은 것은?

조건
• 외국어능력, 필기, 면접 점수를 합산해 총점이 가장 높은 대상자 2명을 선발한다.
• 총점이 동일한 경우 해외 및 격오지 근무경력이 많은 자를 우선 선발한다.
• 해외 및 격오지 근무경력 또한 동일할 경우 면접 점수가 높은 자를 우선 선발한다.

① A, H
② A, I
③ D, I
④ D, H
⑤ H, I

15 해외 및 격오지 근무자들을 우대하기 위해 〈조건〉을 다음과 같이 변경하였다면, 선발된 직원으로 옳은 것은?

조건
• 해외 및 격오지 근무경력이 4년 이상인 지원자만 선발한다.
• 해외 및 격오지 근무경력 1년당 1점으로 환산한다.
• 4개 항목의 총점이 높은 순서대로 선발하되, 총점이 동일한 경우 해외 및 격오지 근무경력이 높은 자를 선발한다.
• 해외 및 격오지 근무경력 또한 같은 경우 면접 점수가 높은 자를 우선 선발한다.

① C, F
② D, G
③ D, I
④ E, I
⑤ G, I

※ 다음은 K기업의 프로젝트 목록이다. 표를 보고 이어지는 질문에 답하시오. [16~18]

〈프로젝트별 진행 세부사항〉

프로젝트명	필요인원 (명)	소요기간 (개월)	기간	1인당 인건비 (만 원)	진행비 (만 원)
A	46	1	2월	130	20,000
B	42	4	2~5월	550	3,000
C	24	2	3~4월	290	15,000
D	50	3	5~7월	430	2,800
E	15	3	7~9월	400	16,200

※ 1인당 인건비는 프로젝트가 끝날 때까지의 1인당 총 인건비를 말함

16 모든 프로젝트를 완료하기 위해 필요한 최소 인원은 몇 명인가?(단, 프로젝트 참여자는 하나의 프로젝트를 끝내면 다른 프로젝트에 참여한다)

① 50명
② 65명
③ 92명
④ 107명
⑤ 117명

17 다음 중 K기업의 A~E프로젝트를 인건비가 가장 적게 드는 것부터 순서대로 나열한 것은?

① A-E-C-D-B
② A-E-D-B-C
③ A-E-D-C-B
④ E-A-C-B-D
⑤ E-C-A-D-B

18 K기업은 인건비와 진행비를 합산하여 프로젝트 비용을 산정하려고 한다. 다음 중 총 비용이 가장 적게 드는 프로젝트는?

① A프로젝트
② B프로젝트
③ C프로젝트
④ D프로젝트
⑤ E프로젝트

※ K기업은 모든 임직원에게 다음과 같은 규칙으로 사원번호를 부여한다. 이어지는 질문에 답하시오.
  [19~20]

〈사원번호 부여 기준〉

M	0	1	2	3	0	1	0	1
성별	부서		입사연도		입사월		입사순서	

- 사원번호 부여 순서 : [성별] – [부서] – [입사연도] – [입사월] – [입사순서]
- 성별 구분

남성	여성
M	W

- 부서 구분

총무부	인사부	기획부	영업부	생산부
01	02	03	04	05

- 입사연도 : 연도별 끝자리를 2자리 숫자로 기재(예 2025년 – 25)
- 입사월 : 2자리 숫자로 기재(예 5월 – 05)
- 입사순서 : 해당 월의 누적 입사순서(예 해당 월의 3번째 입사자 – 03)
※ K기업에 같은 날 입사자는 없음

19 다음 중 사원번호가 'W05240401'인 사원에 대한 설명으로 적절하지 않은 것은?

① 생산부서 최초의 여직원이다.
② 2024년에 입사하였다.
③ 4월에 입사한 여성이다.
④ 'M03240511' 사원보다 입사일이 빠르다.
⑤ 생산부서로 입사하였다.

20 다음 K기업의 2024년 하반기 신입사원 명단을 참고할 때, 기획부에 입사한 여성은 모두 몇 명인가?

M01240903	W03241005	M05240912	W05240913	W01241001	W04241009
W02240901	M04241101	W01240905	W03240909	M02241002	W03241007
M03240907	M01240904	W02240902	M04241008	M05241107	M01241103
M03240908	M05240910	M02241003	M01240906	M05241106	M02241004
M04241101	M05240911	W03241006	W05241105	W03241104	M05241108

① 2명
② 3명
③ 4명
④ 5명
⑤ 6명

※ 다음 〈조건〉을 보고 ?에 들어갈 도형을 고르시오. [21~22]

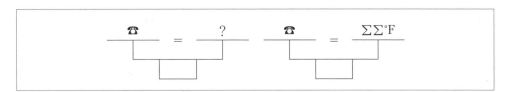

21

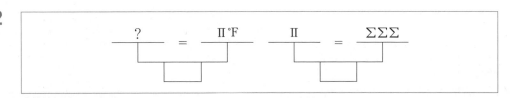

① °F°F°F°F

② Σ°F°F°F

③ ΣΣΣ°F

④ ΣΣ°F°F

⑤ Σ°F°F°FΣ

22

① °F°F°F°FΣΣ

② ΣΣΣ

③ ΣΣ°F°F

④ ΣΣ°F°F°F

⑤ °F°FΣΣ°F Σ

※ 다음 〈조건〉을 보고 ?에 들어갈 도형을 고르시오. [23~24]

조건

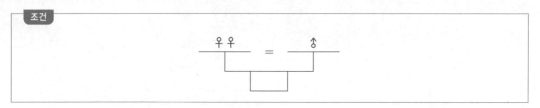

23

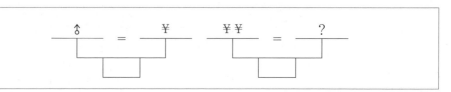

① ♂♂♂
② ♀♂♂
③ ♀♂♀♀
④ ♀♀♀
⑤ ♀♀♂

24

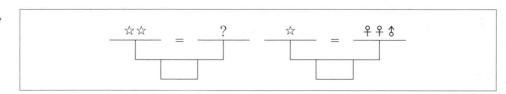

① ♀♀♀♀
② ♀♀♂♂
③ ♂♂♂♂
④ ♂♀♀♀
⑤ ♂♂♂♀

※ 다음 〈조건〉을 보고 ?에 들어갈 도형을 고르시오. [25~26]

조건

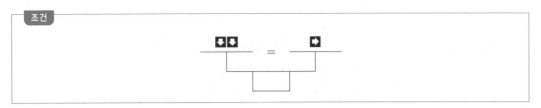

25

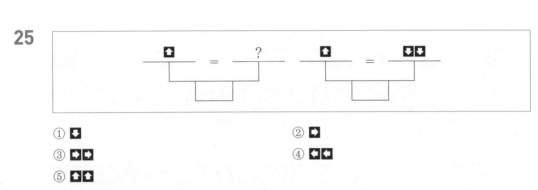

① ⬇️
② ➡️
③ ➡️➡️
④ ⬅️⬅️
⑤ ⬆️⬆️

26

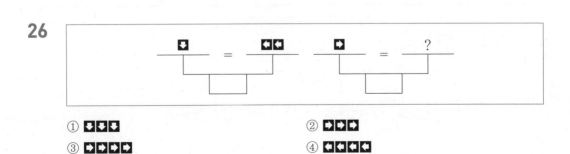

① ⬇️⬅️⬇️
② ➡️➡️➡️
③ ➡️➡️➡️
④ ⬅️⬅️⬅️
⑤ ➡️➡️⬅️

※ K기업은 상반기에 기술개발 R&D에서 우수한 성과를 보인 협력사에게 포상을 수여하고자 한다. 다음은 포상 수여 기준과 각 협력사에 대한 정보이다. 이어지는 질문에 답하시오. [27~28]

〈상반기 포상 수여 기준〉

- 상반기 포상 점수가 가장 높은 협력사 두 곳에 포상을 수여한다.
- 포상 점수는 기술개선 점수(35점), 실용화 점수(30점), 경영 점수(15점), 성실 점수(20점)를 합산하여 산출한다.
- 기술개선 점수
  - 기술개선 점수는 출원 점수와 등록 점수를 합산하여 산출한다.

출원특허 개수	0개	1 ~ 10개	11 ~ 20개	21개 이상
출원 점수	0점	5점	10점	15점
등록특허 개수	0개	1 ~ 5개	6 ~ 10개	11개 이상
등록 점수	0점	10점	15점	20점

- 실용화 점수
  - 실용화 점수는 상품화 단계에 따라 부여한다.

상품화 단계	연구 단계	상품개발 단계	국내출시 단계	수출개시 단계
실용화 점수	5점	15점	25점	30점

- 경영 점수
  - 경영 점수는 건전성 등급에 따라 부여한다.

건전성 등급	A등급	B등급	C등급	D등급
경영 점수	20점	15점	10점	0점

- 성실 점수
  - 성실 점수는 성과제출 성실도에 따라 부여한다.

성과제출 성실도	기한 내 제출	기한 미준수	미제출
성실 점수	20점	10점	0점

〈상반기 협력사 정보〉

구분	출원특허 개수	등록특허 개수	상품화 단계	건전성 등급	성과제출 성실도
A사	13개	11개	상품개발 단계	B등급	기한 내 제출
B사	8개	5개	연구 단계	A등급	기한 미준수
C사	21개	9개	상품개발 단계	B등급	기한 미준수
D사	3개	3개	수출개시 단계	C등급	기한 내 제출
E사	16개	9개	국내출시 단계	A등급	미제출

27 상반기 포상 수여 기준에 따라 협력사 중 두 곳에 포상을 수여할 때, 다음 중 포상을 받을 협력사끼리 바르게 짝지어진 것은?

① A사, B사   ② A사, D사

③ B사, C사   ④ B사, E사

⑤ D사, E사

28 상반기 포상 수여 기준에서 기술개선 점수, 성실 점수 부분이 다음과 같이 수정되었고, 동점업체 처리 기준이 추가되었다고 한다. 수정된 포상 수여 기준에 따라 포상을 수여할 협력사 두 곳을 선정할 때, 포상을 받을 협력사끼리 바르게 짝지어진 것은?

- 기술개선 점수
  - 기술개선 점수는 출원 점수와 등록 점수를 합산하여 산출한다.

출원특허 개수	0개	1 ~ 5개	6 ~ 15개	16개 이상
출원 점수	0점	10점	15점	20점
등록특허 개수	0개	1 ~ 10개	11 ~ 20개	20개 이상
등록 점수	0점	5점	10점	15점

- 성실 점수
  - 성실 점수는 상반기 성과제출 성실도에 따라 부여한다.

성과제출 성실도	기한 내 제출	기한 미준수	미제출
성실 점수	20점	15점	10점

- 포상 점수가 동점인 경우, 기술개선 점수가 더 높은 협력사를 선정한다.

① A사, D사   ② A사, E사

③ B사, C사   ④ B사, D사

⑤ D사, E사

※ 다음은 K기업의 계기판 검침 안내사항이다. 이어지는 질문에 답하시오. [29~30]

〈계기판 검침 안내사항〉

정기적으로 매일 오전 9시에 다음의 안내사항에 따라 검침을 하고 그에 따른 조치를 취하도록 한다.

계기판 A·B·C의 표준 수치		
계기판 A	계기판 B	계기판 C

[기계조작실]

1. 계기판을 확인하여 PSD 수치를 구한다.
   - Parallel Mode : PSD=(검침 시각 각 계기판 수치의 평균)
   - Serial Mode : PSD=(검침 시각 각 계기판 수치의 합)
   ※ 검침하는 시각에 실외 온도계의 온도가 영상이면 계기판 B는 고려하지 않음
   ※ 검침하는 시각에 실내 온도계의 온도가 20℃ 미만이면 Parallel Mode를, 20℃ 이상이면 Serial Mode를 적용함

2. PSD 수치 범위에 따라서 알맞은 버튼을 누른다.

수치	버튼
PSD ≤ 기준치	정상
기준치<PSD<기준치+5	경계
기준치+5≤PSD	비정상

※ 화요일과 금요일은 세 계기판의 표준 수치 합의 1/2을 기준치로 삼고, 나머지 요일은 세 계기판의 표준 수치 합을 기준치로 삼음(단, 온도에 영향을 받지 않음)

3. 기계조작실에서 버튼을 누르면 버튼에 따라 상황통제실의 경고등에 불이 들어온다.

버튼	경고등 색상
정상	녹색
경계	노란색
비정상	빨간색

[상황통제실]

들어온 경고등의 색을 보고 필요한 조치를 취한다.

경고등 색상	조치
녹색	정상가동
노란색	안전요원 배치
빨간색	접근제한 및 점검

29 목요일 오전 9시에 실외 온도계의 수치는 15℃이고 실내 온도계의 수치는 22℃이며, 계기판 수치
는 다음과 같았다. 눌러야 하는 버튼은 무엇이며, 이를 본 상황통제실에서는 다음 중 어떤 조치를
취해야 하는가?

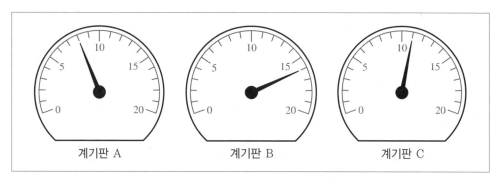

① 정상, 정상가동
② 정상, 안전요원 배치
③ 경계, 안전요원 배치
④ 비정상, 접근 제한 및 점검
⑤ 경계, 접근 제한 및 점검

30 화요일 오전 9시에 실외 온도계의 수치는 −3℃이고 실내 온도계의 수치는 15℃이며, 계기판 수치
는 다음과 같았다. 눌러야 하는 버튼은 무엇이며, 이를 본 상황통제실에서는 다음 중 어떤 조치를
취해야 하는가?

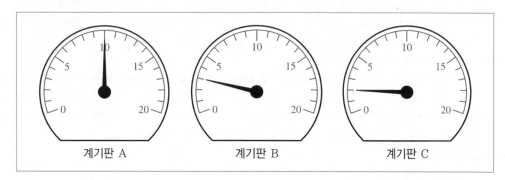

① 정상, 정상가동
② 정상, 안전요원 배치
③ 경계, 안전요원 배치
④ 비정상, 접근 제한 및 점검
⑤ 비정상, 안전요원 배치

☑ 응시시간 : 90분   ☑ 문항 수 : 150문항   정답 및 해설 p.054

| 01 | 언어이해

01 다음 기사문의 제목으로 가장 적절한 것은?

> 예전에 비해 많은 사람이 안전띠를 착용하지만, 우리나라의 안전띠 착용률은 여전히 매우 낮다. 2013년 일본과 독일에서 조사한 승용차 앞좌석 안전띠 착용률은 각각 98%와 97%를 기록했다. 하지만 같은 해 우리나라는 84.4%에 머물렀다. 특히 뒷좌석 안전띠 착용률은 19.4%로 OECD 국가 중 최하위에 머물렀다.
>
> K공단은 경기도 화성에 있는 자동차안전연구원에서 '부적절한 안전띠 착용 위험성 실차 충돌시험'을 실시했다. 국내에서 처음 시행한 이번 시험은 안전띠 착용 상태에서 안전띠를 느슨하게 풀어주는 장치 사용(성인·운전석), 안전띠 미착용 상태에서 안전띠 버클에 경고음 차단 클립 사용(성인·보조석), 뒷좌석에 놀이방 매트 설치 및 안전띠와 카시트 모두 미착용(어린이·뒷좌석) 총 세 가지 상황으로 실시했다.
>
> 성인 인체모형 2조와 3세 어린이 인체모형 1조를 활용해 승용 자동차가 시속 56km로 고정 벽에 정면충돌하도록 하였고, 충돌시험 결과 놀랍게도 안전띠의 부적절한 사용 시 중상 가능성이 최대 99.9%로, 안전띠를 제대로 착용했을 때보다 최대 9배 높게 나타났다.
>
> 충돌시험의 결과를 세 가지 상황별로 살펴보자. 먼저 안전띠를 느슨하게 풀어주는 장치를 사용할 경우다. 중상 가능성은 49.7%로, 올바른 안전띠 착용 시보다 약 5배 높게 나타났다. 느슨해진 안전띠로 인해 차량 충돌 시 탑승객을 효과적으로 구속하지 못하기 때문이다. 두 번째로 안전띠 경고음 차단 클립을 사용한 경우에는 중상 가능성이 80.3%로, 더욱 높아졌다. 에어백이 충격 일부를 흡수하기는 하지만 머리는 앞면 창유리에, 가슴은 크래시 패드에 심하게 부딪힌 결과다. 마지막으로 뒷좌석 놀이방 매트 위에 있던 3세 어린이 인체모형은 중상 가능성이 99.9%로, 생명에 치명적 위험을 초래하는 것으로 나타났다. 어린이 인체모형은 자동차 충격 때문에 튕겨 나가 앞좌석 등받이와 심하게 부딪혔고, 안전띠와 카시트를 착용한 경우보다 머리 중상 가능성이 99.9%, 가슴 중상 가능성이 93.9% 이상 높았다.
>
> 덧붙여 안전띠를 제대로 착용하지 않으면 에어백의 효과도 줄어든다는 사실을 알 수 있었다. 안전띠를 정상적으로 착용하지 않으면, 자동차 충돌 시 탑승자가 앞으로 튕겨 나가려는 힘을 안전띠가 효과적으로 막아주지 못한다. 이러한 상황에서 탑승자가 에어백과 부딪히면 에어백의 흡수 가능 충격량을 초과한 힘이 탑승자에게 가해져 상해율이 높아지는 것이다.

① 안전띠, 제대로 맵시다
② 우리나라 안전띠 착용률 OECD 국가 중 최하위
③ 안전띠 경고음 차단 클립의 위험성을 경고한다
④ 어린이는 차량 뒷좌석에 앉히세요
⑤ 우리 가족 안전수호대, 에어백과 안전띠의 특급 컬래버레이션

02 다음 글의 서술상 특징으로 가장 적절하지 않은 것은?

소비자의 권익을 위하여 국가가 집행하는 경쟁 정책은 본래 독점이나 담합 등과 같은 반경쟁적 행위를 국가가 규제함으로써 시장에서 경쟁이 활발하게 이루어지도록 하는 데 중점을 둔다. 이러한 경쟁 정책은 결과적으로 소비자에게 이익이 되므로, 소비자 권익을 보호하는 데 유효한 정책으로 인정된다. 경쟁 정책이 소비자 권익에 기여하는 모습은 생산적 효율과 배분적 효율의 두 측면에서 살펴볼 수 있다.

먼저, 생산적 효율은 주어진 자원으로 낭비 없이 더 많은 생산을 하는 것으로서, 같은 비용이면 더 많이 생산할수록, 같은 생산량이면 비용이 적을수록 생산적 효율이 높아진다. 시장이 경쟁적이면 개별 기업은 생존을 위해 비용 절감과 같은 생산적 효율을 추구하게 되고, 거기서 창출된 여력은 소비자의 선택을 받고자 품질을 향상시키거나 가격을 인하하는 데 활용될 것이다. 그리하여 경쟁 정책이 유발한 생산적 효율은 소비자 권익에 기여하게 된다. 물론 비용 절감의 측면에서는 독점 기업이 더 성과를 낼 수도 있겠지만, 꼭 이것이 가격 인하와 같은 소비자의 이익으로 이어지지는 않는다. 따라서 독점에 대한 감시와 규제는 지속적으로 필요하다.

다음으로 배분적 효율은 사람들의 만족이 더 커지도록 자원이 배분되는 것을 말한다. 시장이 독점 상태에 놓이면 영리 극대화를 추구하는 독점 기업은 생산을 충분히 하지 않은 채 가격을 올림으로써 배분적 비효율을 발생시킬 수 있다. 반면에 경쟁이 활발해지면 생산량 증가와 가격 인하가 수반되어 소비자의 만족이 더 커지는 배분적 효율이 발생한다. 그러므로 경쟁 정책이 시장의 경쟁을 통하여 유발한 배분적 효율도 소비자의 권익에 기여하게 된다.

경쟁 정책은 이처럼 소비자 권익을 위해 중요한 역할을 수행해 왔지만, 이것만으로 소비자 권익이 충분히 실현되지는 않는다. 시장을 아무리 경쟁 상태로 유지하더라도 여전히 남는 문제가 있기 때문이다. 우선, 전체 소비자를 기준으로 볼 때 경쟁 정책이 소비자 이익을 증진하더라도, 일부 소비자에게는 불이익이 되는 경우도 있다. 예를 들어, 경쟁 때문에 시장에서 퇴출된 기업의 제품은 사후 관리가 되지 않아 일부 소비자가 피해를 보는 일이 있다. 그렇다고 해서 경쟁 정책 자체를 포기하면 전체 소비자에게 불리한 결과가 되므로 국가는 경쟁 정책을 유지할 수밖에 없는 것이다. 다음으로 소비자는 기업에 대한 교섭력이 약하고, 상품에 대한 정보도 적으며, 충동구매나 유해 상품에도 쉽게 노출되기 때문에 발생하는 문제가 있다. 이를 해결하기 위해 상품의 원산지 공개나 유해 제품 회수 등의 조치를 생각해 볼 수 있지만 경쟁 정책에서 직접 다루는 사안이 아니다.

이런 문제들 때문에 소비자의 지위를 기업과 대등하게 하고 기업으로부터 입은 피해를 구제하여 소비자를 보호할 수 있는 별도의 정책이 요구되었고, 이 요구에 따라 수립된 것이 소비자 정책이다. 소비자 정책은 주로 기업들이 지켜야 할 소비자 안전 기준의 마련, 상품 정보 공개의 의무화 등의 조치와 같이 소비자 보호와 직접 관련 있는 사안을 대상으로 한다. 또한 충동구매나 유해 상품 구매 등으로 발생하는 소비자 피해를 구제하고, 소비자 교육을 실시하며, 기업과 소비자 간의 분쟁을 직접 해결해 준다는 점에서도 경쟁 정책이 갖는 한계를 보완할 수 있다.

① 문제점을 해결하기 위해 등장한 소비자 정책에 대해 설명한다.
② 소비자 권익을 위한 경쟁 정책과 관련된 다양한 개념을 정의한다.
③ 경쟁 정책이 소비자 권익에 기여하는 바를 두 가지 측면에서 나누어 설명한다.
④ 경쟁 정책의 소비자 권익 실현에 대한 한계를 나열한다.
⑤ 구체적인 수치를 언급하며 경쟁 정책의 문제점을 제시한다.

언택트란 접촉을 뜻하는 '콘택트(Contact)'에 부정을 뜻하는 '언(Un)'을 붙여 만든 신조어로서, 고객과 대면하지 않고 서비스나 상품을 판매하는 기술이 생활 속에서 확산되는 현상을 가리킨다. 쉽게 말해 키오스크(Kiosk), 드론, VR(가상현실) 쇼핑, 챗봇 등으로 대표되는 첨단 기술을 통해 사람 간의 대면 없이 상품이나 서비스를 주고받을 수 있게 된 것을 두고 '언택트'라고 하는 것이다. 최근 많은 기업과 기관에서 언택트를 핵심으로 한, 이른바 언택트 마케팅을 펼치고 있는데, 그 영역이 대면 접촉이 불가피했던 유통업계로까지 확장되면서 사람들의 관심을 모으고 있다.

어느새 우리 일상에 자리한 ㉠ 언택트 마케팅의 대표적인 예로 들 수 있는 것이 앞서 언급한 키오스크 무인 주문 시스템이다. 특히 패스트푸드 업계에서 키오스크가 대폭 확산 중인데, A업체는 2014년 처음 키오스크를 도입한 후 꾸준히 늘려가고 있고, B업체도 올해까지 전체 매장의 50% 이상인 250개 곳에 키오스크를 확대할 예정이다. 이러한 흐름은 패스푸드점에만 국한되는 것이 아니며, 더 진화한 형태로 다양한 업계에서 나타나고 있다. 최근 커피 전문점에서는 스마트폰 앱을 통해 주문과 결제를 완료한 후 매장에서 제품을 수령하기만 하면 되는 시스템을 구축해 나가고 있고, 마트나 백화점은 무인 시스템 도입을 가속화하는 것에서 한발 더 나아가 일찌감치 '쇼핑 도우미 로봇' 경쟁을 펼치고 있다.

이처럼 언택트 마케팅의 봇물이 터지는 이유는 무엇일까? 소비자들이 더 간편하고 편리한 것을 추구하는 데 따른 결과이기도 하지만, 판매 직원의 과도한 관심에 불편을 느끼는 소비자들이 늘고 있는 것도 한 요인으로 볼 수 있다. 특히 젊은 층에서 대면 접촉에 부담을 느끼는 경향이 두드러지는데, 이를 반영하듯 '관계'와 '권태기'를 합성한 신조어인 '관태기', 그리고 모바일 기기에 길들여진 젊은 층이 메신저나 문자는 익숙한 반면 전화 통화를 두려워한다는 뜻의 '콜포비아'란 신조어가 화제가 되기도 했다. 언택트 마케팅의 확산을 주도한 또 다른 요인으로는 인공지능(AI)과 빅데이터, 사물인터넷(IoT) 등 이른바 '4차 산업혁명'을 상징하는 기술의 진화를 꼽을 수 있다. 하지만 우리는 기술의 진화보다 소비자들이 언택트 기술에 익숙해지고, 나아가 편안하게 느끼기 시작했다는 것에 더 주목할 필요가 있다. 언택트 마케팅을 이해하고 전망하는 데 있어 결코 간과해선 안 될 것이 언택트 기술을 더 이상 낯설게 여기지 않는 인식이라는 이야기다.

언택트 기술의 보편화는 구매의 편의성을 높이고 소비자가 원하는 '조용한 소비'를 가능하게 한다는 점에서 긍정적으로도 볼 수 있으나, 일자리 감소와 같은 노동시장의 변화와 디지털 환경에 익숙하지 않은 고령층을 소외시키는 '언택트 디바이드(Untact Divide)'를 낳을 수 있다는 경고도 무시할 수 없다. 이와 관련해서 한 소비 트렌드 분석 센터는 '비대면 접촉도 궁극적으로는 인간이 중심이 되어야 한다.'며 굳이 인력이 필요하지 않은 곳은 기술로 대체하고, 대면 접촉이 필요한 곳에는 인력을 재배치하는 기술과 방법이 병행되어야 하며, 그에 따라 그동안 무료로 인식됐던 인적 서비스가 프리미엄화되면서 차별화의 핵심 요소로 등장하게 될 것이라는 전망을 내놓고 있다.

03 다음 중 윗글의 내용과 일치하지 않는 것은?

① 언택트 기술은 소비자가 원하는 '조용한 소비'를 가능하게 한다.

② 키오스크 무인 주문 시스템은 다양한 업계에서 더 진화한 형태로 나타나고 있다.

③ 소비자들은 언택트 기술을 더 이상 낯설게 여기지 않는다.

④ 될 수 있는 한 인력을 언택트 기술로 대체하여 인력 낭비를 줄여야 한다.

⑤ 언택트 마케팅은 대면 접촉이 불가피했던 유통업계로까지 확장되고 있다.

04 밑줄 친 ㉠의 확산 원인으로 적절하지 않은 것은?

① 더욱더 간편하고 편리한 것을 추구하는 소비자
② 판매 직원의 과도한 관심에 불편을 느끼는 소비자의 증가
③ 인공지능, 사물인터넷 등 기술의 진화
④ 대면 접촉에 부담을 느끼는 젊은 층의 경향
⑤ 디지털 환경에 익숙하지 않은 고령층의 증가

05 다음 중 밑줄 친 ㉠의 사례로 보기 어려운 것은?

① 화장품 매장의 '혼자 볼게요' 쇼핑 바구니
② 매장 내 상품의 정보를 알려주는 바코드 인식기
③ 무인 편의점의 지문을 통한 결제 시스템
④ 24시간 상담원과 통화 연결이 가능한 고객 상담 센터
⑤ 피부 상태를 체크하고 적합한 제품을 추천해주는 인공지능 어플

06 다음 글이 비판의 대상으로 삼는 주장으로 가장 적절한 것은?

경제 문제는 대개 해결이 가능하다. 대부분의 경제 문제에는 몇 개의 해결책이 있다. 그러나 모든 해결책은 누군가가 상당한 손실을 반드시 감수해야 한다는 특징을 갖고 있다. 하지만 누구도 이 손실을 자발적으로 감수하고자 하지 않으며, 우리의 정치제도는 누구에게도 이 짐을 짊어지라고 강요할 수 없다. 우리의 정치적·경제적 구조로는 실질적으로 제로섬(Zero-sum)적인 요소를 지니는 경제 문제에 전혀 대처할 수 없기 때문이다.

대개의 경제적 해결책은 대규모의 제로섬적인 요소를 갖기 때문에 큰 손실을 수반한다. 모든 제로섬 게임에는 승자가 있다면 반드시 패자가 있으며, 패자가 존재해야만 승자가 존재할 수 있다. 경제적 이득이 경제적 손실을 초과할 수도 있지만, 손실의 주체에게 손실의 의미란 상당한 크기의 경제적 이득을 부정할 수 있을 만큼 매우 중요하다. 어떤 해결책으로 인해 평균적으로 사회는 더 잘살게 될 수도 있지만, 이 평균이 훨씬 더 잘살게 된 수많은 사람과 훨씬 더 못살게 된 수많은 사람을 감춘다. 만약 당신이 더 못살게 된 사람 중 하나라면 내 수입이 줄어든 것보다 다른 누군가의 수입이 더 많이 늘었다고 해서 위안을 얻지는 않을 것이다. 결국 우리는 우리 자신의 수입을 보호하기 위해 경제적 변화가 일어나는 것을 막거나 혹은 사회가 우리에게 손해를 입히는 공공 정책이 강제로 시행되는 것을 막기 위해 싸울 것이다.

① 빈부 격차를 해소하는 것만큼 중요한 정책은 없다.
② 사회의 총생산량이 많아지게 하는 정책이 좋은 정책이다.
③ 경제 문제에서 모두가 만족하는 해결책은 존재하지 않는다.
④ 경제적 변화에 대응하는 정치제도의 기능에는 한계가 존재한다.
⑤ 경제 정책의 효율성을 높이는 방법은 일관성을 유지하는 것이다.

※ 다음 글을 읽고 물음에 답하시오. [7~8]

사회 현상을 볼 때는 돋보기로 세밀하게 그리고 때로는 멀리 떨어져서 전체 속에 어떻게 위치하고 있는가를 동시에 봐야 한다. 숲과 나무는 서로 다르지만 따로 떼어 생각할 수 없기 때문이다.

현대 사회 현상의 최대 쟁점인 과학 기술에 대해 평가할 때도 마찬가지이다. 로봇 탄생의 숲을 보면, 그 로봇 개발에 투자한 사람과 로봇을 개발한 사람의 의도가 드러난다. 그리고 나무인 로봇을 세밀히 보면, 그 로봇이 생산에 이용되는지 아니면 감옥의 죄수들을 감시하기 위한 것인지 그 용도를 알 수가 있다. 이 광범위한 기술의 성격을 객관적이고 물질적이어서 가치관이 없다고 쉽게 생각하면 로봇에 당하기 십상이다.

자동화는 자본주의의 실업자를 늘려 실업자에 대해 생계의 위협을 가하는 측면뿐 아니라, 기존 근로자에 대한 감시를 더욱 효율적으로 해내는 역할도 수행한다. 자동화를 적용하는 기업 측에서는 자동화가 인간의 삶을 증대시키는 이미지로 일반 사람들에게 인식되기를 바란다. 그래야 자동화 도입에 대한 노동자의 반발을 무마하고 기업가의 구상을 관철할 수 있기 때문이다. 그러나 자동화나 기계화 도입으로 인해 실업을 두려워하고, 업무 내용이 바뀌는 것을 탐탁해 하지 않았던 유럽의 노동자들은 자동화 도입에 대해 극렬히 반대했던 경험이 있다.

지금도 자동화·기계화는 좋은 것이라는 고정관념을 가진 사람이 많고, 현실에서 이러한 고정관념이 가져오는 파급 효과는 의외로 크다. 예를 들어 은행에 현금을 자동으로 세는 기계가 등장하면 은행원이 현금을 세는 작업량은 줄어든다. 손님들도 기계가 현금을 재빨리 세는 것을 보고 감탄하면서 은행원이 세는 것보다 더 많은 신뢰를 보낸다. 그러나 현금 세는 기계의 도입에는 이익 추구라는 의도가 숨어 있다. 현금 세는 기계는 행원의 수고를 덜어 준다. 그러나 현금 세는 기계를 들여옴으로써 실업자가 생기고 만다. 사람이 잘만 이용하면 잘 써먹을 수 있을 것만 같은 기계가 엄청나게 혹독한 성품을 지닌 프랑켄슈타인으로 돌변하는 것이다.

자동화와 정보화를 추진하는 핵심 조직이 기업이란 것에서도 알 수 있듯이 기업은 이윤 추구에 도움이 되지 않는 행위는 무가치하다고 판단한다. 그러므로 자동화는 그 계획 단계에서부터 기업의 의도가 스며들어 탄생한다. 또한 그 의도대로 자동화나 정보화가 진행되면, 다른 한편으로 의도하지 않은 결과를 초래한다. 자동화와 같은 과학 기술이 풍요를 생산하는 수단이라고 생각하는 것은 하나의 ㉠ 고정관념에 불과하다.

채플린이 제작한 영화 〈모던 타임즈〉에 나타난 것처럼 초기 산업화 시대에는 기계에 종속된 인간의 모습이 가시적으로 드러날 수밖에 없었다. 그래서 이러한 종속에 저항하고자 하는 인간의 노력도 적극적인 모습을 보였다. 그러나 현대의 자동화 기기는 그 선두가 정보 통신 기기로 바뀌면서 문제가 질적으로 달라진다. 무인 생산까지 진전된 자동화나 정보 통신화는 인간에게 단순 노동을 반복시키는 그런 모습을 보이지 않는다. 그 까닭에 정보 통신은 별 무리 없이 어느 나라에서나 급격하게 개발·보급되고 보편화되어 있다. 그런데 문제는 이 자동화 기기가 생산에만 이용되는 것이 아니라, 노동자를 감시하거나 관리하는 데도 이용될 수 있다는 것이다. 궁극적으로 정보 통신의 발달로 인해 이전보다 사람들은 더 많은 감시와 통제를 받게 되었다.

07 ㉠의 사례로 적절하지 않은 것은?

① 부자는 누구나 행복할 것이라고 믿는 경우이다.
② 고가의 물건이 항상 우수하다고 믿는 경우이다.
③ 구구단이 실생활에 도움을 준다고 믿는 경우이다.
④ 절약이 언제나 경제 발전에 도움을 준다고 믿는 경우이다.
⑤ 아파트가 전통 가옥보다 삶의 질을 높여준다고 믿는 경우이다.

08 윗글에 대한 비판적 반응으로 가장 적절한 것은?

① 기업의 이윤 추구가 사회 복지 증진과 직결될 수 있음을 간과하고 있어.

② 기계화·정보화가 인간의 삶의 질 개선에 기여하고 있음을 경시하고 있어.

③ 기계화를 비판하는 주장만 되풀이할 뿐, 구체적인 근거를 제시하지 않고 있어.

④ 화제의 부분적 측면에 관계된 이론을 소개하여 편향적 시각을 갖게 하고 있어.

⑤ 현대의 기술 문명이 가져다줄 수 있는 긍정적인 측면을 과장하여 강조하고 있어.

09 다음 글에서 다루고 있는 내용으로 적절하지 않은 것은?

> 관용 구절의 생성 유래로 먼저 사회·문화적 배경의 변화를 들 수 있다. 즉, 문자 그대로의 의미로 쓰이던 일반 구절이 사회·문화적 배경의 변화에 의하여 관용 구절이 되는 것이다. 또 이른 시기에 생성된 우리 고유의 관용 구절은 역사적 사건이나 옛 이야기, 고(古)기록, 근원 설화, 민담 등에서 유래된 경우가 많다.

① 여자가 시집을 간다는 의미를 지닌 '머리를 얹다.'

② 장한종의 어떤 신화에서 유래된 '학질을 떼다.'

③ 벼슬자리나 높은 지위에 오름을 의미하는 '감투를 쓰다.'

④ 지역 사회에서 있었던 특별한 이야기를 연원으로 하여 생성된 '남산골 샌님'

⑤ 이란투석(以卵投石)에서 유래된 '계란으로 바위 치기'

※ 다음 지문을 읽고 이어지는 질문에 답하시오. [10~11]

사람들은 은퇴 이후 소득이 급격하게 줄어드는 위험에 처할 수 있다. 이러한 위험이 발생할 경우 일정 수준의 생활(소득)을 보장해 주기 위한 제도가 공적연금 제도이다. 우리나라의 공적연금 제도에는 대표적으로 국민의 노후 생계를 보장해 주는 국민연금이 있다.

공적연금 제도는 강제가입을 원칙으로 한다. 연금은 가입자가 비용은 현재 지불하지만 그 편익은 나중에 얻게 된다. 그러나 사람들은 현재의 욕구를 더 긴박하고 절실하게 느끼기 때문에 불확실한 미래의 편익을 위해서 당장은 비용을 지불하지 않으려는 경향이 있다. 또한 국가는 사회보장 제도를 통하여 젊은 시절에 노후를 대비하지 않은 사람들에게도 최저 생계를 보장해준다. 이 경우 젊었을 때 연금에 가입하여 성실하게 납부한 사람들이 방만하게 생활한 사람들의 노후 생계를 위해 세금을 추가로 부담해야 하는 문제가 생긴다. 그러므로 국가가 나서서 강제로 연금에 가입하도록 하는 것이다.

공적연금 제도의 재원을 충당하는 방식은 연금 관리자의 입장과 연금 가입자의 입장에서 각기 다르게 나누어 볼 수 있다. 연금 관리자의 입장에는 '적립 방식'과 '부과 방식'의 두 가지가 있다.

'적립 방식'은 가입자가 낸 보험료를 적립해 기금을 만들고, 이 기금에서 나오는 수익으로 가입자가 납부한 금액에 비례하여 연금을 지급하지만, 연금액은 확정되지 않는다. '적립 방식'은 인구 구조가 변하더라도 국가는 재정을 투입할 필요가 없고, 받을 연금과 내는 보험료의 비율이 누구나 일정하므로 보험료 부담이 공평하다. 하지만 일정한 기금이 형성되기 전까지는 연금을 지급할 재원이 부족하므로, 제도 도입 초기에는 연금 지급이 어렵다. '부과 방식'은 현재 일하고 있는 사람들에게서 거둔 보험료로 은퇴자에게 사전에 정해진 금액만큼 연금을 지급하는 것이다. 이는 '적립 방식'과 달리 세대 간 소득 재분배 효과가 있으며, 제도 도입과 동시에 연금 지급을 개시할 수 있다는 장점이 있다. 다만 인구 변동에 따른 불확실성이 있다. 노인 인구가 늘어나 역삼각형의 인구 구조가 만들어질 때는 젊은 세대의 부담이 증가되어 연금 제도를 유지하기가 어려워질 수 있다.

연금 가입자의 입장에서는 납부하는 금액과 지급받을 연금액의 관계에 따라 '확정기여 방식'과 '확정급여 방식'으로 나눌 수 있다. 확정기여 방식은 가입자가 일정한 액수나 비율로 보험료를 낼 것만 정하고 나중에 받을 연금의 액수는 정하지 않는 방식이다. 이는 연금 관리자의 입장에서 보면 '적립 방식'으로 연금 재정을 운용하는 것이다. 그래서 이 방식은 이자율이 낮아지거나 연금 관리자가 효율적으로 기금을 관리하지 못하는 경우에 개인이 손실 위험을 떠안게 된다. 또한 물가가 인상되는 경우 확정기여에 따른 적립금의 화폐가치가 감소되는 위험도 가입자가 감수해야 한다.

확정급여 방식은 가입자가 얼마의 연금을 받을지를 미리 정해 놓고, 그에 따라 개인이 납부할 보험료를 정하는 방식이다. 이는 연금 관리자의 입장에서는 '부과 방식'으로 연금 재정을 운용하는 것이다. 나중에 받을 연금을 미리 정하면 기금 운용 과정에서 발생하는 투자의 실패는 연금 관리자가 부담하게 된다. 그러나 이 경우에도 물가 상승에 따른 손해는 가입자가 부담해야 하는 단점이 있다.

10 공적연금의 재원 충당 방식 중 '적립 방식'과 '부과 방식'을 비교한 내용으로 적절하지 않은 것은?

항목	적립 방식	부과 방식
① 연금 지급 재원	가입자가 적립한 기금	현재 일하는 세대의 보험료
② 연금 지급 가능 시기	일정한 기금이 형성된 이후	제도 시작 즉시
③ 세대 간 부담의 공평성	세대 간 공평성 미흡	세대 간 공평성 확보
④ 소득 재분배 효과	소득 재분배 어려움	소득 재분배 가능
⑤ 인구 변동 영향	받지 않음	받음

11 윗글의 독자가 〈보기〉의 상황에 대하여 보일 반응으로 적절하지 않은 것은?

> 보기
>
> ○○회사는 이번에 공적연금 방식을 준용하여 퇴직연금 제도를 새로 도입하기로 하였다. 이에 회사는 직원들이 퇴직연금 방식을 확정기여 방식과 확정급여 방식 중에서 선택할 수 있도록 하였다.

① 확정기여 방식은 부담금이 공평하게 나눠지는 측면에서 장점이 있어.

② 확정기여 방식은 기금을 운용할 회사의 능력에 따라 나중에 받을 연금액이 달라질 수 있어.

③ 확정기여 방식은 기금의 이자 수익률이 물가 상승률보다 높으면 연금액의 실질적 가치가 상승할 수 있어.

④ 확정급여 방식은 물가가 많이 상승하면 연금액의 실질적 가치가 하락할 수 있어.

⑤ 확정급여 방식은 투자 수익이 부실할 경우 가입자가 보험료를 추가로 납부해야 하는 문제가 있어.

예술 작품에 대한 감상이나 판단은 주관적이라 할 수 있다. 그렇다고 하더라도 어떤 사람의 감상이나 판단은 다른 사람들보다 더 좋거나 나쁠 수도 있지 않을까? 혹은 덜 발달되었을 수도, 더 세련되었을 수도 있지 않을까? 이러한 의문과 관련하여 우리는 흄(D. Hume)의 설명을 참조할 수 있다.

흄은 예술적인 판단이란, 색이나 맛과 같은 지각 가능한 성질에 대한 판단과 유사하다고 하면서, ㉮『돈키호테』에 나오는 이야기를 소개한다. 마을 사람들이 포도주를 즐기고 있었는데 두 명의 '전문가'가 불평을 한다. 한 사람은 쇠 맛이 살짝 난다고 했고 또 다른 사람은 가죽 맛이 향을 망쳤다고 했다. 마을 사람들은 그들을 비웃었지만, 포도주 통 밑바닥에서 가죽끈에 묶인 녹슨 열쇠가 발견되었다. 이 전문가들은 마을 사람들이 느낄 수 없었던 포도주 맛의 요소들을 식별해낸 셈이다.

이는 예술적인 식별과 판단에서도 마찬가지이다. 훈련받지 못한 사람은 서로 다른 악기의 소리나 화음의 구성을 구별해낼 수 없을 것이다. 또한 구도나 색 또는 명암의 대비, 중요한 암시를 알아내기 어려울 것이다. 이런 것들은 다양한 작품을 감상하고 세련된 감수성을 지닌 사람들의 말을 들음으로써, 또는 좋은 비평을 읽음으로써 계발될 수 있다. 이처럼 예술적 판단이나 식별이 계발될 수 있다 해도 의문은 남는다. 포도주의 맛을 알아챈 전문가들에게는 가죽끈에 녹슨 열쇠가 있었지만, 예술 비평가들의 판단이나 식별이 올바르다는 것은 어떻게 알 수 있는가?

이 질문에 답하기 위해 흄은 '진정한 판관(True Judge)'이라는 개념을 제안했다. 흄이 말한 진정한 판관은, 세련된 감수성과 섬세한 감각을 가졌으며 부단한 연습과 폭넓은 경험으로 식별력을 키운 사람이다. 그리고 편견이나 편애와 같은 작품 외적 요소들에서 벗어나 있으며, 당대의 일시적인 유행에도 거리를 두고 작품을 볼 수 있는 사람이다. 이러한 조건들을 갖추었을 때 그는 비로소 예술 작품을 식별하고 평가할 수 있는 자격을 얻게 된다. 또한 흄은 '시간의 테스트'를 넘어서, 즉 시간과 공간의 장벽을 가로질러 그 가치를 인정받는 작품들에 주목하였다. 다양한 시대와 문화, 태도들의 차이가 있음에도 불구하고, 그 작품들의 진정한 가치를 알아보고 그것에 매혹되어 온 최고의 비평가들이 있었다.

이처럼 예술 비평가들의 판단과 식별의 타당성은 이들이 갖춘 비평가로서의 자격, 이들이 알아보고 매혹된 위대한 작품들의 존재를 통해서 입증될 수 있다는 것이다. 이러한 흄의 생각은 분명 그럴듯한 점이 있다. 우리가 미켈란젤로와 카라바조, 고야, 렘브란트의 작품을 그 작품들이 창조된 지 수백 년이 지난 후에도 여전히 감상하고 있다는 사실은 그 작품이 지닌 힘과 위대함을 증명해준다.

그렇지만 또 하나의 의문이 여전히 남는다. ㉯자격을 갖춘 비평가들, 심지어는 최고라고 평가받는 비평가들에게서조차 비평의 불일치가 생겨난다는 점이다. 흄은 이러한 불일치를 낳는 두 개의 근원을 지적했는데, 비평 개인의 성격적인 기질의 차이가 그 하나이다. 또한 자격을 갖춘 비평가라 할지라도 자기 시대의 특정한 믿음이나 태도, 가정들에서 완전히 자유로울 수는 없기 때문에 불일치가 생겨난다고 하였다. 이에 따르면 살아 있던 당시에는 갈채를 받았던 예술가의 작품이 시간이 흐르면서 왜 역사의 뒤안길로 사라지곤 하는지도 설명할 수 있다. 평범한 사람에게든 자격을 갖춘 비평가에게든 그런 작품들이 당시의 사람들에게 가졌던 호소력은, 그 시대에만 특별했던 태도나 가정에 의존했을 가능성이 크기 때문이다.

12 다음 중 제시된 글의 전개 방식에 대한 설명으로 가장 적절한 것은?

① 흄의 견해를 순차적으로 소개한 후 비판적으로 평가하고 있다.

② 의문들을 제기하면서 흄의 견해에 근거하여 순차적으로 답변하고 있다.

③ 제기된 의문들과 관련하여 흄의 견해가 변화해 가는 과정을 밝히고 있다.

④ 흄의 견해에 근거하여 통상적인 의문들에 내포된 문제점을 고찰하고 있다.

⑤ 흄의 견해에 근거하여 제기된 의문들에 대한 기존의 답변들을 비판하고 있다.

13 다음 중 ㉠에서 ㉡에 해당하는 내용으로 볼 수 있는 것은?

① 마을 사람들은 전문가들의 진단을 비웃었다.

② 마을 사람들은 포도주 맛의 요소들을 식별하지 못했다.

③ 포도주 통 밑바닥에서 가죽끈에 묶인 녹슨 열쇠가 발견되었다.

④ 포도주의 이상한 맛에 대한 전문가들의 원인 진단이 서로 달랐다.

⑤ 마을 사람들과는 달리 전문가들은 포도주 맛에 대해 불평을 했다.

행동경제학은 기존의 경제학과 다른 시선으로 인간을 바라본다. 기존의 경제학은 인간을 철저하게 합리적이고 이기적인 존재로 상정(想定)하여, 인간은 시간과 공간에 관계없이 일관된 선호를 보이며 효용을 극대화하는 방향으로 선택을 한다고 본다. 그래서 기존의 경제학자들은 인간의 행동이 예측 가능하다는 것을 전제(前提)로 경제 이론을 발전시켜 왔다. 반면 행동경제학에서는 인간이 제한적으로 합리적이고 감성적인 존재라고 보며, 처한 상황에 따라 선호가 바뀌기 때문에 그 행동을 예측하기 어렵다고 생각한다. 또한 인간은 효용을 극대화하기보다는 어느 정도 만족하는 선에서 선택을 한다고 본다. 행동경제학은 기존의 경제학이 가정하는 인간관을 지나치게 이상적이고 비현실적이라고 비판한다. 그래서 행동경제학은 인간이 때로는 이타적인 행동을 하고 비합리적인 행동을 하는 존재라는 점을 인정하며, 현실에 실재(實在)하는 인간을 연구 대상으로 한다.

행동경제학에서 사용하는 용어인 '휴리스틱'은 인간의 제한된 합리성을 잘 보여준다. 휴리스틱은 사람들이 판단을 내리거나 결정을 할 때 사용하는 주먹구구식의 어림짐작을 말한다. 휴리스틱에는 다양한 종류가 있는데, 그중 하나가 ㉠ 기준점 휴리스틱이다. 이것은 외부에서 기준점이 제시되면 사람들은 그것을 중심으로 제한된 판단을 하게 되는 것을 뜻한다. 가령 '폭탄 세일! 단, 1인당 5개 이내'라는 광고 문구를 내세워 한 사람의 구입 한도를 5개로 제한하면 1개를 사려고 했던 소비자도 충동구매를 하게 되는 경우가 많다. 이것은 5라는 숫자가 기준점으로 작용했기 때문이다. 감정 휴리스틱은 이성이 아닌 감성이 선택에 영향을 미치는 경향을 뜻한다. 수많은 제품에 'New, Gold, 프리미엄'과 같은 수식어를 붙이는 이유는 사람들의 감성을 자극하는 감정 휴리스틱을 활용한 마케팅과 관련이 있다.

사람들은 불확실한 일에 대해 의사 결정을 할 때 대개 위험을 회피하려는 경향을 보인다. 행동경제학에서는 이를 '손실 회피성'으로 설명한다. 손실 회피성은 사람들이 이익과 손실의 크기가 같더라도, 이익에서 얻는 효용보다 손실에서 느끼는 비효용을 더 크게 생각하여 손실을 피하려고 하는 성향을 말한다. 예를 들어, 천 원이 오르거나 내릴 확률이 비슷한 주식이 있을 경우, 많은 사람은 이것을 사려 하지 않는다고 한다. 천 원을 얻는 만족보다 천 원을 잃는 고통을 더 크게 느끼기 때문이다. 이런 심리로 인해 사람들은 손실을 능가하는 충분한 이익이 없는 한, 현재 상태를 유지하는 쪽으로 편향(偏向)된 선택을 한다고 한다. 실험 결과에 따르면, 사람들이 손실에서 느끼는 불만족은 이익에서 얻는 만족보다 2배 이상 크다고 한다.

행동경제학자들의 연구는 심리학적 관점에서 인간의 경제 행위를 분석함으로써, 인간의 본성을 거스르지 않는 의사 결정을 하게 하는 좋은 단서(端緒)를 제공할 수 있을 것으로 기대된다.

14 다음 중 윗글의 내용에 대한 이해로 적절하지 않은 것은?

① 사람들은 불확실한 일에 대해 의사 결정을 할 때 손실 회피성을 보인다.

② 휴리스틱은 인간의 경제 행위를 예측하기 어렵게 하는 요인 중 하나이다.

③ 사람들은 손실보다 이익이 크지 않으면 현재 상태를 유지하려는 경향을 보인다.

④ 행동경제학은 심리학과 경제학을 접목하여 현실에 실재하는 인간을 연구하는 학문이다.

⑤ 사람들은 이익과 손실의 크기가 같더라도 손실보다 이익을 2배 이상 크게 생각하는 성향이 있다.

15 다음 중 ㉠을 활용한 사례로 가장 적절한 것은?

① 신제품에 기존의 제품과 유사한 상표명을 사용하여 소비자가 쉽게 제품을 연상하게 하는 경우

② 친숙하고 호감도가 높은 유명 연예인을 내세운 광고로 소비자가 그 제품을 쉽게 수용하게 하는 경우

③ 시장에 일찍 진입하여 인지도가 높은 제품을 소비자가 그 업종을 대표하는 제품이라고 인식하게 하는 경우

④ 정가와 판매 가격을 같이 제시하여 소비자가 제품을 정가에 비해 상대적으로 싼 판매 가격으로 샀다고 느끼게 하는 경우

⑤ 제품을 구입할 의사가 없던 소비자에게 일정 기간 동안 사용할 기회를 준 다음에 제품의 구입 여부를 선택하게 하는 경우

PART 2

16 다음 글에 이어질 내용으로 가장 적절한 것은?

> 책은 벗입니다. 먼 곳에서 찾아온 반가운 벗입니다. 배움과 벗에 관한 이야기는 『논어』의 첫 구절에도 있습니다. '배우고 때때로 익히니 어찌 기쁘지 않으랴. 벗이 먼 곳에서 찾아오니 어찌 즐겁지 않으랴.'가 그런 뜻입니다. 그러나 오늘 우리의 현실은 그렇지 못합니다. 인생의 가장 빛나는 시절을 수험 공부로 보내야 하는 학생들에게 독서는 결코 반가운 벗이 아닙니다. 가능하면 빨리 헤어지고 싶은 불행한 만남일 뿐입니다. 밑줄 그어 암기해야 하는 독서는 진정한 의미의 독서가 못됩니다.

① 진정한 독서의 방법

② 친밀한 교우 관계의 중요성

③ 벗과 함께하는 독서의 즐거움

④ 반가운 벗과 반갑지 않은 벗의 구분

⑤ 현대인의 독서량 감소 원인

※ 다음 문장을 논리적 순서대로 바르게 나열한 것을 고르시오. [17~18]

17

> (가) 초연결사회(Hyper Connected Society)란 사람, 사물, 공간 등 모든 것들이 인터넷으로 서로 연결돼, 모든 것에 대한 정보가 생성 및 수집되고 공유·활용되는 것을 말한다. 즉, 모든 사물과 공간에 새로운 생명이 부여되고 이들의 소통으로 새로운 사회가 열리고 있는 것이다.
>
> (나) 최근 '초연결사회'란 말을 주위에서 심심치 않게 들을 수 있다. 인터넷을 통해 사람 간의 연결은 물론 사람과 사물, 심지어 사물 간의 연결 등 말 그대로 '연결의 영역 초월'이 이뤄지고 있다.
>
> (다) 나아가 초연결사회는 단지 기존의 인터넷과 모바일 발전의 맥락이 아닌 우리가 살아가는 방식 전체, 즉 사회의 관점에서 미래 사회의 새로운 패러다임으로 큰 변화를 가져올 전망이다.
>
> (라) 초연결사회에서는 인간 대 인간은 물론, 기기와 사물 같은 무생물 객체끼리도 네트워크를 바탕으로 상호 유기적인 소통이 가능해진다. 컴퓨터, 스마트폰으로 소통하던 과거와 달리 초연결 네트워크로 긴밀히 연결되어 오프라인과 온라인이 융합되고, 이를 통해 새로운 성장과 가치 창출의 기회가 증가할 것이다.

① (가) – (나) – (다) – (라)　　　　② (가) – (나) – (라) – (다)
③ (나) – (가) – (다) – (라)　　　　④ (나) – (가) – (라) – (다)
⑤ (다) – (나) – (가) – (라)

18

> (가) 1970년 이후 적정기술을 기반으로 많은 제품이 개발되어 현지에 보급되어 왔지만, 그 성과에 대해서는 여전히 논란이 있다.
>
> (나) 적정기술은 새로운 기술이 아닌 우리가 알고 있는 여러 기술 중의 하나로, 어떤 지역의 직면한 문제를 해결하는 데 적절하게 사용된 기술이다.
>
> (다) 빈곤 지역의 문제 해결을 위해서는 기술 개발 이외에도 지역 문화에 대한 이해와 현지인의 교육까지도 필요하다.
>
> (라) 이는 기술의 보급만으로는 특정 지역의 빈곤 탈출과 경제적 자립을 이룰 수 없기 때문이다.

① (가) – (나) – (다) – (라)　　　　② (가) – (라) – (나) – (다)
③ (나) – (가) – (라) – (다)　　　　④ (나) – (다) – (라) – (가)
⑤ (나) – (라) – (나) – (가)

※ 다음 빈칸에 들어갈 내용으로 가장 적절한 것을 고르시오. [19~20]

19

> 중세 이전에는 예술가와 장인의 경계가 분명치 않았다. 화가들도 당시에는 왕족과 귀족의 주문을 받아 제작하는 일종의 장인 취급을 받아왔다. 근대에 접어들면서 예술은 독창적인 창조 활동으로 존중받게 되었고, 아름다움의 가치를 만들어내는 예술가들의 독창성이 인정받게 된 것이다. 그리고 이 가치의 중심에 작가가 있다. 작가가 담려 했던 의도, 그것이 바로 아름다움을 창조하는 예술의 가치인 셈이다. 예술 작품은 작가의 의도를 담고 있고, 작가의 의도가 없다면 작품은 만들어질 수 없다. 이것이 작품에 포함된 작가의 권위를 인정해야 하는 이유이다.
>
> 또한 예술은 예술가가 표현하고자 하는 것을 창작해내는 그 과정 자체로 완성되는 것이지 독자의 해석으로 완성되는 게 아니다. 설사 작품을 감상하고 해석해 줄 독자가 없어도 예술은 그 자체로 가치 있는 법이다. 예술가는 독자를 위해 작품을 창작하는 것이 아니라 자신의 열정과 열망으로 표현하고자 하는 바를 표현해내는 것이다. 물론 예술 작품을 해석하고 이해하는 데에 독자의 역할도 분명 존재하고 필요한 것이 사실이다. 하지만 그렇다고 해도 이는 예술적 가치가 있는 작품에서 파생된 2차적인 활동이지 작품을 새롭게 완성하는 창조적 활동이라고 보기 어렵다. 따라서 독자의 수용과 이해는 _____

① 독자가 가지고 있는 작품에 대한 사전 정보에 따라 다르게 나타날 것이다.

② 작품에 담긴 아름다움의 가치를 독자가 나름대로 해석하는 활동으로 볼 수 있다.

③ 권위가 높은 작가의 작품에서 더욱 다양하게 나타난다.

④ 작가의 의도와 작품을 왜곡하지 않는 범위에서 이루어져야 한다.

⑤ 작품이 만들어진 시대적 배경과 문화적 배경을 고려하여야 한다.

20

> 글을 쓰다 보면 어휘력이 부족하여 적당한 단어를 찾지 못하고 고민을 하는 경우가 많이 있다. 특히 사용 빈도가 낮은 단어들은 일상적인 회화 상황에서 자연스럽게 익힐 기회가 적다. 대개 글에서는 일상적인 회화에서 사용하는 것보다 훨씬 고급 수준의 단어를 많이 사용하게 되므로 이런 어휘력 습득은 광범위한 독서를 통해서 가능하다. _____

① 그러므로 평소 국어사전을 활용하여 어휘력을 습득하는 습관이 필요하다.

② 그러므로 사용 빈도가 낮은 단어들은 사용하지 않는 것이 좋다.

③ 그러므로 고급 수준의 단어들을 사용하는 것보다는 평범한 단어를 사용하는 것이 의미 전달을 분명히 한다.

④ 그러므로 평소에 수준 높은 좋은 책들을 많이 읽는 것이 필요하다.

⑤ 그러므로 독서보다는 자기 학습을 통해 어휘력을 습득해야 한다.

21 다음 글을 읽고 추론한 내용으로 가장 적절한 것은?

세계대전이 끝난 후 미국의 비행기 산업이 급속도로 성장하기 시작하자 영국과 프랑스 정부는 미국을 견제하기 위해 초음속 여객기인 콩코드를 함께 개발하기로 결정했다. 양국의 지원을 받으며 탄생한 콩코드는 일반 비행기보다 2배 빠른 마하 2의 속도로 비행하면서 평균 8시간 걸리는 파리 ~ 뉴욕 구간을 3시간대에 주파할 수 있게 되었다. 그러나 콩코드의 낮은 수익성이 문제가 되었다. 콩코드는 일반 비행기에 비해 많은 연료가 필요했고, 몸체가 좁고 길어 좌석 수도 적었다. 일반 비행기에 300명 정도를 태울 수 있었다면 콩코드는 100명 정도만 태울 수 있었다. 연료 소비량은 많은데 태울 수 있는 승객 수는 적으니 당연히 항공권 가격은 비싸질 수밖에 없었다. 좁은 좌석임에도 불구하고 가격은 일반 항공편의 퍼스트 클래스보다 3배 이상 비쌌고 이코노미석 가격의 15배에 달했다. 게다가 2000년 7월 파리발 뉴욕행 콩코드가 폭발하여 100명의 승객과 9명의 승무원 전원이 사망하면서 큰 위기가 찾아왔다. 수많은 고위층과 부자들이 한날한시에 유명을 달리함으로써 세계 언론의 관심이 쏠렸고 콩코드의 안전성에 대한 부정적인 시각이 팽창했다. 이후 어렵게 운항을 재개했지만, 승객 수는 좀처럼 늘지 않았다. 결국 유지비를 감당하지 못한 영국과 프랑스의 항공사는 27년 만에 운항을 중단하게 되었다.

① 영국과 프랑스는 전쟁에서 사용하기 위해 초음속 여객기 콩코드를 개발했군.
② 일반 비행기가 파리 ~ 뉴욕 구간을 1번 왕복하는 동안 콩코드는 최대 4번 왕복할 수 있겠군.
③ 콩코드의 탑승객 수가 늘어날수록 많은 연료가 필요했겠군.
④ 결국 빠른 비행 속도가 콩코드 폭발의 원인이 되었군.
⑤ 콩코드는 주로 돈이 많은 고위층이나 시간이 부족한 부유층이 이용했겠군.

22 다음 글의 요지로 가장 적절한 것은?

80대 20 법칙, 2대 8 법칙으로 불리기도 하는 파레토 법칙은 전체 결과의 80%가 전체 원인의 20%에서 일어나는 현상을 가리킨다. 결국 크게 수익이 되는 것은 20%의 상품군, 그리고 20%의 구매자이기에 이들에게 많은 역량을 집중할 필요가 있다는 것으로, 이른바 선택과 집중이라는 경영학의 기본 개념으로 자리 잡아 왔다.
하지만 파레토 법칙은 현상에 붙은 이름일 뿐 법칙의 필연성을 설명하진 않으며, 그 적용이 쉬운 만큼 내부의 개연성을 명확하게 파악하지 않으면 오용될 여지가 다분하다는 문제점을 지니고 있다. 예컨대 상위권 성적을 지닌 20%의 학생을 한 그룹으로 모아놓는다고 해서 그들의 80%가 갑작스레 공부를 중단하진 않을 것이며, 20%의 고객이 80%의 매출에 기여하므로 백화점 찾는 80%의 고객들을 홀대해도 된다는 비약으로 이어질 수 있기 때문이다.

① 파레토 법칙은 80%의 고객을 경원시하는 법칙이다.
② 파레토 법칙을 함부로 여러 사례에 적용해서는 안 된다.
③ 파레토 법칙은 20%의 주요 구매자를 찾아내는 데 유효한 법칙이다.
④ 파레토 법칙은 보다 효율적인 판매 전략을 세우는 데 도움을 준다.
⑤ 파레토 법칙을 제외하면 전반적인 사례를 분석하는 데 용이해진다.

23 다음 글의 중심 내용으로 가장 적절한 것은?

쇼펜하우어에 따르면 우리가 살고 있는 세계의 진정한 본질은 의지이며, 그 속에 있는 모든 존재는 맹목적인 삶에의 의지에 의해서 지배당하고 있다. 쇼펜하우어는 우리가 일상적으로 또는 학문적으로 접근하는 세계는 단지 표상의 세계일 뿐이라고 주장하는데, 인간의 이성은 단지 이러한 표상의 세계만을 파악할 수 있을 뿐이다. 그에 따르면 존재하는 세계의 모든 사물들은 우선적으로 표상으로서 드러나게 된다. 시간과 공간 그리고 인과율에 의해서 파악되는 세계가 나의 표상인데, 이러한 표상의 세계는 오직 나에 의해서, 즉 인식하는 주관에 의해서만 파악되는 세계이다. 쇼펜하우어에 따르면 이러한 주관은 모든 현상의 세계, 즉 표상의 세계에서 주인의 역할을 하는 '나'이다.

이러한 주관을 이성이라고 부를 수도 있는데, 이성은 표상의 세계를 이끌어가는 주인공의 역할을 하는 것이다. 그러나 쇼펜하우어는 여기서 한발 더 나아가 표상의 세계에서 주인의 역할을 하는 주관 또는 이성은 의지의 지배를 받는다고 주장한다. 즉, 쇼펜하우어는 이성에 의해서 파악되는 세계의 뒤편에는 참된 본질적 세계인 의지의 세계가 있으므로 표상의 세계는 제한적이며 표면적인 세계일 뿐, 이성에 의해서 또는 주관에 의해서 결코 파악될 수 없다고 주장한다. 오히려 그는 그동안 인간이 진리를 파악하는 데 최고의 도구로 칭송받던 이성이나 주관을 의지에 끌려 다니는 피지배자일 뿐이라고 비판한다.

① 세계의 본질로서 의지의 세계
② 표상 세계의 극복과 그 해결 방안
③ 의지의 세계와 표상의 세계 간의 차이
④ 세계의 주인으로서 주관의 표상 능력
⑤ 표상 세계 안에서의 이성의 역할과 한계

24 다음 주장에 대한 반박으로 가장 적절한 것은?

고전적 귀납주의는 경험적 증거가 배제하지 않는 가설들 사이에서 선택을 가능하게 해 준다. 고전적 귀납주의는 특정 가설에 부합하는 경험적 증거가 많을수록 그 가설이 더욱 믿을 만하게 된다고 주장한다. 이에 따르면 우리는 관련된 경험적 증거 전체를 고려하여 가설을 선택할 수 있다. 예를 들어, 비슷한 효능이 기대되는 두 신약 중 어느 것을 건강보험 대상 약품으로 지정할 것인지를 결정하는 경우를 생각해 보자. 고전적 귀납주의는 우리가 두 신약에 대한 다양한 임상 시험 결과를 종합적으로 고려해서 긍정적 결과를 더 많이 얻은 신약을 선택해야 한다고 조언한다.

① 가설의 신뢰도가 높아지려면 가설에 부합하는 새로운 증거가 계속 등장해야 한다.
② 경험적 증거가 여러 가설에 부합하는 경우 아무런 도움이 되지 않는다.
③ 가설로부터 도출된 예측과 경험적 관찰이 모순되는 가설은 배제해야 한다.
④ 가설의 신뢰도가 경험적 증거로 인하여 얼마나 높아지는지를 정량적으로 판단할 수 없다.
⑤ 가설 검증을 통해서만 절대적 진리에 도달할 수 있다.

25 다음 글의 주장에 대한 비판으로 가장 적절한 것은?

> 고대 그리스 시대의 사람들은 신에 의해 우주가 운행된다고 믿는 결정론적 세계관 속에서 신에 대한 두려움이나 신이 야기한다고 생각되는 자연재해나 천체 현상 등에 대한 두려움을 떨치지 못했다. 에피쿠로스는 당대의 사람들이 이러한 잘못된 믿음에서 벗어나도록 하는 것이 중요하다고 보았고, 이를 위해 인간이 행복에 이를 수 있도록 자연학을 바탕으로 자신의 사상을 전개하였다.
>
> 에피쿠로스는 신의 존재는 인정하나 신의 존재 방식이 인간이 생각하는 것과는 다르다고 보고, 신은 우주들 사이의 중간 세계에 살며 인간사에 개입하지 않는다는 이신론적(理神論的) 관점을 주장한다. 그는 불사하는 존재인 신이 최고로 행복한 상태이며, 다른 어떤 것에게도 고통을 주지 않고, 모든 고통은 물론 분노와 호의와 같은 것으로부터 자유롭다고 말한다. 따라서 에피쿠로스는 인간의 세계가 신에 의해 결정되지 않으며, 인간의 행복도 자율적 존재인 인간 자신에 의해 완성된다고 본다.
>
> 한편 에피쿠로스는 인간의 영혼도 육체와 마찬가지로 미세한 입자로 구성된다고 본다. 영혼은 육체와 함께 생겨나고 육체와 상호작용하며 육체가 상처를 입으면 영혼도 고통을 받는다. 더 나아가 육체가 소멸하면 영혼도 함께 소멸하게 되어 인간은 사후(死後)에 신의 심판을 받지 않으므로, 살아있는 동안 인간은 사후에 심판이 있다고 생각하여 두려워할 필요가 없게 된다. 이러한 생각은 인간으로 하여금 죽음에 대한 모든 두려움에서 벗어나게 하는 근거가 된다.

① 신은 우리가 생각하는 것처럼 인간 세계에 대해 그다지 관심이 많지 않다.

② 인간은 신을 믿지 않기 때문에 두려움도 느끼지 않는다.

③ 신이 만든 인간의 육체와 영혼은 서로 분리될 수 없으므로 사후 세계는 인간의 허상에 불과하다.

④ 신은 인간 세계에 개입하지 않으므로 신의 섭리에 따라 인간의 삶을 이해하려 해서는 안 된다.

⑤ 인간이 아픔 때문에 죽음에 대해 두려움을 느낀다면, 사후에 대한 두려움을 떨쳐버리는 것만으로 두려움은 해소될 수 없다.

26 다음 글을 읽고 추론한 내용으로 가장 적절한 것은?

> 미적인 것이란 내재적이고 선험적인 예술 작품의 특성을 밝히는 데서 더 나아가 삶의 풍부하고 생동적인 양상과 가치, 목표를 예술 형식으로 변환한 것이다. 미(美)는 어떤 맥락으로부터도 자율적이기도 하지만 타율적이다. 미에 대한 자율적 견해를 지닌 칸트도 일견 타당하지만, 미를 도덕이나 목적론과 연관시킨 톨스토이나 마르크스도 타당하다. 우리가 길을 지나다 이름 모를 곡을 듣고서 아름답다고 느끼는 것처럼 순수미의 영역이 없는 것은 아니다. 하지만 그 곡이 독재자를 열렬히 지지하기 위한 선전곡이었음을 안 다음부터 그 곡을 혐오하듯 미(美) 또한 사회 경제적 · 문화적 맥락의 영향을 받기도 한다.

① 작품의 구조 자체에 주목하여 문학 작품을 감상해야 한다는 절대주의적 관점은 칸트의 견해와 유사하다.

② 칸트는 현실과 동떨어진 작품보다 부조리한 사회 현실을 고발하는 작품의 가치를 더 높게 평가하였을 것이다.

③ 칸트의 견해에 따르면 예술 작품이 독자에게 어떠한 영향을 미치느냐에 따라 작품의 가치가 달라질 수 있다.

④ 톨스토이의 견해에 따라 시를 감상한다면 운율과 이미지, 시상 전개 등을 중심으로 감상해야 한다.

⑤ 톨스토이와 마르크스는 예술 작품이 내재하고 있는 고유한 특성이 감상에 중요하지 않다고 주장했다.

27 다음 글에 나타난 필자의 의도를 바르게 파악한 것은?

세상은 수많은 뉴스로 넘쳐난다. 어떤 뉴스는 사람들에게 유용한 지식과 정보를 제공하고, 살아가는 데 힘이 된다. 하지만 또 어떤 뉴스는 사람들에게 거짓 정보를 흘려 현실을 왜곡하거나 잘못된 정보와 의도로 우리를 현혹하기도 한다. 우리는 흔히 뉴스를 볼 때 우리가 선택하고 이용한다고 생각하지만, 사실은 뉴스가 보여주거나 알려주는 것만을 볼 수밖에 없다. 더구나 뉴스로 선택된 것들은 기자와 언론사의 판단을 통해 해석되고 재구성되는 과정을 거치기 마련이다. 아무리 객관적인 보도라 할지라도 해당 매체의 가치 판단을 거친 결과라는 말이다. 더군다나 스마트폰과 소셜미디어로 대표되는 인터넷을 통한 뉴스 이용은 언론사라는 뉴스 유통 단계를 거치지 않고 곧바로 독자에게 전달되어 가짜 뉴스와 같은 문제를 일으키기도 한다.

2016년 미국 대통령 선거에서 떠들썩했던 가짜 뉴스 사례는 가짜 뉴스의 영향력과 심각성이 얼마나 대단한지를 보여 준다. 당시 가짜 뉴스는 소셜미디어를 통해 확산되었다. 소셜미디어를 통한 뉴스 이용은 개인적인 차원에서 이루어져 뉴스가 제공하는 정보의 형태와 출처가 뒤섞이거나, 지인의 영향력에 의해 뉴스의 신뢰도가 결정되는 등의 부작용을 낳는다.

① 뉴스의 가치는 다양성에 있다.
② 뉴스는 생산자에 따라 다양하게 구성된다.
③ 뉴스는 이용자의 특성에 따라 다양하게 구성된다.
④ 뉴스는 생산자의 특성과 가치를 포함한다.
⑤ 뉴스 이용자의 올바른 이해와 판단이 필요하다.

28 다음 글을 통해 추론할 수 있는 내용으로 적절하지 않은 것은?

인류는 미래의 에너지로 청정하고 고갈될 염려가 없는 풍부한 에너지를 기대하며, 신재생에너지인 태양광과 풍력에너지에 많은 기대를 걸고 있다. 그러나 태양광이나 풍력으로는 화력발전을 통해 생산되는 전력 공급량을 대체하기 어렵고, 기상 환경에 많은 영향을 받는다는 점에서 한계가 있다. 이에 대한 대안으로 많은 전문가들은 '핵융합 에너지'에 기대를 걸고 있다.

핵융합발전은 핵융합 현상을 이용하는 발전 방식으로, 핵융합은 말 그대로 원자의 핵이 융합하는 것을 말한다. 우라늄의 원자핵이 분열하면서 방출되는 에너지를 이용하는 원자력발전과 달리, 핵융합발전은 수소 원자핵이 융합해 헬륨 원자핵으로 바뀌는 과정에서 방출되는 에너지를 이용해 물을 가열하고 수증기로 터빈을 돌려 전기를 생산한다.

핵융합발전이 다음 세대를 이끌어갈 전력 생산 방식이 될 수 있는 이유는 인류가 원하는 에너지원의 조건을 모두 갖추고 있기 때문이다. 우선 연료가 거의 무한대라고 할 수 있을 정도로 풍부하다. 핵융합발전에 사용되는 수소는 일반적인 수소가 아닌 수소의 동위원소로, 지구의 70%를 덮고 있는 바닷물을 이용해서 얼마든지 생산할 수 있다. 게다가 적은 연료로 원자력발전에 비해 훨씬 많은 에너지를 얻을 수 있다. 1g으로 석유 8톤(t)을 태워서 얻을 수 있는 전기를 생산할 수 있고, 원자력발전에 비하면 같은 양의 연료로 $3 \sim 4$배의 전기를 생산할 수 있다.

무엇보다 오염 물질을 거의 배출하지 않는 점이 큰 장점이다. 미세먼지와 대기오염을 일으키는 오염 물질은 전혀 나오지 않고 오직 헬륨만 배출된다. 약간의 방사선이 방출되지만, 원자력발전에서 배출되는 방사성 폐기물에 비하면 거의 없다고 볼 수 있을 정도다.

핵융합발전은 안전 문제에서도 자유롭다. 원자력발전은 수개월 혹은 1년치 연료를 원자로에 넣고 연쇄적으로 핵분열 반응을 일으키는 방식이라 문제가 생겨도 당장 가동을 멈춰 사태가 악화되는 것을 막을 수 없다. 하지만 핵융합발전은 연료가 아주 조금 들어가기 때문에 문제가 생겨도 원자로가 녹아내리는 것과 같은 대형 재난으로 이어지지 않는다. 문제가 생기면 즉시 핵융합 반응이 중단되고 발전 장치가 꺼져버린다. 핵융합 반응을 제어하는 일이 극도로 까다롭기 때문에 오히려 발전 장치가 꺼지지 않도록 정밀하게 제어하는 것이 중요하다.

현재 세계 각국은 각자 개별적으로 핵융합발전 기술을 개발하는 한편 프랑스 남부 카다라슈 지역에 '국제핵융합실험로(ITER)'를 건설해 공동으로 실증 실험을 할 준비를 진행하고 있다. 한국과 유럽연합(EU), 미국, 일본, 러시아, 중국, 인도 등 7개국이 참여해 구축하고 있는 ITER는 2025년 12월 완공될 예정이며, 2025년 이후에는 그동안 각국이 갈고닦은 기술을 적용해 핵융합 반응을 일으켜 상용화 가능성을 검증하게 된다. 불과 10년 내로 세계 전력 산업의 패러다임을 바꾸는 역사적인 핵융합 실험이 지구상에서 이뤄지게 되는 것이다.

① 핵융합발전이 태양열발전보다 더 많은 양의 전기를 생산할 수 있겠어.
② 핵융합발전과 원자력발전은 원자의 핵을 다르게 이용한다는 점에서 차이가 있군.
③ 같은 양의 전력 생산을 목표로 한다면 원자력발전의 연료비는 핵융합발전의 3배 이상이겠어.
④ 헬륨은 대기오염을 일으키는 오염 물질에 해당하지 않는군.
⑤ 핵융합발전에는 발전 장치를 제어하는 사람의 역할이 중요하겠어.

29 다음 글을 통해 글쓴이가 말하고자 하는 것으로 가장 적절한 것은?

프랜시스 베이컨은 사람을 거미와 같은 사람, 개미와 같은 사람, 꿀벌과 같은 사람 세 종류로 나누어 보았다.

첫째, '거미'와 같은 사람이 있다. 거미는 벌레들이 자주 날아다니는 장소에 거미줄을 쳐놓고 숨어 있다가, 벌레가 거미줄에 걸리면 슬그머니 나타나 잡아먹는다. 거미와 같은 사람은 땀 흘려 노력하지 않으며, 누군가 실수하기를 기다렸다가 그것을 약점으로 삼아 그 사람의 모든 것을 빼앗는다.

둘째, '개미'와 같은 사람이 있다. 개미는 부지런함의 상징이 되는 곤충이다. 더운 여름에도 쉬지 않고 땀을 흘리며 먹이를 물어다 굴속에 차곡차곡 저장한다. 그러나 그 개미는 먹이를 남에게 나누어 주지는 않는다. 개미와 같은 사람은 열심히 일하고 노력하여 돈과 재산을 많이 모으지만, 남을 돕는 일에는 아주 인색하여 주변 이웃의 불행을 모른 체하며 살아간다.

셋째, '꿀벌'과 같은 사람이 있다. 꿀벌은 꽃의 꿀을 따면서도 꽃에 상처를 남기지 않고, 이 꽃 저 꽃으로 날아다니며 열매를 맺도록 도와준다. 만약 꿀벌이 없다면 많은 꽃은 열매를 맺지 못할 것이다. 꿀벌과 같은 사람은 책임감을 갖고 열심히 일하면서도 남에게 도움을 준다. 즉, 꿀벌과 같은 사람이야말로 우리 사회에 반드시 있어야 할 이타적 존재이다.

① 노력하지 않으면서 성공을 바라는 사람은 결코 성공할 수 없다.
② 다른 사람의 실수를 모른 체 넘어가 주는 배려를 해야 한다.
③ 자신의 일만 열심히 하다 보면 누군가는 반드시 알아본다.
④ 맡은 바 책임을 다하면서도 남을 돌볼 줄 아는 사람이 되어야 한다.
⑤ 자신의 삶보다 이웃의 삶을 소중하게 돌봐야 한다.

30 다음 글을 통해 추론할 수 있는 것은?

만약 어떠한 불쾌한 것을 인식한다고 하자. 우리가 불쾌한 것을 불쾌하게 인식하는 것은 그것이 불쾌해서가 아니라 우리의 형식이 그것을 불쾌하다고 규정짓기 때문이다.

이렇게 쾌와 불쾌는 대상에 내재하는 성질이 아니라 우리의 형식에 달려 있다. 우리는 대상 그 자체를 감각하는 것이 아니라, 대상의 현상을 우리의 형식에 따라 감각하는 것이다. 대상 그 자체는 감각될 수 없으며, 단지 사유될 수만 있다. 따라서 대상 그 자체가 갖는 성질을 논하는 것은 불가능하고 또한 필요 없는 행위이며, 실제 세계에서 나타나는 대상의 성질은 단지 우리의 형식에 의거하여 감각되므로, 감각 행위에서 중요한 것은 대상이 아니라 바로 우리 자신이다.

① 감각의 근거는 오로지 대상에 내재한다.
② 불쾌한 것이 불쾌한 것은 그것이 불쾌함을 내재하기 때문이다.
③ 대상 그 자체의 성질을 논하여야 한다.
④ 감각 주체에 따라 감각 행위의 내용이 달라진다.
⑤ 감각 행위에서 중요한 것은 대상 그 자체이다.

| 02 | 언어비판

01 다음은 혜진이가 지원한 K아웃렛 입사 지원 현황을 조사한 자료이다. 혜진이가 패션디자인팀에 지원했다는 결론을 이끌어내기 위해 필요한 정보는?

> • 비주얼 머천다이징팀과 광고그래픽팀에 둘 다 지원하는 사람은 패션디자인팀에도 지원했다.
> • 광고홍보팀과 경영지원팀에 둘 다 지원하는 사람은 패션디자인팀에도 지원했다.
> • K아웃렛 지원자 모두 인테리어팀이나 악세서리 디자인팀 가운데 적어도 한 팀에 지원했다.
> • 인테리어팀에 지원하는 사람은 모두 비주얼 머천다이징팀에 지원했다.
> • 악세서리 디자인팀에 지원하는 사람은 모두 광고홍보팀에 지원했다.

① 혜진이는 광고홍보팀과 광고그래픽팀에 지원했다.
② 혜진이는 인테리어팀과 광고홍보팀에 지원했다.
③ 혜진이는 비주얼 머천다이징팀과 경영지원팀에 지원했다.
④ 혜진이는 악세서리 디자인팀과 비주얼 머천다이징팀에 지원했다.
⑤ 혜진이는 광고그래픽팀과 경영지원팀에 지원했다.

02 다음 중 성우, 희성, 지영, 유진, 혜인, 재호가 다음 〈조건〉에 따라 근무할 때, 반드시 참인 명제는?

> **조건**
> • 성우, 희성, 지영, 유진, 혜인, 재호는 각자 다른 곳에서 근무하고 있다.
> • 근무할 수 있는 곳은 감사팀, 대외협력부, 영업부, 비서실, 기획팀, 회계부이다.
> • 성우가 비서실에서 근무하면, 희성이는 기획팀에서 근무하지 않는다.
> • 유진이와 재호 중 한 명은 감사팀에서 근무하고, 나머지 한 명은 영업부에서 근무한다.
> • 유진이가 감사팀에서 근무하지 않으면, 지영이는 대외협력부에서 근무하지 않는다.
> • 혜인이가 회계부에서 근무하지 않을 때에만 재호는 영업부에서 근무한다.
> • 지영이는 대외협력부에서 근무한다.

① 재호는 감사팀에서 근무한다.
② 희성이는 기획팀에서 근무한다.
③ 성우는 비서실에서 근무하지 않는다.
④ 혜인이는 회계팀에서 근무하지 않는다.
⑤ 유진이는 감사팀에서 근무하지 않는다.

03 갑, 을, 병, 정 네 사람에 대한 다음 조건으로부터 추론할 수 있는 것은?

> • 네 사람의 태어난 달은 모두 다르며, 4달에 걸쳐 연달아 생일이다.
> • 네 사람은 법학, 의학, 철학, 수학 중 하나를 전공했고, 전공이 모두 다르다.
> • 수학을 전공한 사람은 철학을 전공한 사람의 전달에 태어났다.
> • 의학을 전공한 사람은 법학을 전공한 사람의 바로 다음 달에 태어났지만 정보다는 이전에 태어났다.
> • 병은 생일이 가장 빠르지는 않지만 갑보다는 이전에 태어났다.
> • 병과 정은 연달아 있는 달에 태어나지 않았다.

① 갑의 전공은 의학이다.
② 병의 전공은 철학이다.
③ 정의 전공은 철학이다.
④ 을은 갑의 다음 달에 태어났다.
⑤ 수학을 전공한 사람이 가장 먼저 태어났다.

04 다음으로부터 추론한 것으로 옳은 것을 〈보기〉에서 모두 고르면?

> 6명의 선수 A, B, C, D, E, F가 참가하는 어떤 게임은 다음 조건을 만족한다고 한다. 이 게임에서 선수 X가 선수 Y에게 우세하면 선수 Y는 선수 X에게 열세인 것으로 본다.
> • A, B, C 각각은 D, E, F 중 정확히 2명에게만 우세하다.
> • D, E, F 각각은 A, B, C 중 정확히 2명에게만 열세이다.
> • A는 D와 E에게 우세하다.

> **보기**
> ㉠ C는 E에게 우세하다.
> ㉡ F는 B와 C에게 열세이다.
> ㉢ B가 E에게 우세하면 C는 D에게 우세하다.

① ㉠   ② ㉡
③ ㉢   ④ ㉠, ㉢
⑤ ㉡, ㉢

05 A, B, C, D의 4개 국가에 대한 다음의 〈조건〉으로부터 추론할 수 있는 것은?

조건

- 이들 국가는 시대순으로 연이어 존재했다.
- 네 국가의 수도는 각각 달랐는데 갑시(甲市), 을시(乙市), 병시(丙市), 정시(丁市) 중 어느 하나였다.
- 정시가 수도인 국가는 병시가 수도인 국가의 바로 전 시기에 있었다.
- 을시가 수도인 국가는 갑시가 수도인 국가의 바로 다음 시기에 있었으나 D국가보다는 이전 시기에 있었다.
- C국가는 가장 먼저 있었던 국가는 아니지만 A국가보다는 이전 시기에 있었다.
- C국가와 D국가는 시대순으로 볼 때 연이어 존재하지 않았다.

① 을시는 A국가의 수도이다.
② 갑시는 C국가의 수도이다.
③ 병시는 D국가의 수도이다.
④ B국가는 A국가의 다음 시기에 존재하였다.
⑤ 정시가 수도인 국가가 가장 오래되었다.

06 형준, 연재, 영호, 소정이는 언어 영역, 수리 영역, 외국어 영역으로 구성된 시험을 본 뒤 채점을 해보니 다음 〈조건〉과 같은 결과가 나타났다. 〈조건〉을 참고했을 때, 참인 것은?

조건

㉠ 형준이는 언어 영역에서 1등이고, 수리 영역에서는 연재보다 잘했다.
㉡ 연재는 수리 영역 4위가 아니다.
㉢ 소정이는 외국어 영역에서 형준이보다 못했다.
㉣ 형준이는 외국어 영역에서 영호와 연재에게만 뒤처졌다.
㉤ 영호는 언어 영역에서 4위를 했고, 수리 영역은 연재보다 못했다.
㉥ 동점자는 존재하지 않는다.
㉦ 형준이는 수리 영역에서 소정이보다 못했다.
㉧ 소정이의 외국어 영역 순위는 연재의 수리 영역 순위에 1을 더한 것과 같다.
㉨ 평소에 소정이의 언어 영역 점수는 연재의 언어 영역 점수보다 좋지 않은 편이었다.

① 언어 영역 2위는 연재이다.
② 외국어 영역 3위는 형준이다.
③ 영호는 세 과목에서 모두 4위이다.
④ 소정이는 영호보다 모든 과목에서 순위가 높다.
⑤ 연재의 언어 영역 순위에 1을 더한 값은 형준이의 외국어 영역 순위와 같다.

※ 다음 제시된 명제들로부터 추론할 수 있는 것을 고르시오. [7~10]

07

> • 개교기념일 이틀 전에 운동회가 열린다.
> • 학생회장 선거는 개교기념일 다음 날 실시된다.

① 운동회 다음 날 학생회장 선거가 시행된다.
② 운동회보다 먼저 학생회장 선거가 시행된다.
③ 학생회장 선거일 3일 전에 운동회가 열린다.
④ 학생회장 선거일 3일 후 운동회가 열린다.
⑤ 개교기념일은 수요일이다.

08

> • 영희, 상욱, 수현이는 영어, 수학, 국어 시험을 보았다.
> • 영희는 영어 2등, 수학 2등, 국어 2등을 하였다.
> • 상욱이는 영어 1등, 수학 3등, 국어 1등을 하였다.
> • 수현이는 수학만 1등을 하였다.
> • 전체 평균 1등을 한 사람은 영희이다.

① 총점이 가장 높은 사람은 영희이다.
② 수현이의 수학 점수는 상욱이의 영어 점수보다 높다.
③ 상욱이의 영어 점수는 영희의 수학 점수보다 높다.
④ 영어와 수학 점수만을 봤을 때, 상욱이가 1등일 것이다.
⑤ 상욱이의 국어 점수는 수현이의 수학 점수보다 낮다.

09

> • 책은 휴대할 수 있고, 값이 싸며, 읽기 쉬운 데 반해 컴퓨터는 들고 다닐 수가 없고, 값도 비싸며, 전기도 필요하다.
> • 전자 기술의 발전은 이런 문제를 해결할 것이다. 조만간 지금의 책 크기만 한, 아니 더 작은 컴퓨터가 나올 것이고, 컴퓨터 모니터도 훨씬 정교하고 읽기 편해질 것이다.
> • 조그만 칩 하나에 수백 권 분량의 정보가 기록될 것이다.

① 컴퓨터는 종이 책을 대신할 것이다.
② 컴퓨터는 종이 책을 대신할 수 없다.
③ 컴퓨터도 종이 책과 함께 사라질 것이다.
④ 종이 책의 역사는 앞으로도 계속될 것이다.
⑤ 전자 기술의 발전은 종이 책의 발전과 함께할 것이다.

10

- 세경이는 전자공학을 전공한다.
- 원영이는 사회학을 전공한다.
- 세경이는 복수전공으로 패션디자인을 전공한다.

① 원영이는 전자공학을 전공한다.
② 세경이는 전자공학과 패션디자인 모두를 전공한다.
③ 원영이의 부전공은 패션디자인이다.
④ 세경이의 부전공은 패션디자인이다.
⑤ 원영이의 복수전공은 전자공학이다.

※ 다음 제시문을 읽고 각 문장이 항상 참이면 ①, 거짓이면 ②, 알 수 없으면 ③을 고르시오. [11~12]

- 지난주 월요일부터 금요일까지의 평균 낮 기온은 20℃였다.
- 지난주 화요일의 낮 기온은 수요일보다 3℃ 낮았다.
- 지난주 수요일의 낮 기온은 22℃로 월요일보다 1℃ 높았다.
- 지난주 목요일의 낮 기온은 지난주 평균 낮 기온과 같았다.

11 지난주 낮 기온이 가장 높은 요일은 수요일이다.

① 참   ② 거짓   ③ 알 수 없음

12 지난주 월~금요일 중 낮 기온이 평균 기온보다 높은 날은 3일 이상이다.

① 참   ② 거짓   ③ 알 수 없음

- A ~ E는 지역 주민 행사에 참여하여 부채, 수건, 손거울 세 가지 종류의 기념품 중 하나의 기념품을 선택하여 받았다.
- A는 B와 같은 기념품을 받았다.
- 부채는 C 이외에 아무도 받지 않았다.
- D는 E와 서로 다른 기념품을 받았다.
- E는 수건을 기념품으로 받았다.

13 A는 수건을 기념품으로 받았다.

① 참   ② 거짓   ③ 알 수 없음

14 D는 손거울을 기념품으로 받았다.

① 참   ② 거짓   ③ 알 수 없음

- 선화는 20,000원을 가지고 있다.
- 효성이는 50,000원을 가지고 있다.
- 은정이는 30,000원을 가지고 있다.
- 은정이와 현아는 10,000원 차이가 난다.

15 현아는 효성이보다 돈이 적다.

① 참   ② 거짓   ③ 알 수 없음

16 돈이 가장 적은 것은 선화다.

① 참   ② 거짓   ③ 알 수 없음

※ 다음 명제를 읽고 판단했을 때 옳지 않은 것을 고르시오. [17~19]

17

> • 정리정돈을 잘하는 사람은 집중력이 좋다.
> • 주변이 조용할수록 집중력이 좋다.
> • 깔끔한 사람은 정리정돈을 잘한다.
> • 집중력이 좋으면 성과 효율이 높다.

① 깔끔한 사람은 집중력이 좋다.
② 주변이 조용할수록 성과 효율이 높다.
③ 깔끔한 사람은 성과 효율이 높다.
④ 성과 효율이 높지 않은 사람은 주변이 조용하지 않다.
⑤ 깔끔한 사람은 주변이 조용하다.

18

> • 딸기를 좋아하는 사람은 가지를 싫어한다.
> • 바나나를 좋아하는 사람은 가지를 좋아한다.
> • 가지를 싫어하는 사람은 감자를 좋아한다.

① 감자를 좋아하는 사람은 바나나를 싫어한다.
② 가지를 좋아하는 사람은 딸기를 싫어한다.
③ 감자를 싫어하는 사람은 딸기를 싫어한다.
④ 바나나를 좋아하는 사람은 딸기를 싫어한다.
⑤ 딸기를 좋아하는 사람은 감자를 좋아한다.

19

> • 비가 많이 내리면 습도가 높아진다.
> • 겨울보다 여름에 비가 더 많이 내린다.
> • 습도가 높으면 먼지가 잘 나지 않는다.
> • 습도가 높으면 정전기가 잘 일어나지 않는다.

① 겨울은 여름보다 습도가 낮다.
② 먼지는 여름이 겨울보다 잘 난다.
③ 여름에는 겨울보다 정전기가 잘 일어나지 않는다.
④ 비가 많이 오면 정전기가 잘 일어나지 않는다.
⑤ 정전기가 잘 일어나면 비가 많이 오지 않은 것이다.

20 다음 명제들이 모두 참이라면 금요일에 도서관에 가는 사람은?

- 정우는 금요일에 도서관에 간다.
- 연우는 화요일과 목요일에 도서관에 간다.
- 승우가 도서관에 가지 않으면 민우가 도서관에 간다.
- 민우가 도서관에 가면 견우도 도서관에 간다.
- 연우가 도서관에 가지 않으면 정우는 도서관에 간다.
- 정우가 도서관에 가면 승우는 도서관에 가지 않는다.

① 정우, 민우, 견우 ② 정우, 승우, 연우
③ 정우, 승우, 견우 ④ 정우, 민우, 연우
⑤ 정우, 연우, 견우

21 A, B, C, D, E는 한국사 시험에 함께 응시하였다. 다음과 같이 시험 도중 부정행위가 일어났다고 할 때 부정행위를 한 사람을 모두 고르면?

- 2명이 부정행위를 저질렀다.
- B와 C는 같이 부정행위를 하거나 같이 부정행위를 하지 않았다.
- B나 E가 부정행위를 했다면, A도 부정행위를 했다.
- C가 부정행위를 했다면, D도 부정행위를 했다.
- E가 부정행위를 하지 않았으면, D도 부정행위를 하지 않았다.

① B, C ② A, B
③ A, E ④ C, D
⑤ D, E

※ 다음 문장을 읽고 추론할 수 있는 것을 고르시오. [22~26]

22
- 효주는 지영이보다 나이가 많다.
- 효주와 채원이는 같은 회사에 다니고, 이 회사는 나이 많은 사람이 승진을 더 빨리 한다.
- 효주는 채원이보다 승진을 빨리 했다.

① 효주는 나이가 가장 많다.
② 채원이는 지영이보다 나이가 많다.
③ 채원이는 효주보다 나이가 많다.
④ 지영이는 채원이보다 나이가 많다.
⑤ 효주와 채원이는 나이가 같다.

23

> • 강아지를 좋아하는 사람은 자연을 좋아한다.
> • 편의점을 좋아하는 사람은 자연을 좋아하지 않는다.

① 편의점을 좋아하지 않는 사람은 강아지를 좋아한다.
② 자연을 좋아하는 사람은 강아지를 좋아한다.
③ 강아지를 좋아하는 사람은 편의점을 좋아한다.
④ 편의점을 좋아하는 사람은 강아지를 좋아하지 않는다.
⑤ 강아지를 좋아하지 않는 사람은 자연을 좋아하지 않는다.

24

> • 철수는 의사이거나 변호사이다.
> • 의사는 스포츠카와 오토바이를 가지고 있다.
> • 변호사는 스포츠카를 가지고 있지 않거나 오토바이를 가지고 있지 않다.

① 철수가 스포츠카를 가지고 있지 않다면 철수는 변호사이다.
② 철수가 스포츠카나 오토바이를 가지고 있다면 철수는 변호사가 아니다.
③ 철수가 변호사라면 오토바이를 가지고 있지 않다.
④ 철수는 의사이면서 변호사이다.
⑤ 철수는 스포츠카와 오토바이를 가지고 있다.

25

> • 달리기를 못하면 건강하지 않다.
> • 홍삼을 먹으면 건강하다.
> • 달리기를 잘하면 다리가 길다.

① 건강하지 않으면 다리가 길다.
② 홍삼을 먹으면 달리기를 못한다.
③ 달리기를 잘하면 홍삼을 먹는다.
④ 다리가 길면 홍삼을 먹는다.
⑤ 다리가 길지 않으면 홍삼을 먹지 않는다.

26

> • 진달래를 좋아하는 사람은 감성적이다.
> • 백합을 좋아하는 사람은 보라색을 좋아하지 않는다.
> • 감성적인 사람은 보라색을 좋아한다.

① 감성적인 사람은 백합을 좋아한다.
② 백합을 좋아하는 사람은 감성적이다.
③ 진달래를 좋아하는 사람은 보라색을 좋아한다.
④ 보라색을 좋아하는 사람은 감성적이다.
⑤ 백합을 좋아하는 사람은 진달래를 좋아한다.

27 다음 명제가 모두 참이라고 할 때 결론으로 가장 적절한 것은?

> • 티라노사우르스는 공룡이다.
> • 곤충을 먹으면 공룡이 아니다.
> • 곤충을 먹지 않으면 직립보행을 한다.

① 직립보행을 하지 않으면 공룡이다.
② 직립보행을 하면 티라노사우르스이다.
③ 곤충을 먹지 않으면 티라노사우르스이다.
④ 티라노사우르스는 직립보행을 하지 않는다.
⑤ 티라노사우르스는 직립보행을 한다.

28 다음 문장을 읽고 유추할 수 있는 것은?

> • 영업부의 사원은 기획 역량이 있다.
> • 영업부가 아닌 사원은 영업 역량이 없다.
> • 기획 역량이 없는 사원은 소통 역량이 없다.

① 영업부의 사원은 영업 역량이 있다.
② 영업 역량을 가진 사원은 기획 역량이 있다.
③ 소통 역량이 있는 사원은 영업부이다.
④ 기획 역량이 있는 사원은 소통 역량이 있다.
⑤ 영업 역량이 없으면 소통 역량도 없다.

29 대학생의 취미생활에 대한 선호도를 조사한 결과 다음과 같은 결과가 나왔다. 결과를 바탕으로 올바르게 추론한 것은?

- 등산을 좋아하는 사람은 스케이팅을 싫어한다.
- 영화 관람을 좋아하지 않는 사람은 독서를 좋아한다.
- 영화 관람을 좋아하지 않는 사람은 조깅 또한 좋아하지 않는다.
- 낮잠 자기를 좋아하는 사람은 스케이팅을 좋아한다.
- 스케이팅을 좋아하는 사람은 독서를 좋아한다.

① 영화 관람을 좋아하는 사람은 스케이팅을 좋아한다.
② 스케이팅을 좋아하는 사람은 낮잠 자기를 싫어한다.
③ 조깅을 좋아하는 사람은 독서를 좋아한다.
④ 낮잠 자기를 좋아하는 사람은 독서를 좋아한다.
⑤ 조깅을 좋아하지 않는 사람은 영화 관람을 좋아하지 않는다.

30 다음 명제들을 읽고 '참'인 내용으로 추론할 수 있는 것은?

- 아침에 시리얼을 먹는 사람은 두뇌 회전이 빠르다.
- 아침에 토스트를 먹는 사람은 피곤하다.
- 에너지가 많은 사람은 아침에 밥을 먹는다.
- 피곤하면 회사에 지각한다.
- 두뇌 회전이 빠르면 일 처리가 빠르다.

① 회사에 가장 일찍 오는 사람은 피곤하지 않다.
② 두뇌 회전이 느리면 아침에 시리얼을 먹는다.
③ 아침에 밥을 먹는 사람은 에너지가 많다.
④ 회사에 지각하지 않으면 아침에 토스트를 먹지 않는다.
⑤ 일 처리가 느리면 아침에 시리얼을 먹는다.

※ 일정한 규칙으로 수를 나열할 때, 다음 중 빈칸에 들어갈 가장 알맞은 수를 고르시오. [1~30]

01

−17	3	( )	−1	5	−5	16

① −8 ② −6
③ −4 ④ 0
⑤ 5

02

10	21	43	87	175	( )

① 341 ② 351
③ 361 ④ 371
④ 381

03

61	31	15	21	31	−5	( )	17	−4

① 9 ② 11
③ 15 ④ 17
⑤ 19

04

4	1	1	2.6	( )	4.7	$\frac{1}{16}$	7.3	

① $\frac{1}{4}$ ② $\frac{3}{4}$

③ $\frac{5}{4}$ ④ 2

⑤ $\frac{7}{4}$

05

$$\underline{12.5 \quad 21.1 \quad (\quad) \quad 33} \qquad \underline{1.1 \quad -2 \quad 1.8 \quad 2.7} \qquad \underline{4.2 \quad -9 \quad 25 \quad 29.8}$$

① 58.4   ② 63.5

③ 66.6   ④ 70.8

⑤ 72.4

06

$$28 \quad 8 \quad 3 \quad 1.75 \quad (\quad)$$

① 6.15   ② 5.425

③ 4.210   ④ 2.498

⑤ 1.4375

07

$$8.1 \quad 18.1 \quad 38.1 \quad (\quad) \quad 158.1 \quad 318.1$$

① 69.1   ② 78.1

③ 81.1   ④ 85.1

⑤ 104.1

08

72	90	( )	132	156	182	210

① 101　　　　　　　　　　② 104
③ 107　　　　　　　　　　④ 110
⑤ 113

09

297	90	99	18	( )	3.6	11	0.72

① 25.6　　　　　　　　　② 29.5
③ 33　　　　　　　　　　④ 37
⑤ 72

10

<u>34　23　( )</u>　<u>27　21　3</u>　<u>19　53　−17</u>

① 3.5　　　　　　　　　　② 4.3
③ 5.5　　　　　　　　　　④ 5.9
⑤ 6.3

11

51	58	42	49	( )	40	24

① 39　　　　　　　　　　② 36
③ 35　　　　　　　　　　④ 33
⑤ 31

12

| $\frac{14}{3}$ | 12 | 34 | ( ) | 298 | 892 | 2,674 |

① 90

② 100

③ 110

④ 120

⑤ 130

13

| 1 | 2 | −9 | 11 | 81 | 20 | −729 | ( ) |

① 37

② 35

③ 33

④ 31

⑤ 29

14

| 1 | 10 | 3 | 4 | 8 | 12 | 7 | 6 | ( ) | 10 | 4 | 192 |

① 44

② 48

③ 16

④ 18

⑤ 8

15

| <u>3 8 25</u> | <u>4 5 21</u> | <u>5 6 ( )</u> |

① 27

② 28

③ 29

④ 30

⑤ 31

16

6	4	4	21	5	32	19	( )	10	

① 18　　　　　　　　　　② 16
③ 14　　　　　　　　　　④ 12
⑤ 10

17

99　　25　　12　　91　　32　　36　　83　　39　　108　　( )　　46　　324

① 105　　　　　　　　　② 100
③ 95　　　　　　　　　　④ 85
⑤ 75

18

40　　45　　60　　50　　79　　56　　97　　63　　114　　( )

① 64　　　　　　　　　　② 67
③ 69　　　　　　　　　　④ 71
⑤ 76

19

2　　12　　4　　24　　8　　48　　16　　( )

① 84　　　　　　　　　　② 96
③ 100　　　　　　　　　④ 102
⑤ 106

20

3	( )	4	12.5	6	125	9	1,875	13	

① 1.1 ② 1.3
③ 2.5 ④ 3.9
⑤ 4.4

21

27	35	58	89	143	( )	367

① 220 ② 222
③ 226 ④ 228
⑤ 230

22

1,024	( )	850	763	676	589	502

① 910 ② 937
③ 948 ④ 985
⑤ 1,001

23

6	9	12	15	( )	21	24	27	30

① 14 ② 15
③ 16 ④ 17
⑤ 18

24

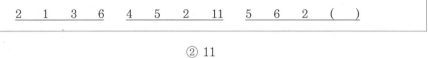

1 1 2 3 5 8 13 ( ) 34

① 15   ② 18
③ 21   ④ 26
⑤ 28

25

2 1 3 6 4 5 2 11 5 6 2 ( )

① 10   ② 11
③ 12   ④ 13
⑤ 14

26

65,536 16,384 4,096 ( ) 256 64

① 1,024   ② 1,465
③ 2,577   ④ 3,122
⑤ 3,800

27

17 −51 153 −459 ( ) −4,131

① 1,377   ② 1,576
③ 1,722   ④ −2,456
⑤ −3,911

28

3	9	21
11		

16	3	23
14		

3	7	2
( )		

① 2
② 4
③ 6
④ 8
⑤ 10

29

2	3	9

4	5	24

6	7	45

8	4	( )

① 32
② 34
③ 36
④ 40
⑤ 42

30

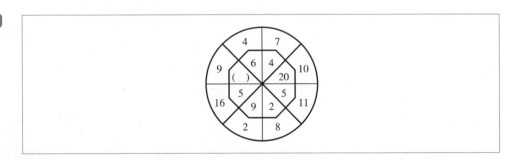

① 10
② 16
③ 20
④ 26
⑤ 30

| 04 | 도형추리

01   다음 제시된 도형을 회전하였을 때, 나올 수 있는 도형으로 옳은 것은?

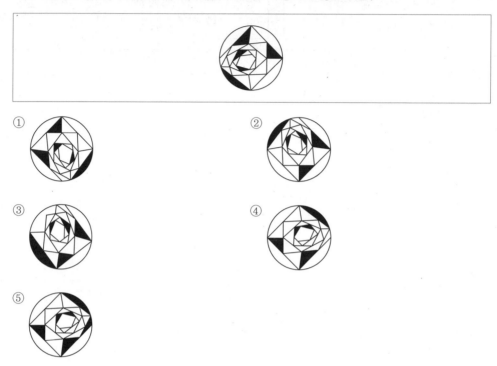

02 다음 도형을 오른쪽으로 뒤집고 시계 반대 방향으로 90° 회전 후, 위로 뒤집었을 때의 모양은?

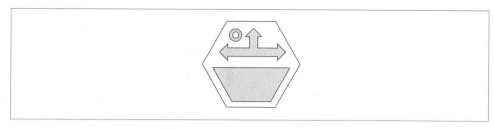

①

②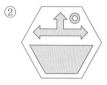

③

④

⑤

03 다음 제시된 도형을 시계 반대 방향으로 90° 회전한 것은?

①

②

③

④

⑤

04 다음 도형을 시계 방향으로 45° 회전한 후, 180° 회전했을 때의 모양은?

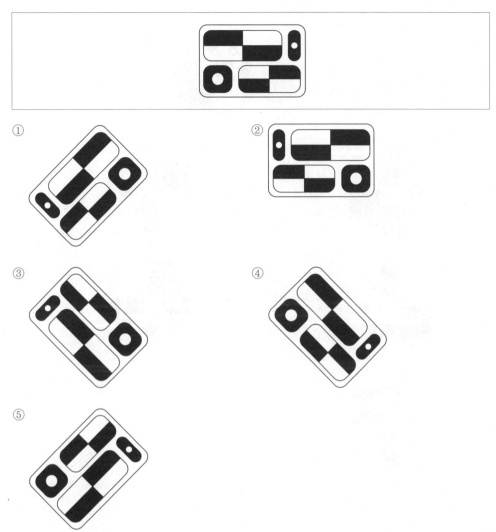

05 다음 도형을 시계 방향으로 270° 회전한 후, 좌우 반전했을 때의 모양은?

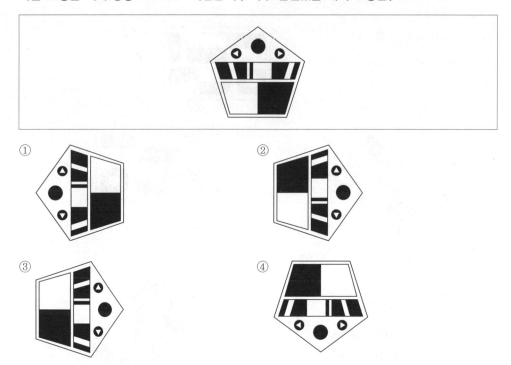

① ② ③ ④ ⑤

06 다음 도형을 시계 반대 방향으로 90° 회전한 후, 시계 방향으로 270° 회전했을 때의 모양은?

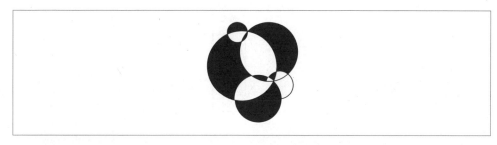

①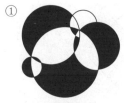

②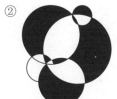

③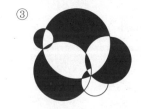

④

⑤

07 다음 도형을 시계 반대 방향으로 45° 회전한 후, 좌우 반전했을 때의 모양은?

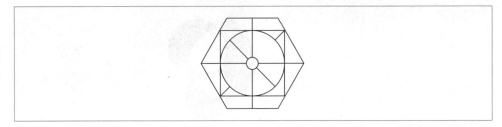

①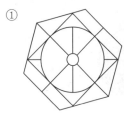

②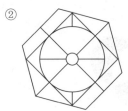

③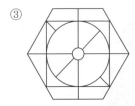

④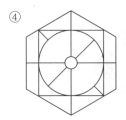

⑤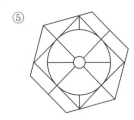

08 다음 도형을 180° 회전한 후, 상하 반전했을 때의 모양은?

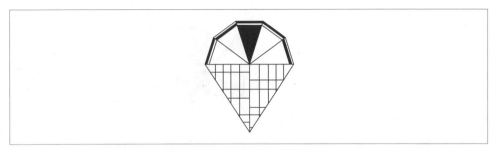

①

②

③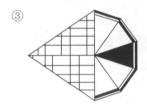

④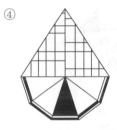

⑤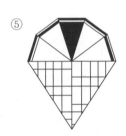

09 다음 도형을 시계 방향으로 270° 회전한 후, 180° 회전했을 때의 모양은?

①

②

③

④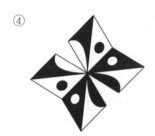

⑤

10 다음 도형을 좌우 반전한 후, 시계 반대 방향으로 270° 회전했을 때의 모양은?

①

②

③

④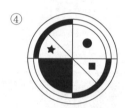

⑤

※ 다음 규칙을 읽고 질문에 답하시오. [11~13]

작동 버튼	기능
§	1번 블록과 3번 블록의 위치를 서로 바꿈(숫자가 있는 블록끼리 바꾼다)
☎	1번 블록과 4번 블록의 위치를 서로 바꿈(숫자가 있는 블록끼리 바꾼다)
☼	2번 블록과 3번 블록의 위치를 서로 바꿈(숫자가 있는 블록끼리 바꾼다)
♨	2번 블록과 4번 블록의 위치를 서로 바꿈(숫자가 있는 블록끼리 바꾼다)

11 〈보기〉의 처음 상태에서 작동 버튼을 두 번 눌렀더니, 다음과 같은 결과가 나타났다. 다음 중 작동 버튼의 순서를 바르게 나열한 것은?

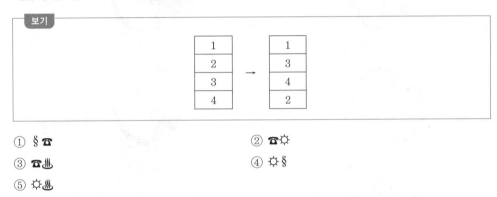

① § ☎
② ☎☼
③ ☎♨
④ ☼§
⑤ ☼♨

12 〈보기〉의 처음 상태에서 작동 버튼을 두 번 눌렀더니, 다음과 같은 결과가 나타났다. 다음 중 작동 버튼의 순서를 바르게 나열한 것은?

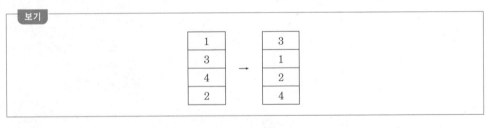

① § ☼
② ☼☎
③ ♨§
④ ♨☎
⑤ ☼♨

13 〈보기〉의 처음 상태에서 작동 버튼을 세 번 눌렀더니, 다음과 같은 결과가 나타났다. 다음 중 작동 버튼의 순서를 바르게 나열한 것은?

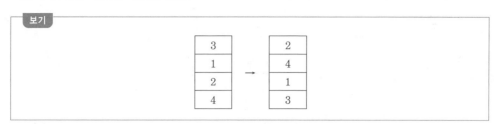

① § ♨ ☼　　　　　　　② ☎ § ♨
③ ☼ ☎ ♨　　　　　　　④ ♨ ☼ ☎
⑤ ☼ § ☎

※ 다음 규칙을 읽고 질문에 답하시오. [14~15]

작동 버튼	기능
⊗	맨 위 칸의 알파벳이 제일 밑 칸으로 오고 나머지는 한 칸씩 올라간다.
◇	맨 위 칸 알파벳과 맨 밑 칸의 알파벳 위치를 서로 바꾼다.
∞	모든 알파벳을 알파벳 순서상의 바로 다음 알파벳으로 바꾼다(예 B → C, E → F).
♣	모든 알파벳을 알파벳 순서상의 바로 전 알파벳으로 바꾼다(예 D → C, E → D).

14 〈보기〉의 처음 상태에서 작동 버튼을 두 번 눌렀더니, 다음과 같은 결과가 나타났다. 다음 중 작동 버튼의 순서를 바르게 나열한 것은?

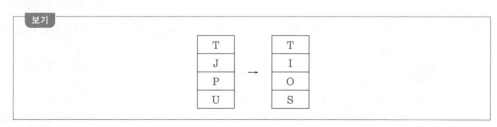

① ♣ ◇　　　　　　　② ◇ ⊗
③ ♣ ⊗　　　　　　　④ ♣ ∞
⑤ ⊗ ∞

15 〈보기〉의 처음 상태에서 작동 버튼을 두 번 눌렀더니, 다음과 같은 결과가 나타났다. 다음 중 작동
버튼의 순서를 바르게 나열한 것은?

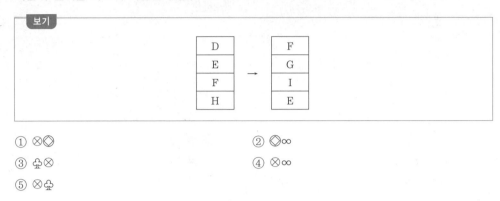

① ⊗◇
② ◇∞
③ ♣⊗
④ ⊗∞
⑤ ⊗♣

※ 다음 규칙을 읽고 질문에 답하시오. [16~17]

작동 버튼	기능
⬭	모든 문자를 오른쪽으로 한 칸씩 이동한다(네 번째 문자는 첫 번째 자리로 보낸다).
◆	모든 문자를 왼쪽으로 한 칸씩 이동한다(첫 번째 문자는 네 번째 자리로 보낸다).
♪	첫 번째 문자와 두 번째 문자의 자리를 교체한다.
♭	첫 번째 문자와 세 번째 문자의 자리를 교체한다.
※ 맨 왼쪽에 있는 문자가 첫 번째 문자임	

16 〈보기〉의 처음 상태에서 작동 버튼을 두 번 눌렀더니, 다음과 같은 결과가 나타났다. 다음 중 작동
버튼의 순서를 바르게 나열한 것은?

보기

| ⓐ | ⓑ | ⓒ | ⓓ | → | ⓒ | ⓑ | ⓓ | ⓐ |

① ♭♪
② ⬭◆
③ ◆♪
④ ⬭♭
⑤ ⬭♪

17 〈보기〉의 처음 상태에서 작동 버튼을 세 번 눌렀더니, 다음과 같은 결과가 나타났다. 다음 중 작동 버튼의 순서를 바르게 나열한 것은?

① △♭◆   ② ♪◆△

③ ♭◆△   ④ △♭♪

⑤ ♭△◆

※ 다음 규칙을 읽고 질문에 답하시오. [18~19]

작동 버튼	기능
◉	맨 위 칸 숫자에 +1, 맨 아래 칸 숫자에 −2
◎	맨 위 칸 숫자에 −1, 맨 아래 칸 숫자에 +1
■	맨 위 칸 숫자가 제일 밑으로 오고 나머지는 한 칸씩 올라간다.
◈	모든 숫자에 +1

18 〈보기〉의 처음 상태에서 작동 버튼을 두 번 눌렀더니, 다음과 같은 결과가 나타났다. 다음 중 작동 버튼의 순서를 바르게 나열한 것은?

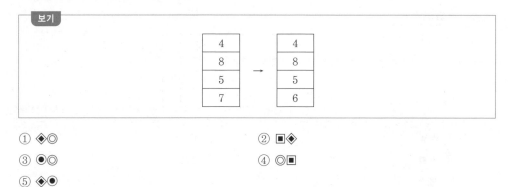

① ◈◎   ② ■◈

③ ◉◎   ④ ◎■

⑤ ◈◉

19 〈보기〉의 처음 상태에서 작동 버튼을 두 번 눌렀더니, 다음과 같은 결과가 나타났다. 다음 중 작동 버튼의 순서를 바르게 나열한 것은?

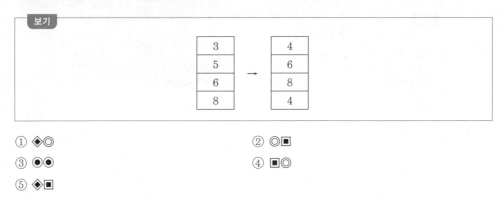

① ◆◎
② ◎■
③ ◎●
④ ■◎
⑤ ◆■

※ 다음 규칙을 읽고 질문에 답하시오(단, 첫 번째 칸은 맨 위 칸이다). [20~21]

작동 버튼	기능
☆	첫 번째 칸과 네 번째 칸의 숫자를 바꾼다.
★	첫 번째 칸과 세 번째 칸의 숫자를 바꾼다.
□	세 번째 칸과 네 번째 칸의 숫자를 바꾼다.
■	두 번째 칸과 세 번째 칸의 숫자를 바꾼다.

20 〈보기〉의 처음 상태에서 작동 버튼을 두 번 눌렀더니, 다음과 같은 결과가 나타났다. 다음 중 작동 버튼의 순서를 바르게 나열한 것은?

보기

1
2
3
4

→

3
1
2
4

① ☆★
② ★□
③ ★■
④ □■
⑤ ■☆

21 ⟨보기⟩의 처음 상태에서 작동 버튼을 두 번 눌렀더니, 다음과 같은 결과가 나타났다. 다음 중 작동 버튼의 순서를 바르게 나열한 것은?

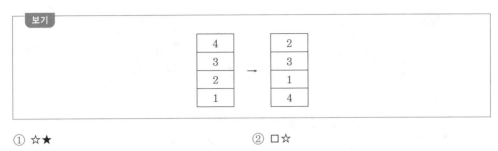

① ☆★
② □☆
③ □★
④ ☆■
⑤ ■★

※ 다음 규칙을 읽고 질문에 답하시오. [22~24]

작동 버튼	기능
♡	모든 도형의 색을 바꾼다(흰색 → 검은색, 검은색 → 흰색).
♥	모든 도형을 180° 회전시킨다.
○	△, ▲도형을 시계 반대 방향으로 90° 회전시킨다.
●	▽, ▼도형을 시계 반대 방향으로 90° 회전시킨다.

22 ⟨보기⟩의 처음 상태에서 작동 버튼을 두 번 눌렀더니, 다음과 같은 결과가 나타났다. 다음 중 작동 버튼의 순서를 바르게 나열한 것은?

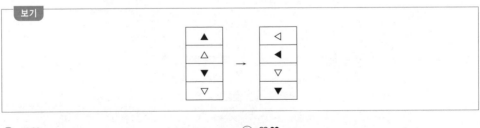

① ●♥
② ♡♥
③ ♡●
④ ♡○
⑤ ○●

23 〈보기〉의 처음 상태에서 작동 버튼을 두 번 눌렀더니, 다음과 같은 결과가 나타났다. 다음 중 작동 버튼의 순서를 바르게 나열한 것은?

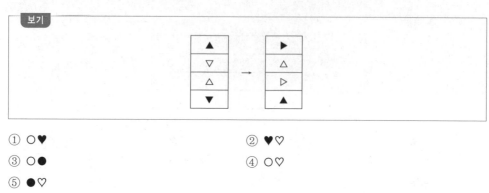

① ○♥　　　　　　　　　② ♥♡

③ ○●　　　　　　　　　④ ○♡

⑤ ●♡

24 〈보기〉의 처음 상태에서 작동 버튼을 두 번 눌렀더니, 다음과 같은 결과가 나타났다. 다음 중 작동 버튼의 순서를 바르게 나열한 것은?

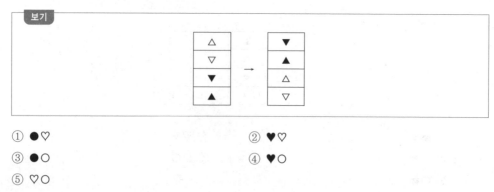

① ●♡　　　　　　　　　② ♥♡

③ ●○　　　　　　　　　④ ♥○

⑤ ♡○

※ 다음 규칙을 읽고 질문에 답하시오. [25~26]

작동 버튼	기능
가	↑와 →의 위치를 서로 바꾼다.
나	→와 ←의 위치를 서로 바꾼다.
다	↑와 ←의 위치를 서로 바꾼다.
라	↑와 ↓의 위치를 서로 바꾼다.

25 〈보기〉의 처음 상태에서 작동 버튼을 두 번 눌렀더니, 다음과 같은 결과가 나타났다. 다음 중 작동 버튼의 순서를 바르게 나열한 것은?

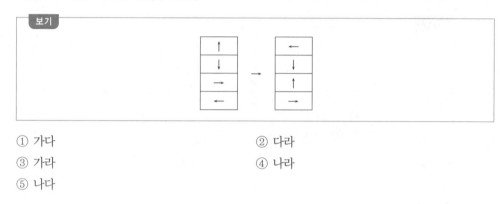

① 가다
③ 가라
⑤ 나다

② 다라
④ 나라

26 〈보기〉의 처음 상태에서 작동 버튼을 두 번 눌렀더니, 다음과 같은 결과가 나타났다. 다음 중 작동 버튼의 순서를 바르게 나열한 것은?

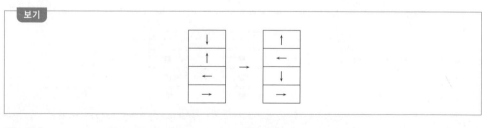

① 가나
③ 가다
⑤ 나다

② 가라
④ 다라

작동 버튼	기능
♧	♡와 ♥의 위치를 서로 바꾼다.
♣	□와 ■의 위치를 서로 바꾼다.
△	♥와 ■의 위치를 서로 바꾼다.
▲	♡와 □의 위치를 서로 바꾼다.

27 〈보기〉의 처음 상태에서 작동 버튼을 두 번 눌렀더니, 다음과 같은 결과가 나타났다. 다음 중 작동 버튼의 순서를 바르게 나열한 것은?

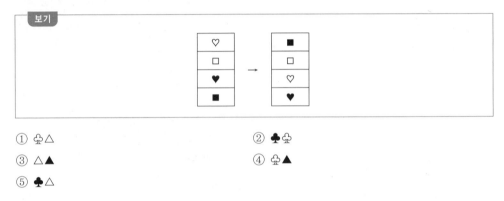

① ♧△   ② ♣♧

③ △▲   ④ ♧▲

⑤ ♣△

28 〈보기〉의 처음 상태에서 작동 버튼을 두 번 눌렀더니, 다음과 같은 결과가 나타났다. 다음 중 작동 버튼의 순서를 바르게 나열한 것은?

① △♧   ② △♣

③ △▲   ④ ▲♧

⑤ ▲♣

※ 다음 규칙을 읽고 질문에 답하시오. [29~30]

작동 버튼	기능
a	Ⅰ과 Ⅱ의 위치를 서로 바꾼다.
b	Ⅰ과 Ⅲ의 위치를 서로 바꾼다.
c	Ⅲ과 Ⅱ의 위치를 서로 바꾼다.
d	Ⅳ와 Ⅰ의 위치를 서로 바꾼다.

29 〈보기〉의 처음 상태에서 작동 버튼을 두 번 눌렀더니, 다음과 같은 결과가 나타났다. 다음 중 작동 버튼의 순서를 바르게 나열한 것은?

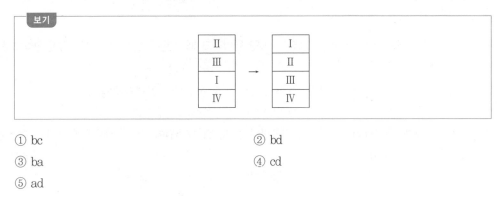

① bc   ② bd

③ ba   ④ cd

⑤ ad

30 〈보기〉의 처음 상태에서 작동 버튼을 두 번 눌렀더니, 다음과 같은 결과가 나타났다. 다음 중 작동 버튼의 순서를 바르게 나열한 것은?

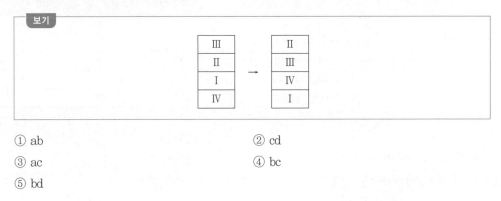

① ab   ② cd

③ ac   ④ bc

⑤ bd

※ 다음은 K대리의 올해 1~8월 지출 내역이다. 이어지는 질문에 답하시오. [1~2]

<K대리 1~8월 지출 내역>

종류	내역
신용카드	2,500,000원
체크카드	3,500,000원
현금영수증	–

※ 연봉의 25%를 초과한 금액에 한해 신용카드 15% 및 현금영수증·체크카드 30% 공제함
※ 공제는 초과한 금액에 대해 공제율이 높은 종류를 우선적으로 적용함

01 K대리의 연봉 예상 금액이 35,000,000만 원이라고 때, 연말정산에 대비하기 위한 전략으로 적절하지 않은 것은?

① 신용카드와 체크카드 사용금액이 연봉의 25%를 넘어야 공제가 가능하다.
② 현재 사용금액에서 2,750,000원보다 더 사용해야 소득공제가 가능하다.
③ 체크카드를 5,000,000원 더 사용한다면, 2,250,000원이 소득공제금액에 포함되고 공제액은 675,000원이다.
④ 신용카드를 5,750,000원 더 사용한다면, 3,000,000원이 소득공제금액에 포함되고 공제액은 900,000원이다.
⑤ 신용카드 사용금액이 더 적기 때문에 체크카드보다 신용카드를 많이 사용하는 것이 공제에 유리하다.

02 K대리는 8월 이후로 신용카드를 4,000,000원을 더 사용하였고, 현금영수증 금액을 확인해보니 5,000,000원이었다. 또한 연봉이 40,000,000만 원으로 상승하였다. 다음 세율을 적용하여 신용카드, 현금영수증 등 소득공제 금액에 대한 세금을 구하면 얼마인가?

과표	세율
연봉 1,200만 원 이하	6%
연봉 4,600만 원 이하	15%
연봉 8,800만 원 이하	24%
연봉 1억 5,000만 원 이하	35%
연봉 1억 5,000만 원 초과	38%

① 90,000원
② 225,000원
③ 247,500원
④ 450,000원
⑤ 1,500,000원

※ 다음은 2025년 K기업의 상반기 신입사원 채용 공고이다. 공고문을 읽고 이어지는 질문에 답하시오.
[3~4]

〈2025년 상반기 K기업 신입사원 채용 공고〉

• 채용 인원 및 선발 분야 : 총 ○○명(행정직 ○○명, 기능직 ○○명)
• 지원 자격

구분	주요 내용
학력	▷행정직 : 학력 및 전공 제한 없음 ▷기능직 : 해당 분야 전공자 또는 관련 자격 소지자
자격	▷기능직의 경우 관련 자격증 소지 여부 확인 ▷외국어 능력 성적 보유자에 한해 성적표 제출
연령	만 18세 이상(채용 공고일 2025년 1월 3일 기준)
병역	병역법에 명시한 병역 기피 사실이 없는 자(단, 현재 군복무 중인 경우 채용 예정일 이전 전역 예정자 지원 가능)
기타	2025년 상반기 신입사원 채용부터 지역별 지원 제한 폐지

• 채용 전형 순서 : 서류 전형 → 필기 전형 → 면접 전형 → 건강 검진 → 최종 합격
• 채용 예정일 : 2025년 5월 15일

03 K기업 채용 Q&A 게시판에 다음과 같은 질문이 올라왔다. 질문에 옳게 답변한 것은?

안녕하세요? 이번 K기업 채용 공고를 확인하고 지원하려고 하는데 지원 자격과 관련해 여쭤보려 합니다. 대학을 졸업하고 현재 군인인 제가 이번 채용에 지원할 수 있는지 확인하고 싶습니다.

① 죄송하지만 이번 채용에서는 대학 졸업 예정자만을 대상으로 하고 있습니다.
② 기능직의 경우 필요한 자격증을 보유하고 있다면 누구든지 지원 가능합니다.
③ 채용 예정일 이전 전역 예정자라면 지원 가능합니다.
④ 지역별로 지원 제한이 있으므로 확인하시고 지원하시기 바랍니다.
⑤ 행정직의 경우 외국어 능력 성적 기준 제한이 있으므로 확인하시고 지원하시기 바랍니다.

04 다음 중 K기업에 지원할 수 없는 사람은 누구인가?
① 최종 학력이 고등학교 졸업인 A
② 2025년 5월 10일 기준으로 만 18세가 된 B
③ 관련 학과를 전공하고 기능직에 지원한 C
④ 현재 군인 신분으로 2025년 5월 5일 전역 예정인 D
⑤ 외국어 능력 성적 유효 기간이 경과한 E

※ 다음은 경조사 지원 규정에 따라 이번 달에 지원을 받을 임직원들의 경조사 목록이다. 자료를 토대로 이어지는 질문에 답하시오. [5~6]

〈임직원 경조사 지원 규정〉

• K기업은 임직원 경조사에 사안별로 다양한 지원을 제공한다.
• 경조사의 범위는 결혼식, 돌잔치, 장례식, 회갑, 결혼기념일, 입학 및 졸업으로 한정한다.
 1. 본인의 결혼식, 자녀의 돌잔치, 부모님 회갑에는 현금과 함께 화환을 제공한다.
 2. 부모의 장례식, 배우자의 장례식에는 현금과 함께 화환을 제공한다.
 3. 위의 1 ~ 2항에 언급하지 않은 사안에는 화환 또는 꽃다발만 제공하는 것으로 한다.
※ K기업에 재직 중인 2인 이상이 경조사 범위(1 ~ 2항)에 관련된 경우 한 명에게는 화환이나 꽃다발을, 다른 한 명에게는 현금을 제공함

〈이번 달 임직원 경조사 목록〉

구분	경조사	비고
황지원 대리	부친 장례식	이수현 과장 배우자
최진혁 사원	조모 장례식	–
이수현 과장	장인어른 장례식	황지원 대리 배우자
기성용 부장	본인 결혼식	–
조현우 차장	자녀 돌잔치	–
이강인 대리	배우자 졸업식	최영서 사원 배우자
정우영 대리	결혼기념일	–
이미연 과장	모친 회갑	–
최영서 사원	본인 졸업식	이강인 대리 배우자

05 이번 달 임직원 경조사 목록을 참고할 때, 현금과 화환을 모두 받을 수 있는 사람은 몇 명인가?

① 1명　　　　　　　　　　　　② 2명
③ 3명　　　　　　　　　　　　④ 4명
⑤ 5명

06 다음 중 경조사 지원으로 현금을 받을 수 있는 사람을 모두 고르면?

• K기업에 함께 재직하고 있는 배우자와의 결혼기념일에 휴가를 내는 A과장
• 첫 딸의 돌잔치를 소규모로 가족들끼리만 진행하는 B사원
• K기업에 재직하고 있지 않은 배우자와 함께 대학교를 졸업하는 C사원

① A과장　　　　　　　　　　② B사원
③ A과장, B사원　　　　　　　④ B사원, C사원
⑤ A과장, C사원

※ 다음은 K카페의 음료의 메뉴별 성분 자료와 갑(甲)이 요일별로 마실 음료를 선택하는 기준이다. 자료를 참고하여 이어지는 질문에 답하시오(단, 갑은 요일별로 1잔의 음료를 마신다). **[7~8]**

〈메뉴별 성분〉

구분	우유	시럽	기타	구분	우유	시럽	기타
아메리카노	×	×		카페모카	○	초콜릿	크림
카페라테	○	×		시나몬모카	○	초콜릿	시나몬
바닐라라테	○	바닐라		비엔나커피	×	×	크림
메이플라테	○	메이플		홍차라테	○	×	홍차

※ ○(함유), ×(미함유)

〈갑(甲)의 음료 선택 기준〉

• 월요일과 화요일에는 크림이 들어간 음료를 마신다.
• 화요일과 목요일에는 우유가 들어간 음료를 마시지 않는다.
• 수요일에는 바닐라 시럽이 들어간 음료를 마신다.
• 금요일에는 홍차라테를 마신다.
• 주말에는 시럽이 들어가지 않고, 우유가 들어간 음료를 마신다.
• 비엔나커피는 일주일에 2번 이상 마시지 않는다.
• 바로 전날 마신 음료와 동일한 음료는 마시지 않는다.

07 갑(甲)이 오늘 아메리카노를 마셨다면, 오늘은 무슨 요일인가?

① 수요일   ② 목요일
③ 금요일   ④ 토요일
⑤ 일요일

08 갑(甲)이 금요일에 홍차라테가 아닌 카페라테를 마신다면, 토요일과 일요일에 마실 음료를 올바르게 짝지은 것은?

	토요일	일요일
①	아메리카노	카페라테
②	카페라테	홍차라테
③	아메리카노	카페모카
④	홍차라테	카페라테
⑤	홍차라테	아메리카노

〈하수처리시설 평가 기준〉

구분	정상	주의	심각
생물화학적 산소요구량	5 미만	5 이상	15 이상
화학적 산소요구량	20 미만	20 이상	30 이상
부유물질	10 미만	10 이상	20 이상
질소 총량	20 미만	20 이상	40 이상
인 총량	0.2 미만	0.2 이상	1.0 이상

〈A ~ C처리시설의 평가 결과〉

구분	생물화학적 산소요구량	화학적 산소요구량	부유물질	질소 총량	인 총량
A처리시설	4	10	15	10	0.1
B처리시설	9	25	25	22	0.5
C처리시설	18	33	15	41	1.2

※ '정상' 지표 4개 이상 : 우수
※ '주의' 지표 2개 이상 또는 '심각' 지표 2개 이하 : 보통
※ '심각' 지표 3개 이상 : 개선 필요

09 평가 기준으로 보았을 때, 하수처리시설에 대한 평가로 옳은 것은?

① A처리시설 – 우수, B처리시설 – 보통
② A처리시설 – 보통, C처리시설 – 보통
③ B처리시설 – 개선 필요, C처리시설–개선 필요
④ B처리시설 – 보통, C처리시설 – 보통
⑤ B처리시설 – 우수, C처리시설 – 개선 필요

10 다음 글을 읽고 B처리시설의 문제점과 개선방향을 올바르게 지적한 것은?

> B처리시설은 C처리시설에 비해 좋은 평가를 받았지만, '정상' 지표는 없었다. 그렇기 때문에 관련된 시설 분야에 대한 조사와 개선이 필요하다. 지적사항으로 '심각' 지표를 가장 우선으로 개선하고, 최종적으로 '우수' 단계로 개선해야 한다.

① 생물화학적 산소요구량은 4로 '정상' 지표이기 때문에 개선할 필요가 없다.
② 화학적 산소요구량은 25로 '주의' 지표이기 때문에 가장 먼저 개선해야 한다.
③ 질소 총량과 인 총량을 개선한다면, 평가 결과 '우수' 지표를 받을 수 있다.
④ 부유물질은 가장 먼저 개선해야 하는 '심각' 지표이다.
⑤ '우수' 단계로 개선하기 위해서 부유물질을 포함한 3가지 지표를 '정상' 지표로 개선해야 한다.

〈블랙박스 시리얼 번호 체계〉

개발사		제품		메모리 용량		제조연월				일련번호	PCB버전
값	의미	값	의미	값	의미	값	의미	값	의미	값	값
A	아리스	BD	블랙박스	1	4GB	A	2018년	1~9	1~9월	00001	1
S	성진	BL	LCD 블랙박스	2	8GB	B	2019년	O	10월	00002	2
B	백경	BP	IPS 블랙박스	3	16GB	C	2020년	N	11월	⋯	3
C	천호	BE	LED 블랙박스	4	32GB	D	2021년	D	12월	09999	
M	미강테크					E	2022년				

※ 예시 : ABD2B6000101 → 아리스 블랙박스, 8GB, 2013년 6월 생산, 10번째 모델, PCB 1번째 버전

〈A/S 접수 현황〉

분류1	분류2	분류3	분류4
ABD1A2001092	MBE2E3001243	SBP3CD012083	ABD4B3007042
BBD1DD000132	MBP2CO120202	CBE3C4000643	SBE4D5101483
SBD1D9000082	ABE2D0001063	BBD3B6000761	MBP4C6000263
ABE1C6100121	CBL2C3010213	ABP3D8010063	BBE4DN020473
CBP1C6001202	SBD2B9001501	CBL3S8005402	BBL4C5020163
CBL1BN000192	SBP2C5000843	SBD3B1004803	CBP4D6100023
MBD1A2012081	BBL2BO010012	MBE3E4010803	SBE4E4001613
MBE1DB001403	CBD2B3000183	MBL3C1010203	ABE4DO010843

11 A/S가 접수되면 수리를 위해 각 제품을 해당 제조사로 전달한다. 그런데 제품 시리얼 번호를 확인하는 과정에서 조회되지 않는 번호가 있다는 것을 발견하였을 때, 총 몇 개의 시리얼 번호가 잘못 기록되었는가?

① 6개
② 7개
③ 8개
④ 9개
⑤ 10개

12 A/S가 접수된 제품 중 2018 ~ 2019년도에 생산된 것에 대해 무상으로 블루투스 기능을 추가해주는 이벤트를 진행하고 있다고 할 때, A/S접수가 된 블랙박스 중에서 이벤트에 해당하는 제품은 모두 몇 개인가?(단, A/S가 접수된 시리얼 번호 중 제조연도가 잘못 기록된 제품은 제외한다)

① 6개
② 7개
③ 8개
④ 9개
⑤ 10개

13 당사의 제품을 구매한 고객이 A/S를 접수하면, 상담원은 제품 시리얼 번호를 확인하여 기록해 두고 있다. 제품 시리얼 번호는 특정 기준에 의해 분류하여 기록하고 있는데, 다음 중 그 기준은 무엇인가?

① 개발사   ② 제품
③ 메모리 용량   ④ 제조연월
⑤ PCB버전

14 스캐너 구매를 담당하고 있는 B씨는 〈보기〉와 같이 사내 설문조사를 통해 부서별로 필요한 스캐너 기능을 확인하였다. 이를 참고하였을 때, 다음 중 구매할 스캐너의 순위는?

A회사는 2025년 초에 회사 내의 스캐너 15대를 교체하려고 계획하고 있다. 각 스캐너의 정보는 아래와 같다.

구분	Q스캐너	T스캐너	G스캐너
제조사	미국 B회사	한국 C회사	독일 D회사
가격	180,000원	220,000원	280,000원
스캔 속도	40장/분	60장/분	80장/분
주요 특징	• 양면 스캔 가능 • 50매 연속 스캔 • 소비전력 절약 모드 지원 • 백지 Skip 기능 • 기울기 자동 보정 • A/S 1년 보장	• 양면 스캔 가능 • 타 제품보다 전력소모 60% 절감 • 다양한 소프트웨어 지원 • PDF 문서 활용 가능 • 기울기 자동 보정 • A/S 1년 보장	• 양면 스캔 가능 • 빠른 스캔 속도 • 다양한 크기 스캔(카드, 계약서 등) • 100매 연속 스캔 • 이중급지 방지 장치 • 백지 Skip 기능 • 기울기 자동 보정 • A/S 3년 보장

보기

• 양면 스캔 가능
• 카드 크기부터 계약서 크기 스캔 지원
• 50매 이상 연속 스캔 가능
• A/S 1년 이상 보장
• 예산 4,200,000원까지 가능
• 기울기 자동 보정

① T스캐너 – Q스캐너 – G스캐너
② G스캐너 – Q스캐너 – T스캐너
③ G스캐너 – T스캐너 – Q스캐너
④ Q스캐너 – G스캐너 – T스캐너
⑤ T스캐너 – G스캐너 – Q스캐너

※ K기업은 2025년 하반기 승진후보자 중 승진자를 선발하고자 한다. 다음은 승진자 선발 방식 및 승진후보자들에 대한 자료이다. 다음 자료를 읽고 이어지는 질문에 답하시오. **[15~16]**

〈2025년 하반기 승진자 선발〉

1. 승진자 선발 방식
   - 승진점수(100)는 실적평가점수(40), 동료평가점수(30), 혁신사례점수(30)에 교육 이수에 따른 가점을 합산하여 산정한다.
   - 교육 이수에 따른 가점은 다음과 같다.

교육	조직문화	전략적 관리	혁신역량	다자협력
가점	2	2	3	2

   - 승진후보자 중 승진점수가 가장 높은 2인을 선발하여 승진시킨다.

2. 승진후보자 평가 정보

승진후보자	실적평가점수	동료평가점수	혁신사례점수	이수교육
A	34	26	22	다자협력
B	36	25	18	혁신역량
C	39	26	24	–
D	37	21	23	조직문화, 혁신역량
E	36	29	21	–

15 승진자 선발 방식에 따라 승진후보자 A, B, C, D, E 중 2명을 승진시키고자 한다. 동점자가 있는 경우 실적평가 점수가 더 높은 후보자를 선발한다고 할 때, 다음 중 승진할 2명은?

① A, B
② A, C
③ C, D
④ C, E
⑤ D, E

16 하반기 인사에 혁신의 반영률을 높이라는 내부 인사위원회의 권고에 따라 승진자 선발 방식이 다음과 같이 변경되었다. 변경된 승진자 선발 방식에 따라 승진자를 선발할 때, 다음 중 승진할 2명은?

〈승진자 선발 방식 변경〉

〈변경 전〉	〈변경 후〉

〈변경 전〉

1. 승진점수(100) 총점 및 배점
   • 실적평가점수(40)
   • 동료평가점수(30)
   • 혁신사례점수(30)

2. 혁신역량 교육 가점

교육	혁신역량
가점	3

〈변경 후〉

1. 승진점수(115) 총점 및 배점
   • 실적평가점수(40)
   • 동료평가점수(30)
   • 혁신사례점수(45)
     − 혁신사례점수에 50%의 가중치 부여

2. 혁신역량 교육 가점

교육	혁신역량
가점	4

① A, D 　　② B, C
③ B, E 　　④ C, D
⑤ C, E

※ 다음 그림과 〈조건〉을 보고 이어지는 질문에 답하시오. [17~18]

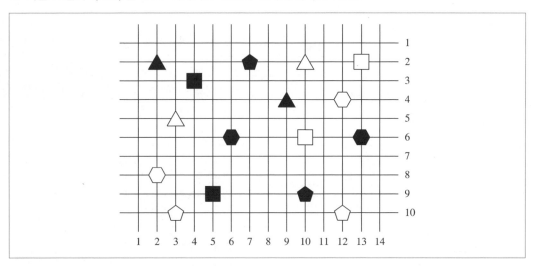

조건

1. W는 White, B는 Black이다.
2. 알파벳 뒤에 숫자는 도형의 각의 개수이다.
3. 좌표는 도형이 위치해 있는 열과 행을 가리킨다.

17 다음 중 그림에 대한 좌표로 가장 적절한 것은?

① W3(3, 6)   ② B3(8, 4)
③ W5(13, 6)   ④ B6(2, 8)
⑤ W6(12, 4)

18 다음 중 그림의 좌표로 적절하지 않은 것은?

① B4(5, 9), B5(7, 2), B6(13, 6)
② W3(3, 5), W4(10, 6), W5(12, 10)
③ W4(13, 2), W5(3, 10), W6(13, 6)
④ B3(2, 2), B3(9, 4), B6(6, 6)
⑤ W4(10, 6), B5(7, 2), B6(6, 6)

PART 2

※ 다음 〈조건〉을 보고 ?에 들어갈 도형을 고르시오. [19~20]

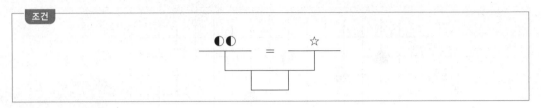

19

① ◐◐◐◐
② ◐◐☆☆
③ ◎◎◐◐
④ ◐◐◐◐◐◐
⑤ ◐◐◐◐

20

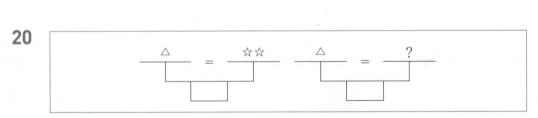

① ◐◐☆☆
② ☆☆☆☆
③ ☆☆◐◐
④ ◐◐◐◐
⑤ ◐◐◐

※ 다음 〈조건〉을 보고 ?에 들어갈 도형을 고르시오. [21~22]

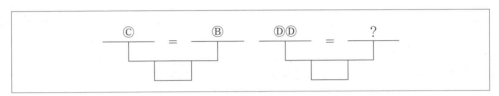

21

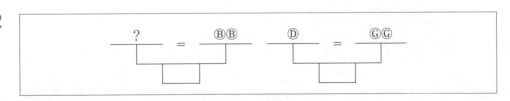

① ⒷⒷⒹⒸ   ② ⒹⒸⒸ

③ ⒹⒸ   ④ ⒸⒸⒸⒹ

⑤ Ⓑ

22

① ⒼⒼⒼⒼ   ② ⒹⒼⒼ

③ ⒼⒼⒹ   ④ ⒼⒼ

⑤ ⒹⒹ

※ 다음 〈조건〉을 보고 ?에 들어갈 도형을 고르시오. [23~24]

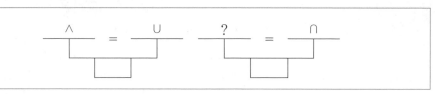

23

① ∪∪∧∧   ② ∪∧∧
③ ∧∧   ④ ∧∧∧∧
⑤ ∧

24

① ∨∪   ② ∨∨∨
③ ∪∪∨   ④ ∪∪∨∨
⑤ ∪

※ K기업은 업무의 효율적인 관리를 위해 새롭게 부서를 통합하고 사무실을 옮기려고 한다. 〈조건〉을 보고 이어지는 질문에 답하시오. **[25~26]**

- 팀 조직도

디자인	경영 관리	경영 기획	인사	총무	VM	법무	영업 기획	영업 관리	콘텐츠 개발	마케팅	전산

※ VM(Visual Marketing)팀

- 사무실 배치도

1	2
3	4

4F

1	2
3	4

5F

1	2
3	4

6F

조건
- 4층은 디자인과 마케팅뿐만 아니라 영업까지 전부 담당하기 위해 영업홍보부서로 개편한다.
- 경영기획관리부서는 새로운 콘텐츠 발굴부터 매장의 비주얼까지 전부 관리할 것이다.
- 6층에서는 회사의 인사, 급여, 전산관리와 같은 전반적인 일들을 관리할 것이다.
- 팀명에 따라 가나다순으로 1 ~ 4팀으로 배치되며 영어 이름일 경우 한글로 변환하여 가나다순으로 배치한다.

25 부서마다 4개의 팀이 배정된다. 다음 중 영업홍보부서에 포함될 팀으로 적절하지 않은 것은?

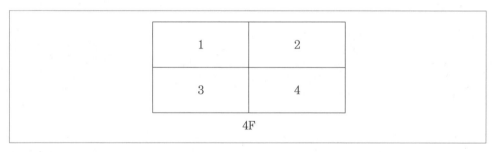

1	2
3	4

4F

① VM팀   ② 디자인팀
③ 마케팅팀   ④ 영업관리팀
⑤ 영업기획팀

26 K기업은 팀 배정을 끝마치고 각자 내선번호를 부여하기로 했다. 〈조건〉을 바탕으로 할 때, 변경된 내선번호가 바르게 짝지어진 것은?

조건

내선번호는 3자리 숫자이다.
- 첫 번째 자리는 층 번호이다.
- 두 번째 자리는 각 층의 팀 이름 순번으로 1 ~ 4까지 부여한다.
- 세 번째 자리는 직급으로 부장, 과장, 대리, 사원 순서로 1 ~ 4까지 부여한다.

[받는 이] B대리(VM팀)

[내용] 안녕하십니까? 부서 개편으로 인해 내선번호가 새롭게 부여되었음을 안내드립니다. B대리님의 번호는 00 - __(가)__ (이)며 이에 대한 궁금한 점이 있으시다면 00 - __(나)__ (으)로 연락주시기 바랍니다.

[보낸 이] A사원(총무팀)

     (가)   (나)
① 321   622
② 422   544
③ 533   644
④ 513   632
⑤ 412   631

※ 다음은 K기업의 상반기 공개채용을 통해 채용된 신입사원 정보와 부서별 팀원 선호사항에 대한 자료이다. 다음 자료를 보고, 이어지는 질문에 답하시오. **[27~28]**

〈신입사원 정보〉

성명	성별	경력	어학 능력	전공	운전면허	필기점수	면접점수
장경인	남	3년	–	회계학과	○	80점	77점
이유지	여	–	영어, 일본어	영문학과	○	76점	88점
이현지	여	5년	일본어	국어국문학과	○	90점	83점
김리안	남	1년	중국어	컴퓨터학과	×	84점	68점
강주환	남	7년	영어, 중국어, 프랑스어	영문학과	○	88점	72점

〈부서별 팀원 선호사항〉

• 회계팀 : 경영학, 경제학, 회계학 전공자와 운전면허 소지자를 선호함
• 영업팀 : 일본어 능통자와 운전면허 소지자를 선호하며, 면접점수를 중요시함
• 고객팀 : 경력 사항을 중요시하되, 남성보다 여성을 선호함
• 제조팀 : 다양한 언어 사용자를 선호함
• 인사팀 : 컴퓨터 활용 능력이 뛰어난 사람을 선호함

27 부서별 팀원 선호사항을 고려하여 신입사원을 배치한다고 할 때, 해당 부서에 따른 신입사원의 배치가 가장 적절한 것은?

① 회계팀 – 김리안
② 영업팀 – 강주환
③ 인사팀 – 장경인
④ 제조팀 – 이유지
⑤ 고객팀 – 이현지

28 신입사원을 부서별로 배치할 때 다음과 같은 부서 배치 기준이 정해진다면, 어느 부서에도 배치될 수 없는 신입사원은?

〈부서 배치 기준〉

• 회계팀 : 경영학, 경제학, 회계학, 통계학 중 하나를 반드시 전공해야 한다.
• 영업팀 : 면접점수가 85점 이상이어야 한다.
• 고객팀 : 5년 이상의 경력을 지녀야 한다.
• 제조팀 : 영어를 사용할 수 있어야 한다.
• 인사팀 : 필기점수가 85점 이상이어야 한다.

① 장경인
② 이유지
③ 이현지
④ 김리안
⑤ 강주환

※ 다음은 K기업에서 안전을 위해 정기적으로 하는 검침에 대한 안내사항이다. 이어지는 물음에 답하시오.
　[29~30]

〈계기판 검침 안내사항〉

정기적으로 매일 오전 9시에 다음의 안내사항에 따라 검침을 하고 그에 따른 조치를 취하도록 한다.

〈계기판 A・B・C의 표준 수치〉		
계기판 A	계기판 B	계기판 C

[기계조작실]
1. 계기판을 확인하여 PSD 수치를 구한다.
　※ 검침하는 시각에 실외 온도계의 온도가 영상이면 B계기판은 고려하지 않음
　※ 검침하는 시각에 실내 온도계의 온도가 20℃ 미만이면 Parallel Mode를, 20℃ 이상이면 Serial Mode를 적용함
　　• Parallel Mode
　　 PSD＝검침 시각 각 계기판 수치의 평균
　　• Serial Mode
　　 PSD＝검침 시각 각 계기판 수치의 합

2. PSD 수치에 따라서 알맞은 버튼을 누른다.

수치	버튼
PSD≤기준치	정상
기준치<PSD<기준치+5	경계
기준치+5≤PSD	비정상

※ 화요일과 금요일은 세 계기판의 표준 수치의 합의 $\frac{1}{2}$을 기준치로 삼고, 나머지 요일은 세 계기판의 표준 수치의 합을 기준치로 삼음(단, 온도에 영향을 받지 않음)

3. 기계조작실에서 버튼을 누르면 버튼에 따라 상황통제실의 경고등에 불이 들어온다.

버튼	경고등
정상	녹색
경계	노란색
비정상	빨간색

[상황통제실]

들어온 경고등의 색을 보고 필요한 조치를 취한다.

경고등	조치
녹색	정상 가동
노란색	안전요원 배치
빨간색	접근제한 및 점검

29 K기업의 기계조작실에서 근무하는 서희정은 월요일 아침 9시가 되자 계기판을 점검하여 검침일지를 쓰려고 한다. 오늘 실외 온도계 수치는 −2℃이고, 실내 온도계의 수치는 19℃였으며, 계기판의 수치는 다음과 같았다. 서희정이 눌러야 하는 버튼은 무엇이며, 이를 본 상황통제실에서는 다음 중 어떤 조치를 취해야 하는가?

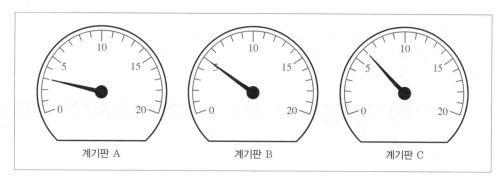

	버튼	조치
①	정상	정상 가동
②	정상	안전요원 배치
③	경계	안전요원 배치
④	비정상	접근제한 및 점검
⑤	비정상	정상 가동

30 오늘 K기업의 계기판 수치가 불안정하여 바쁜 하루를 보낸 서희정은 검침 일지를 제출하려고 검토하던 중 실내용 온도계 수치와 PSD 수치가 누락된 것을 발견하였다. 두 항목 중 실내용 온도계 수치를 예측할 때, 다음 중 가장 적절한 것은?

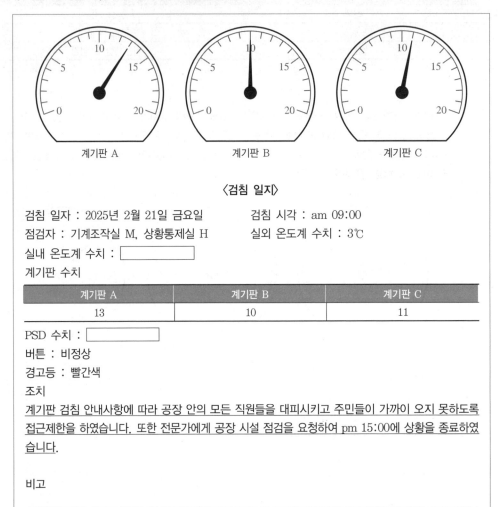

계기판 A   계기판 B   계기판 C

〈검침 일지〉

검침 일자 : 2025년 2월 21일 금요일   검침 시각 : am 09:00
점검자 : 기계조작실 M, 상황통제실 H   실외 온도계 수치 : 3℃
실내 온도계 수치 : [   ]
계기판 수치

계기판 A	계기판 B	계기판 C
13	10	11

PSD 수치 : [   ]
버튼 : 비정상
경고등 : 빨간색
조치
계기판 검침 안내사항에 따라 공장 안의 모든 직원들을 대피시키고 주민들이 가까이 오지 못하도록 접근제한을 하였습니다. 또한 전문가에게 공장 시설 점검을 요청하여 pm 15:00에 상황을 종료하였습니다.

비고
_____
관리자 서명 _____

① 영하
② 영상 10℃ 이상 20℃ 미만
③ 영상 20℃ 이상
④ 영상 0℃ 이상 10℃ 미만
⑤ 온도와 상관없다.

우리가 해야 할 일은 끊임없이 호기심을 갖고
새로운 생각을 시험해보고 새로운 인상을 받는 것이다.

- 월터 페이터 -

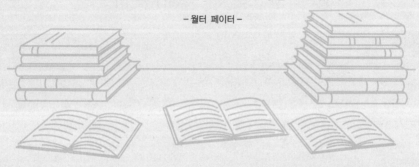

인생이란 결코 공평하지 않다.
이 사실에 익숙해져라.

- 빌 게이츠 -

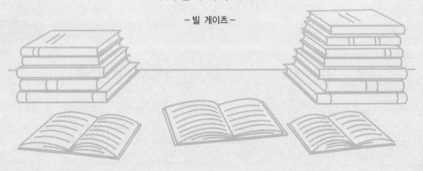

현재 나의 실력을 객관적으로 파악해 보자!

모바일 OMR
답안채점 / 성적분석 서비스

도서에 수록된 모의고사에 대한 객관적인 결과(정답률, 순위)를 종합적으로 분석하여 제공합니다.

OMR 입력

성적분석

채점결과

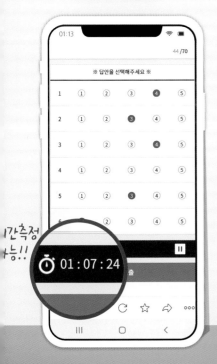

※ OMR 답안채점 / 성적분석 서비스는 등록 후 30일간 사용 가능합니다.

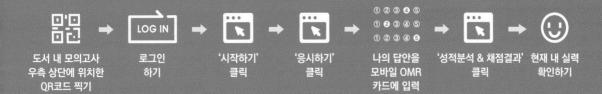

도서 내 모의고사 우측 상단에 위치한 QR코드 찍기 → 로그인 하기 → '시작하기' 클릭 → '응시하기' 클릭 → 나의 답안을 모바일 OMR 카드에 입력 → '성적분석 & 채점결과' 클릭 → 현재 내 실력 확인하기

2025
최신판

해양경찰
적성검사

정답 및 해설

최신기출유형+모의고사 4회

편저 | 최윤지 · SDC(Sidae Data Center)

유형분석 및 모의고사로
최종합격까지
**한 권으로
마무리!**

SDC
SDC는 시대에듀 데이터 센터의 약자로
약 30만 개의 NCS·적성 문제 데이터를
바탕으로 최신 출제경향을 반영하여
문제를 출제합니다.

시대에듀

PART

1

적성검사

끝까지 책임진다! 시대에듀!

QR코드를 통해 도서 출간 이후 발견된 오류나 개정법령, 변경된 시험 정보, 최신기출문제, 도서 업데이트 자료 등이 있는지 확인해 보세요! **시대에듀 합격 스마트 앱**을 통해서도 알려 드리고 있으니 구글 플레이나 앱 스토어에서 다운받아 사용하세요. 또한, 파본 도서인 경우에는 구입하신 곳에서 교환해 드립니다.

01	02	03	04	05	06	07	08	09	10
④	②	①	⑤	④	⑤	⑤	④	④	⑤
11	12	13	14	15	16	17	18	19	20
③	④	②	③	⑤	③	③	⑤	④	⑤
21	22	23	24	25	26	27	28	29	30
④	①	⑤	③	②	①	③	③	①	④
31	32	33	34	35	36	37	38		
⑤	①	③	⑤	①	②	③	④		

01 　　　　　　　　정답 ④

제시문의 마지막 문단에서 정약용은 청렴을 지키는 것의 두 가지 효과로, '다른 사람에게 긍정적 효과를 미친다.', '목민관 자신에게도 좋은 결과를 가져다준다.'라고 하였으므로 적절하다.

오답분석

① 두 번째 문단에서 '정약용은 청렴을 당위의 차원에서 주장하는 기존의 학자들과 달리 행위자 자신에게 실질적 이익이 된다는 점을 들어 설득하고자 한다.'라고 설명하고 있다.
② 두 번째 문단에서 정약용은 "지자(知者)는 인(仁)을 이롭게 여긴다."라는 공자의 말을 빌려 "지혜로운 자는 청렴함을 이롭게 여긴다."라고 하였으므로 공자의 뜻을 계승한 것이 아니라 공자의 말을 빌려 청렴의 중요성을 강조한 것이다.
③ 두 번째 문단에서 '지혜롭고 욕심이 큰 사람은 청렴을 택하지만 지혜가 짧고 욕심이 작은 사람은 탐욕을 택한다.'라고 하였으므로 청렴한 사람은 욕심이 크기 때문에 탐욕에 빠지지 않는다고 볼 수 있다.
⑤ 첫 번째 문단에서 '이황과 이이는 청렴을 사회 규율이자 개인 처세의 지침으로 강조하였다.'라고 하였으므로 이황과 이이는 청렴을 사회 규율로 보았다는 것을 알 수 있다.

02 　　　　　　　　정답 ②

제시문의 마지막 문단에서 '병원균이나 곤충, 선충에 기생하는 종들을 사용한 생물 농약은 유해 병원균이나 해충을 직접 공격하기도 한다.'라고 하였으므로 ②는 적절하지 않다.

03 　　　　　　　　정답 ①

제시문에서는 언급되지 않은 내용이다.

오답분석

② 두 번째 문단에 나와 있다.
③ 첫 번째 문단에서 '위기(爲己)란 자아가 성숙하는 것을 추구하며'라고 하였다.
④ 첫 번째 문단에서 '공자는 공부하는 사람의 관심이 어디에 있느냐를 가지고 학자를 두 부류로 구분했다.'라고 하였다.
⑤ 마지막 문단에 나와 있다.

04 　　　　　　　　정답 ⑤

제시문의 마지막 문단에 따르면 괴델은 '참이지만 증명할 수 없는 명제가 존재한다.'라고 하였지만, '주어진 공리와 규칙만으로 일관성과 무모순성을 증명할 수 없다.'라고 하였다.

오답분석

① 두 번째 문단에 따르면 유클리드는 공리를 기반으로 끌어낸 명제들이 성립함을 증명하였으나, 공리를 증명하려 시도하지는 않았다.
② 세 번째 문단에 따르면 힐베르트는 공리의 무모순성과 독립성을 증명할 수 있다고 예상하였다.
③ · ④ 괴델은 증명할 수 없어도 참인 명제가 존재한다고 하였으며, 기존의 수학 체계 자체를 부정한 것이 아니라 그 자체 체계만으로 일관성과 무모순성을 증명할 수 없다는 불완전성을 정리한 것이다.

05 　　　　　　　　정답 ④

'서도(書道)라든가 다도(茶道)라든가 꽃꽂이라든가 하는 일을 과외로 즐길 줄 아는 사람을 우리는 생활의 멋을 아는 사람이라고 말한다.'의 문장을 통해 알 수 있다.

오답분석

① · ⑤ 언급되지 않은 내용이다.
② 값비싸고 화려한 복장을 한 사람이라고 해서 공리적 계산을 하는 사람은 아니다.
③ 소탈한 생활 태도는 경우에 따라 멋있게 생각될 수 있을 뿐, 가장 중요한 것은 아니다.

06
정답 ⑤

제시문에서는 1948년에 제정된 대한민국 헌법에 드러난 공화제적 원리는 1948년에 이르러 갑자기 등장한 것이 아니라 이미 19세기 후반부터 표명되고 있었다고 말하면서 구체적인 예를 들어 설명하고 있다. 먼저, 1885년 『한성주보』에서 공화제적 원리가 언급되었고, 1898년 만민 공동회에서는 그 내용이 명확하게 드러났다고 하였다. 또한 독립협회의 「헌의 6조」에서 공화주의 원리를 찾아볼 수 있다고 하였다. 따라서 제시문의 핵심 내용으로 가장 적절한 것은 ⑤이다.

07
정답 ⑤

제시문에서는 4단계로 나뉘는 감염병 위기 경보 수준을 설명하며, 각 단계에 따라 달라지는 정부의 주요 대응 활동에 관해 이야기하고 있다. 따라서 제목으로 가장 적절한 것은 ⑤이다.

08
정답 ④

상상력은 정해진 개념이나 목적이 없는 상황에서 그 개념이나 목적을 찾는 역할을 하고, 이때 주어진 목적지(개념)가 없으며, 반드시 성취해야 할 그 어떤 것도 없기 때문에 자유로운 유희다. 따라서 글의 제목으로 ④가 가장 적절하다.

오답분석
① 제시문의 내용은 칸트 철학 내에서의 상상력이 어떤 조건에서 작동되며 또 어떤 역할을 하는지 기술하고 있으므로 상상력의 재발견이라는 제목은 적절하지 않다.
② 제시문에서는 상상력을 인식 능력이라고 규정하는 부분을 찾을 수 없다.
③ 상상력은 주어진 개념이 없을 경우 새로운 개념들을 가능하게 산출하는 것이므로 목적 없는 활동이라고는 볼 수 없다.
⑤ 제시문에 기술된 만유인력의 법칙과 상대성 이론 등은 상상력의 자유로운 유희를 설명하기 위한 사례일 뿐이다.

09
정답 ④

제시문의 첫 번째와 두 번째 문단에서 EU가 철제 다리 덫 사용을 금지하는 나라의 모피만 수입하기로 결정한 내용과 동물 실험을 거친 화장품의 판매 조치 금지 법령이 WTO의 영향을 받아 실행되지 못한 예가 제시되고 있다. 따라서 ④의 추론은 적절하다.

10
정답 ⑤

ㄱ. '아기가 태어난 지 약 20일이 지나면 배냇저고리를 벗기고 돌띠저고리를 입혔다.'라는 부분을 통해 알 수 있는 내용이다.
ㄷ. 돌띠저고리와 백줄을 누빈 저고리는 모두 장수하기를 바라는 의미를 지니고 있으므로 적절한 내용이다.

ㄹ. 첫돌에 남자 아기에게는 색동저고리를 입히고 복건이나 호건을 씌우며, 여자 아기에게는 색동저고리를 입히고 굴레를 씌웠다고 하였다. 따라서 남자 아기와 여자 아기 모두 첫 생일에 색동저고리를 입었다는 것을 알 수 있다.

오답분석
ㄴ. 여자 아기가 아닌 남자 아기의 배냇저고리를 재수가 좋다고 하여 시험을 치르는 사람이 부적 같이 몸에 지니는 풍습이 있었다고 하였으므로 적절하지 않은 내용이다.

11
정답 ③

오답분석
① 농가가 직접 수확하여 보내는 방식이므로 수의계약이다.
② 농가가 직접 마트와 거래하는 것은 수의계약이다.
④ 상품을 주기적으로 소비할 경우 밭떼기가 더 유리하다.
⑤ 청과물의 거래 방식으로 가격 변동이 가장 큰 것은 경매이다.

12
정답 ④

3자 물류는 화주업체와 1년 이상 장기간의 계약을 맺으므로 ④는 제시문을 바탕으로 한 추론으로 적절하지 않다.

13
정답 ②

보기는 삼단논법의 추리라고 할 수 있다. 삼단논법은 대체로 대전제, 소전제, 결론의 순서로 배열된다.
• 대전제 : P+M
• 소전제 : M+S
• 결론 : P+S
M은 매개념으로 대전제와 소전제에 각각 나타난다. 보기를 적용해 보면, 대전제는 '인생의 목적은(P) 문화를 창조하는 데 있다(M)'이고, 결론은 '인생의 목적을(P) 달성하기 위해서는 지식을 습득해야 한다(S)'이다. 따라서 소전제는 문화 창조(M)와 지식 습득(S)이 들어가는 내용이 되어야 하므로 ②가 가장 적절하다.

14
정답 ③

'예술가가 무엇인가를 선택하는 정신적인 행위와 작업이 예술의 본질'이라는 내용과 마르셀 뒤샹, 잭슨 폴록의 작품에 대한 설명을 통해 퐁피두 미술관이 전통적인 예술 작품을 선호할 것이라고 추론하기는 어렵다.

오답분석
①·④·⑤ 마르셀 뒤샹과 잭슨 폴록의 작품 성격을 통해 추론할 수 있다.
② 마르셀 뒤샹과 잭슨 폴록이 작품을 표현한 방식이 서로 다르듯이 그 밖에 다른 작가들의 다양한 표현 방식의 작품이 있을 것으로 추론함으로써 퐁피두 미술관을 찾는 사람들의 목적이 다양할 것이라는 추론을 도출할 수 있다.

15
정답 ⑤

제시문은 철학에서의 '부조리'에 대한 개념을 설명하는 글이다. 따라서 (나) 부조리의 개념 → (라) 부조리라는 개념을 처음 도입하고 설명한 알베르 카뮈 → (가) 연극의 비유에 대한 설명 → (다) 인간이 부조리를 느끼는 순간의 순서로 나열해야 한다.

16
정답 ③

제시문은 현대 건축가 르 코르뷔지에의 업적에 대해 설명하는 글이다. 따라서 (라) 현대 건축의 거장으로 불리는 르 코르뷔지에에 대한 소개 → (가) 르 코르뷔지에가 만든 도미노 이론의 정의 → (다) 도미노 이론에 대한 설명 → (나) 도미노 이론에 대한 연구와 이를 적용한 다양한 건물에 대한 소개의 순서로 나열해야 한다.

17
정답 ③

샌드위치를 소개하는 (다) 문단이 가장 먼저 오는 것이 적절하며, 그 다음으로 샌드위치 이름의 유래를 소개하는 (나) 문단이 적절하다. 그 뒤를 이어 샌드위치 백작에 대한 평가가 엇갈림을 설명하는 (가) 문단이, 마지막으로는 이러한 엇갈린 평가를 구체적으로 설명하는 (라) 문단이 적절하다.

18
정답 ⑤

음식 이름의 주인공인 샌드위치 백작은 일부에서는 유능한 정치인·군인이었던 인물로 평가되는 반면, 다른 한편에서는 무능한 도박꾼으로 평가되고 있는 것을 볼 때 빈칸에 들어갈 내용으로 ⑤가 가장 적절하다.

19
정답 ④

기존의 화석연료를 변환하여 이용하는 것도 액티브 기술에 포함된다.

[오답분석]
① 패시브 기술은 능동적으로 에너지를 끌어다 쓰는 액티브 기술과 달리 수동적이다. 따라서 자연 채광을 많이 받기 위해 남향, 남동향으로 배치하며 단열에 신경을 쓴다.
② 패시브 기술은 다양한 단열 방식을 사용한다.
③ 액티브 기술을 사용한 예로는 태양광 발전, 태양열 급탕, 지열 냉난방, 수소연료전지, 풍력 발전 시스템, 목재 펠릿 보일러 등이 있다.
⑤ 제시된 자료를 통해 확인할 수 있다.

20
정답 ⑤

패시브 하우스는 남쪽으로 크고 작은 창을 많이 내며, 실내의 열을 보존하기 위하여 3중 유리창을 설치한다.

21
정답 ④

제시문의 핵심 내용은 '기본 모델'에서는 증권시장에서 주식의 가격이 '기업의 내재적인 가치'라는 객관적인 기준에 근거하여 결정된다고 보지만 '자기 참조 모델'에서는 주식의 가격이 증권시장에 참여한 사람들의 여론에 의해, 즉 인간의 주관성에 의해 결정된다고 본다는 것이다. 따라서 제시문은 주가 변화의 원리에 초점을 맞추어 다른 관점들을 대비하고 있는 것이다.

22
정답 ①

글쓴이는 객관적인 기준을 중시하는 기본 모델은 주가 변화를 제대로 설명하지 못하지만, 인간의 주관성을 중시하는 자기 참조 모델은 주가 변화를 제대로 설명하고 있다고 보고 있다. 따라서 증권시장의 객관적인 기준이 인간의 주관성보다 합리적임을 보여준다는 진술은 제시문의 내용과 다르다.

23
정답 ⑤

'자기 참조 모델'에서는 투자자들이 객관적인 기준에 따르기보다는 여론을 모방하여 주식을 산다고 본다. 그 모방은 합리적이라고 인정되는 다수의 비전인 '묵계'에 의해 인정된다. 증권시장은 이러한 묵계를 조성하고 유지해 가면서 경제를 자율적으로 평가할 수 있는 힘을 가진다. 따라서 증권시장은 '투자자들이 묵계를 통해 자본의 가격을 산출해 내는 제도적 장치'인 것이다.

24
정답 ③

빈칸 앞 문장에서 변혁적 리더는 구성원의 욕구 수준을 상위 수준으로 끌어올린다고 하였으므로 구성원에게서 기대되었던 성과만을 얻어내는 거래적 리더십을 발휘하는 리더와 달리 변혁적 리더는 구성원에게서 보다 더 높은 성과를 얻어낼 수 있을 것임을 추론할 수 있다. 따라서 빈칸에 들어갈 내용으로는 '기대 이상의 성과를 얻어낼 수 있다.'가 가장 적절하다.

25
정답 ②

합리적 사고와 이성에 호소하는 거래적 리더십과 달리 변혁적 리더십은 감정과 정서에 호소하는 측면이 크다. 따라서 변혁적 리더십을 발휘하는 변혁적 리더는 구성원의 합리적 사고와 이성이 아니라 감정과 정서에 호소한다.

26
정답 ①

보기의 문두에 나와 있는 '이렇게'라는 어휘가 (가)에 제시되어 있는 상황을 가리키므로 (가)의 뒤에 와야 한다.

27
정답 ⑤

제시문의 주제는 (마) 부분에 잘 나타나 있다.

28
정답 ③

3D 업종의 인식 변화를 소개하는 (나), 그 사례인 환경미화원 모집 공고에 대한 내용인 (가), 이에 대한 인터뷰 내용인 (라), 환경미화원 공채에 지원자가 몰리는 이유를 설명하는 (마), 마지막으로 기피 직종에 대한 인식 변화의 또 다른 사례를 소개하는 (다) 순서가 적절하다.

29
정답 ①

기사 내용은 3D 업종에 대한 인식이 과거에 비해 많이 변했다는 점을 설명하는 내용으로 볼 수 있다. 따라서 세상에 변하지 않는 것이 없이 모두 변하게 된다는 속담을 활용한 ①이 가장 적절하다.

오답분석

② '꿩 대신 닭'은 적당한 것이 없을 때 그와 비슷한 것으로 대신하는 경우를 뜻하는 속담으로, 기피 직종에 대한 인식 변화 설명에 활용되기에는 적절하지 않다.

③ '병 주고 약 준다'는 해를 입힌 후에 어루만지거나 도와준다는 뜻의 속담으로 환경미화원의 근무 환경에 대한 설명에 활용되기에는 적절하지 않다.

④ '비 온 뒤에 땅이 굳어진다'는 어떤 풍파를 겪은 후에 일이 더 든든해진다는 뜻의 속담으로 기사 내용에 적절하지 않은 속담이다.

⑤ '땅 짚고 헤엄친다'는 일이 아주 쉽다는 뜻의 속담이다.

30
정답 ④

4차 산업혁명이란 제조업과 IT 기술 등 기존의 산업을 융합하여 새로운 산업을 탄생시키는 변화를 의미하므로 ④가 가장 적절하다.

오답분석

① · ③ 1차 산업혁명
② 2차 산업혁명
⑤ 3차 산업혁명

31
정답 ⑤

제시된 문장에서 클라우스 슈밥은 4차 산업혁명을 '전 세계의 사회, 산업, 문화적 르네상스를 불러올 과학 기술의 대전환기'로 표현하였다. 이는 (마)의 앞 문단에서 이야기하는 4차 산업혁명이 빠른 속도로, 전 산업 분야에 걸쳐, 전체 경제·사회 체제에 변화를 가져올 것으로 전망되기 때문이다. 즉, 제시된 문장의 '이 같은 이유'는 (마) 앞 문단의 전체 내용을 의미하므로 문장이 들어갈 위치로 (마)가 가장 적절하다.

32
정답 ①

'휴리스틱'의 개념 설명을 시작으로 휴리스틱에 반대되는 '알고리즘'에 대한 내용이 이어지고, 다음으로는 휴리스틱을 이용하는 방법인 '이용 가능성 휴리스틱'에 대한 설명과 휴리스틱의 문제점인 '바이어스(Bias)'의 개념을 연이어서 설명하며 '휴리스틱'에 대한 정보의 폭을 넓혀가며 설명하고 있다.

33
정답 ③

확률이나 빈도를 바탕으로 주관적인 판단에 따라(이유가 있음) 사건을 예측하였지만, 예측하지 못한 결과가 발생하는 것, 주관적인 판단과 객관적인 판단 사이에 오는 차이를 '바이어스'라고 한다. ③과 같이 확률이나 빈도를 바탕으로 주관적인 확률에 따라 사건(최근 한달 동안 가장 높은 타율)을 예측하였지만 결과가 예상할 수 없었던 모습(4타수 무안타)으로 나타나는 것을 말한다.

34
정답 ⑤

발표 내용을 볼 때, 펀드 가입 절차에 대한 내용은 찾아볼 수 없다.

오답분석

① 펀드에 가입하면 돈을 벌 수도, 손해를 볼 수도 있음을 세 번째 문단에서 확인할 수 있다.
② 첫 번째 문단에서 확인할 수 있다.
③ 마지막 문단에서 확인할 수 있다.
④ 주식 투자 펀드와 채권 투자 펀드에 대한 발표 내용으로 확인할 수 있다.

35

정답 ①

주식 투자 펀드의 수익률 차이가 심하게 나는 것은 주식이 경기 변동의 영향을 많이 받기 때문이다.

[오답분석]

② 채권 투자 펀드에 대한 설명이다.
③ 채권을 사서 번 이익에서 투자 기관의 수수료를 뺀 금액이 수익이 된다.
④ 주식 투자 펀드에 대한 설명이다.
⑤ 주식 투자 펀드와 채권 투자 펀드 모두 투자 기관의 수수료가 존재한다.

36

정답 ②

제시문은 스타 시스템에 대한 문제점을 지적한 다음, 글쓴이 나름대로의 대안을 모색하고 있다. 따라서 ②가 가장 적절하다.

37

정답 ④

욕망의 주체인 ⓑ만 ⓒ를 이상적 존재로 두고 닮고자 한다.

38

정답 ④

제시문에서 스타는 스타 시스템에 의해서 소비자들의 욕망을 부추기고 상품처럼 취급되어 소비되는 존재로서, 자신의 의지에 의해서 행위하는 것이 아니라 단지 스타 시스템에 의해 조종되고 있을 뿐이라 보고 있다.

02 | 언어비판 적중예상문제

01	02	03	04	05	06	07	08	09	10
②	②	②	③	①	⑤	③	③	①	③
11	12	13	14	15	16	17	18	19	20
④	④	①	⑤	①	①	④	③	②	⑤
21	22	23	24	25	26	27	28	29	30
④	③	②	④	④	③	④	④	③	④

01 　정답 ②

제시된 진료 현황을 각각의 명제로 보고 이들을 수식으로 설명하면 다음과 같다(단, 명제가 참일 경우 그 대우도 참이다).
• B병원이 진료를 하지 않으면 A병원이 진료한다(~B → A / ~A → B).
• B병원이 진료를 하면 D병원은 진료를 하지 않는다(B → ~D / D → ~B).
• A병원이 진료를 하면 C병원은 진료를 하지 않는다(A → ~C / C → ~A).
• C병원이 진료를 하지 않으면 E병원이 진료한다(~C → E / ~E → C).
이를 하나로 연결하면 D병원이 진료를 하면 B병원이 진료를 하지 않고, B병원이 진료를 하지 않으면 A병원은 진료를 한다. A병원이 진료를 하면 C병원은 진료를 하지 않고, C병원이 진료를 하지 않으면 E병원은 진료를 한다(D → ~B → A → ~C → E).
명제가 참일 경우 그 대우도 참이므로 ~E → C → ~A → B → ~D가 된다. E병원은 공휴일에 진료를 하지 않으므로 위의 명제를 참고하면 C와 B병원만이 진료를 하는 경우가 된다. 따라서 공휴일에 진료를 하는 병원은 2곳이다.

02 　정답 ②

첫 번째 조건과 두 번째 조건에 따라 물리학과 학생은 흰색만 좋아하는 것을 알 수 있으며, 세 번째 조건과 네 번째 조건에 따라 지리학과 학생은 흰색과 빨간색만 좋아하는 것을 알 수 있다. 전공별로 좋아하는 색을 정리하면 다음과 같다.

경제학과	물리학과	통계학과	지리학과
검은색, 빨간색	흰색	빨간색	흰색, 빨간색

이때 검은색을 좋아하는 학과는 경제학과뿐이므로 C가 경제학과임을 알 수 있으며, 빨간색을 좋아하지 않는 학과는 물리학과뿐이므로 B가 물리학과임을 알 수 있다. 따라서 항상 참이 되는 것은 ②이다.

오답분석
① A는 통계학과이거나 지리학과이다.
③ C는 경제학과이다.
④ D는 통계학과이거나 지리학과이다.
⑤ C는 빨간색을 좋아하지만 B는 흰색을 좋아한다.

03 　정답 ②

세 번째, 네 번째, 다섯 번째 조건에 의해 8등(꼴찌)이 될 수 있는 사람은 A 또는 C인데, C는 7등인 D와 연속해서 들어오지 않았으므로 8등은 A이다. 또한 두 번째 조건에 의해 B는 4등이고, 네 번째 조건에 의해 E는 5등이다. 마지막으로 첫 번째 조건에 의해 C는 6등이 될 수 없으므로 1, 2, 3등 중에 하나이다.

오답분석
① C는 1, 2, 3등 중 하나이다.
③ B가 E보다 일찍 들어왔다.
④ D가 E보다 늦게 들어왔다.
⑤ E가 C보다 늦게 들어왔다.

04 　정답 ③

주어진 조건을 다음과 같이 다섯 가지 경우로 정리할 수 있다.

구분	1층	2층	3층	4층	5층	6층
경우 1	C	D	A	F	E	B
경우 2	F	D	A	C	E	B
경우 3	F	D	A	E	C	B
경우 4	D	F	A	E	B	C
경우 5	D	F	A	C	B	E

따라서 B는 항상 F보다 높은 층에 산다.

오답분석
① C는 1, 4, 5, 6층에 살 수 있다.
② E는 F와 인접해 있을 수도, 인접하지 않을 수도 있다.
④ C는 B보다 높은 곳에 살 수도, 낮은 곳에 살 수도 있다.
⑤ D는 2층이 아니라 1층에 살 수도 있다.

05
정답 ①

어떤 학생 → 음악을 즐김 → 나무 → 악기

06
정답 ⑤

참인 명제는 그 대우 명제도 참이므로 두 번째 가정의 대우 명제인 '배를 좋아하지 않으면 귤을 좋아하지 않는다.' 역시 참이다. 이를 첫 번째, 세 번째 명제를 통해 '사과를 좋아함 → 배를 좋아하지 않음 → 귤을 좋아하지 않음 → 오이를 좋아함'이 성립한다. 따라서 '사과를 좋아하면 오이를 좋아한다.'가 성립한다.

07
정답 ③

진수는 르세라핌을 좋아하고, 르세라핌을 좋아하는 사람은 뉴진스를 좋아한다. 따라서 진수는 뉴진스를 좋아한다.

08
정답 ③

제시문에 따르면 정래, 혜미>윤호>경철 순이며, 정래와 혜미 중 누가 더 바둑을 잘 두는지는 알 수 없다.

09
정답 ①

연쇄 삼단논법이다. 어떤 ♣ → 산을 좋아함 → 여행 → 자유

10
정답 ③

조건에 따르면 부피가 큰 상자 순서대로 초록 상자>노란 상자=빨간 상자>파란 상자이다.

11
정답 ④

문제에서 주어진 명제를 정리하면 다음과 같다.
• p : 인디 음악을 좋아하는 사람
• q : 독립영화를 좋아하는 사람
• r : 클래식을 좋아하는 사람
• s : 재즈 밴드를 좋아하는 사람
$p \rightarrow q$, $r \rightarrow s$, $\sim q \rightarrow \sim s$ 이다. $\sim q \rightarrow \sim s$ 명제의 대우는 $s \rightarrow q$이므로, $r \rightarrow s \rightarrow q$이다. 즉, $r \rightarrow q$이다.
따라서 '클래식을 좋아하는 사람은 독립영화를 좋아한다.'를 유추할 수 있다.

12
정답 ④

'어떤'은 관련되는 대상이 특별히 제한되지 아니할 때 쓰는 말이다. 즉, 선생님은 예외 없이 공부를 좋아하기 때문에 '모든'을 '어떤'으로 바꿔도 올바른 진술이 된다.

13
정답 ①

문제에서 주어진 명제를 정리하면 다음과 같다.
은지>정주, 정주>경순, 민경>은지의 순서이므로 '민경>은지>정주>경순'이다. 따라서 경순이가 가장 느리다.

14
정답 ⑤

'어떤'과 '모든'이 나오는 명제는 벤다이어그램으로 정리하면 편리하다. 주어진 명제를 정리하면 다음과 같다.

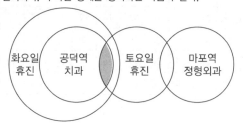

위의 벤다이어그램을 통해 '공덕역 부근의 어떤 치과는 토요일, 화요일 모두 휴진이다.'를 추론할 수 있다.

[오답분석]
① 마포역 부근의 어떤 정형외과는 토요일이 휴진이다.
② 주어진 조건만으로는 알 수 없다.
③ 마포역 부근의 어떤 정형외과가 화요일도 휴진인지는 알 수 없다.
④ 공덕역 부근의 어떤 치과는 토요일이 휴진이기 때문에 거짓이다.

15
정답 ①

'커피를 마신다'를 A, '치즈케이크를 먹는다'를 B, '마카롱을 먹는다'를 C, '요거트를 먹는다'를 D, '초코케이크를 먹는다'를 E, '아이스크림을 먹는다'를 F라고 하면, 'C → ~D → A → B → ~E → F'가 성립한다.

16
정답 ①

E가 수요일에 봉사활동을 한다면 A는 화요일, C는 월요일에 봉사활동을 하고, B와 D는 평일에만 봉사활동을 하므로 토요일에 봉사활동을 하는 사람은 없다.

[오답분석]
② B가 화요일에 봉사활동을 한다면 A는 월요일, C는 수요일 또는 금요일에 봉사활동을 하므로 토요일에 봉사활동을 하는 사람은 없다.
③ C가 A보다 빨리 봉사활동을 한다면 D는 목요일이나 금요일에 봉사활동을 한다.
④ D가 금요일에 봉사활동을 한다면 C는 수요일과 목요일에 봉사활동을 할 수 없으므로 월요일이나 화요일에 봉사활동을 하게 된다. 따라서 다섯 명은 모두 평일에 봉사활동을 하게 된다.

⑤ D가 A보다 봉사활동을 빨리 하면 D는 월요일, A는 화요일에 봉사활동을 하므로 C는 수요일이나 금요일에 봉사활동을 하게 된다. C가 수요일에 봉사활동을 하면 E는 금요일에 봉사활동을 하게 되므로 B는 금요일에 봉사활동을 하지 않는다.

17
정답 ②

주어진 조건에 따라 배정된 객실을 정리하면 다음과 같다.

301호	302호	303호	304호
C, D, F사원(영업팀) / H사원(홍보팀)			
201호	202호	203호	204호
G사원 (홍보팀)	사용 불가	G사원(홍보팀)	
101호	102호	103호	104호
I사원	A사원(영업팀) / B, E사원(홍보팀)		

먼저 주어진 조건에 따르면 A, C, D, F사원은 영업팀이며, B, E, G, H사원은 홍보팀임을 알 수 있다.
만약 H사원이 2층에 묵는다면 G사원이 1층에 묵어야 하는데, 그렇게 되면 영업팀 A사원과 홍보팀 B, E사원이 한 층을 쓸 수 없다. 따라서 H사원은 3층에 묵어야 하고, G사원은 2층에 묵어야 하므로 홍보팀 G사원은 항상 2층에 묵는다.

[오답분석]
① 주어진 조건만으로는 I사원의 소속팀을 확인할 수 없으므로 워크숍에 참석한 영업팀의 직원 수는 정확히 알 수 없다.
③ 주어진 조건만으로는 C사원이 사용하는 객실 호수와 2층 객실을 사용하는 G사원의 객실 호수를 정확히 알 수 없다.
④ 1층 객실을 사용하는 A, B, E, I사원을 제외한 C, D, F, G, H사원은 객실에 가기 위해 반드시 엘리베이터를 이용해야 한다. 이들 중 C, D, F사원은 영업팀이므로 영업팀의 수가 더 많다.
⑤ E사원은 1층의 숙소를 사용하므로 엘리베이터를 이용할 필요가 없다.

18
정답 ③

먼저 세 번째 ~ 여섯 번째 조건을 기호화하면 다음과 같다.
• A or B → D, A and B → D
• C → ~E and ~F
• D → G
• G → E
세 번째 조건의 대우 ~D → ~A and B에 따라 D사원이 출장을 가지 않으면 A사원과 B사원 모두 출장을 가지 않는 것을 알 수 있다. 결국 D사원이 출장을 가지 않으면 C사원과 대리인 E, F, G대리가 모두 출장을 가야 한다. 그러나 이는 대리 중 적어도 한 사람은 출장을 가지 않는다는 두 번째 조건과 모순되므로 성립하지 않는다. 따라서 D사원은 반드시 출장을 가야 한다. D사원이 출장을 가면 다섯 번째, 여섯 번째 조건

을 통해 D → G → E가 성립하므로 G대리와 E대리도 출장을 가는 것을 알 수 있다. 이때, 네 번째 조건의 대우에 따라 E대리와 F대리 중 적어도 한 사람이 출장을 가면 C사원은 출장을 갈 수 없으며, 두 번째 조건에 따라 E, F, G대리는 모두 함께 출장을 갈 수 없다. 결국 D사원, G대리, E대리와 함께 출장을 갈 수 있는 사람은 A사원 또는 B사원이다.
따라서 항상 참이 되는 것은 'C사원은 출장을 가지 않는다.'의 ③이다.

19
정답 ②

두 번째 조건에 의해 A는 2층, C는 1층, D는 2호에 살고 있음을 알 수 있다. 또한 네 번째 조건에 따라 A와 B는 2층, C와 D는 1층에 살고 있음을 알 수 있다. 따라서 1층 1호에는 C, 1층 2호에는 D, 2층 1호에는 A, 2층 2호에는 B가 살고 있다.

20
정답 ⑤

주어진 조건에 따라 사장은 어느 한 면에 앉아 있다고 가정하고 A, B, C부서의 임원들의 자리 배치를 고려하면 다음과 같은 결과를 얻을 수 있다.

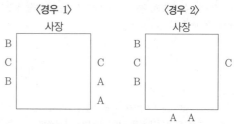

• A : C부서의 한 임원은 경우 1과 같이 A부서 임원과 함께 앉아 있을 수도 있다.
• B : 경우 2를 통해 모든 면에 앉아 있는 경우도 있다는 것을 알 수 있다.
따라서 A, B 모두 옳은지 틀린지 판단할 수 없다.

21
정답 ④

C사원과 E사원의 근무 연수를 정확히 알 수 없으므로 근무 연수가 높은 순서대로 나열하면 'B - A - C - E - D' 또는 'B - A - E - C - D'가 된다. 따라서 근무 연수가 가장 높은 B사원의 경우 주어진 조건에 따라 최대 근무 연수인 4년 차에 해당한다.

22

정답 ③

- 두 번째, 세 번째, 여섯 번째 조건 : A는 주황색, B는 초록색(C와 보색), C는 빨간색 구두를 샀다.
- 일곱 번째 조건 : B와 D는 각각 노란색 / 남색 또는 남색 / 노란색(B와 D는 보색) 구두를 샀다.
- 다섯 번째 조건 : 남은 구두는 파란색과 보라색 구두인데 A가 두 컬레를 구매하였으므로, C와 D는 각각 한 컬레씩 샀다.
- 네 번째 조건 : A는 파란색, B는 보라색 구두를 샀다.

이를 종합하여 주어진 조건을 표로 정리하면 다음과 같다.

A	B	C	D
주황색	초록색	빨간색	남색 / 노란색
파란색	노란색 / 남색	–	–
–	보라색	–	–

따라서 A는 주황색과 파란색 구두를 구매하였다.

23

정답 ②

주어진 조건에 따라 머리가 긴 순서대로 나열하면 '슬기 – 민경 – 경애 – 정서 – 수영'이 된다. 따라서 슬기의 머리가 가장 긴 것을 알 수 있으며, 경애가 단발머리인지는 주어진 조건만으로 알 수 없다.

24

정답 ④

- 이번 주 – 워크숍 : 지훈
- 다음 주 – 체육대회 : 지훈, 영훈 / 창립기념일 행사 : 영훈

따라서 다음 주 체육대회에 지훈이와 영훈이가 참가하는 것을 알 수 있으며, 제시된 사실만으로는 다음 주 진행되는 체육대회와 창립기념일 행사의 순서를 알 수 없다.

25

정답 ④

먼저 개화하는 순으로 나열하면 '나팔꽃 – 봉숭아꽃 – 장미꽃'으로 나팔꽃이 장미꽃보다 먼저 피는 것을 알 수 있다.

26

정답 ③

현수>주현, 수현>주현으로 주현이 가장 늦게 일어남을 알 수 있으며, 제시된 사실만으로는 현수와 수현의 기상 순서를 서로 비교할 수 없다.

27

정답 ④

지후의 키는 178cm, 시후의 키는 181cm, 재호의 키는 176cm로, 키가 큰 순서대로 나열하면 '시후 – 지후 – 재호'의 순이다.

28

정답 ④

바나나>방울토마토, 바나나>사과> 딸기로 바나나의 열량이 가장 높은 것을 알 수 있으나, 제시된 사실만으로는 방울토마토와 딸기의 열량을 비교할 수 없으므로 가장 낮은 열량의 과일은 알 수 없다.

29

정답 ③

누렁이>바둑이>점박이, 얼룩이로 바둑이는 네 형제 중 둘째임을 알 수 있으며, 제시된 사실만으로는 점박이와 얼룩이의 출생 순서를 알 수 없다.

30

정답 ④

주어진 사실에 따라 수진, 지은, 혜진, 정은의 수면 시간을 정리하면 다음과 같다.

- 수진 : 22:00 ~ 07:00 → 9시간
- 지은 : 22:30 ~ 06:50 → 8시간 20분
- 혜진 : 21:00 ~ 05:00 → 8시간
- 정은 : 22:10 ~ 05:30 → 7시간 20분

따라서 수진이의 수면 시간이 가장 긴 것을 알 수 있다.

01	02	03	04	05	06	07	08	09	10	11	12	13	14	15	16	17	18	19	20
③	④	①	④	④	③	④	⑤	⑤	③	①	②	⑤	④	③	⑤	③	④	③	①
21	22	23	24	25	26	27	28	29	30	31	32	33	34	35	36	37	38	39	40
③	④	②	①	⑤	④	④	①	③	③	①	②	③	②	②	③	②	①	①	④

01
정답 ③

제시된 수열은 앞의 항에 -16, $+15$, -14, $+13$, -12, …를 더하는 수열이다.
따라서 (　)$=250+15=265$이다.

02
정답 ④

제시된 수열은 홀수 항은 -14, 짝수 항은 $+10$의 규칙을 갖는 수열이다.
따라서 (　)$=80-14=66$이다.

03
정답 ①

제시된 수열은 홀수 항은 3씩 나누고, 짝수 항은 9씩 더하는 수열이다.
따라서 (　)$=-9÷3=-3$이다.

04
정답 ④

제시된 수열은 앞의 항에 $×1+1^2$, $×2+2^2$, $×3+3^2$, $×4+4^2$, …인 수열이다.
따라서 (　)$=8×3+3^2=33$이다.

05
정답 ④

앞의 항에 $÷4$, $(÷2+4)$의 규칙을 교대로 적용하는 수열이다.

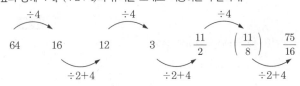

06
정답 ③

앞의 항에 $+2^1$, $+2^3$, $+2^5$, $+2^7$, $+2^9$, …인 수열이다.

07

정답 ④

$A\ B\ C \to C = A^B$

A	B	C
5	0	$1\,[=5^0]$
5	3	$125\,[=5^3]$
6	2	$36\,[=6^2]$

08

정답 ⑤

$A\ B\ C \to C = -\dfrac{1}{2}(A+B)$

A	B	C
-7	3	$2\left[=-\dfrac{1}{2}(-7+3)\right]$
30	-4	$-13\left[=-\dfrac{1}{2}\{30+(-4)\}\right]$
27	5	$-16\left[=-\dfrac{1}{2}(27+5)\right]$

09

정답 ⑤

각 항을 네 개씩 묶고 A, B, C, D라고 하면 다음과 같은 규칙이 성립한다.

$A\ B\ C\ D \to \dfrac{A \times C}{B} = D$

따라서 빈칸에 들어갈 알맞은 수는 $85.25 \times 6 \div 33 = 15.5$이다.

10

정답 ③

분자는 -2, 분모는 $+2$인 수열이다.

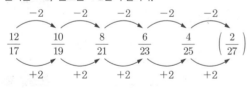

11

정답 ①

'앞항$-$(13의 배수)$=$뒤항'의 규칙이 적용된다. 따라서 빈칸은 $407 - 13 \times 5 = 342$가 들어간다.

12

계차수열은 인접하는 항의 차로 이루어진 수열이다. 항 사이의 차이를 나열해 보면 6, 11, 21, 36이다. 이 수 사이의 규칙을 찾으면 앞항에 5의 배수를 더한 것이 뒤항이다. 따라서 빈칸은 87에 $36+(5\times4)=56$을 더한 값으로 $87+56=143$이 답이 된다.

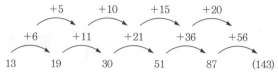

13

어떤 수열의 항과 그 다음 항의 차를 계차라고 하며, 이 계차들이 일정한 규칙으로 이루어진 수열을 계차수열이라고 한다. 이를 이용하여 수열에서 인접해 있는 두 수의 차이(계차)를 차례로 나열해 보면 4, 11, 18, 25로 계차들의 규칙은 +7임을 알 수 있다. 따라서 59와 빈칸의 계차는 $25+7=32$이며, 빈칸에 들어갈 알맞은 수는 $59+32=91$이 된다.

14

앞의 항에 32, 16, 8, 4, 2, 1, …을 더하는 수열이다.
따라서 빈칸에 들어갈 알맞은 수는 $72+1=730$이다.

15

앞의 항에 $-(2\times3^0)$, $-(2\times3^1)$, $-(2\times3^2)$, $-(2\times3^3)$, $-(2\times3^4)$, …을 하는 수열이다.
따라서 빈칸에 들어갈 알맞은 수는 $-6-(2\times3^2)=-6-18=-24$이다.

16

앞의 항에 ×2, +7, −5가 반복되는 수열이다.
따라서 빈칸에 들어갈 알맞은 수는 $14\times2=28$이다.

17

홀수 항은 −13, 짝수 항은 ÷3의 규칙을 가지고 있다.
따라서 빈칸에 들어갈 알맞은 수는 홀수 항이므로 $80-13=67$이다.

18

홀수 항은 +5, 짝수 항은 ×(−2)의 규칙을 가지고 있다.
따라서 빈칸에 들어갈 알맞은 수는 짝수 항이므로 $12+(-2)=-24$이다.

19

홀수 항은 1, 3, 5 …씩 더하는 규칙을, 짝수 항은 3, 5, 7 …씩 더하는 규칙을 가지고 있다.
따라서 빈칸에 들어갈 알맞은 수는 짝수 항이므로 $4+5=90$이다.

20
정답 ①

홀수 항은 -10, -9, -8, -7 …씩 더하는 규칙을, 짝수 항은 $+2$씩 더하는 규칙을 가지고 있다.
따라서 빈칸에 들어갈 알맞은 수는 홀수 항이므로 $3-7=-4$이다.

21
정답 ③

첫 번째, 두 번째, 세 번째 수를 기준으로 3칸씩 이동하며 이루어지는 수열이다.
ⅰ) 1 2 4 8 → 2씩 곱하는 규칙
ⅱ) 5 4 ( ) 2 → 1씩 빼는 규칙
ⅲ) 3 9 27 81 → 3씩 곱하는 규칙
따라서 빈칸에 들어갈 알맞은 수는 $4-1=3$이다.

22
정답 ④

$\times1+2$, $\times2+3$, $\times3+4$, $\times4+5$, $\times5+6$, …씩 변화하고 있다.
따라서 빈칸에 들어갈 알맞은 수는 $109\times4+5=441$이다.

23
정답 ②

$\times1-2$, $\times2-3$, $\times3-4$, $\times4-5$, $\times5-6$, …씩 변화하고 있다.
따라서 빈칸에 들어갈 알맞은 수는 $(-1)\times3-4=-7$이다.

24
정답 ①

홀수 항은 (앞의 항$+5$)$\times2$, 짝수 항은 $\times2+1$의 규칙을 가지고 있다.
따라서 빈칸에 들어갈 알맞은 수는 짝수 항이므로 $17\times2+1=35$이다.

25
정답 ⑤

홀수 항은 $+6$, 짝수 항은 -2씩 더한다.
따라서 빈칸에 들어갈 알맞은 수는 홀수 항이므로 $13+6=19$이다.

26
정답 ④

$+5\times2^0$, $+5\times2^1$, $+5\times2^2$, $+5\times2^3$, $+5\times2^4$, $+5\times2^5$, …씩 더해지고 있다.
따라서 빈칸에 들어갈 알맞은 수는 $-115+5\times2^3=-75$이다.

27
정답 ④

첫 번째, 두 번째, 세 번째 수를 기준으로 세 칸 간격으로 각각 $\times3$, $\times5$, $\times4$의 규칙을 가지고 있다.
ⅰ) 3 9 27 … $\times3$
ⅱ) 5 25 ( ) … $\times5$
ⅲ) 4 16 64 … $\times4$
따라서 빈칸에 들어갈 알맞은 수는 $25\times5=125$이다.

28

정답 ①

홀수 항은 +10, 짝수 항은 ÷6의 규칙을 가지고 있다.
따라서 빈칸에 들어갈 알맞은 수는 짝수 항이므로 $36 \div 6 = 6$이다.

29

정답 ③

×6과 ÷3이 반복되고 있다.
따라서 빈칸에 들어갈 알맞은 수는 $9 \times 6 = 54$이다.

30

정답 ③

-6과 ×4가 반복되고 있다.
따라서 빈칸에 들어갈 알맞은 수는 $-18 \times 4 = -72$이다.

31

정답 ①

제3항부터 다음과 같은 규칙을 가지고 있다.
$(n-2)$항$+(n-1)$항$-1=(n)$항, $n \geq 3$
따라서 빈칸에 들어갈 알맞은 수는 30이다.

32

정답 ②

제3항부터 다음과 같은 규칙을 가지고 있다.
$(n-2)$항$+(n-1)$항$+2=(n)$항, $n \geq 3$
따라서 빈칸에 들어갈 알맞은 수는 -15이다.

33

정답 ③

제3항부터 다음과 같은 규칙을 가지고 있다.
$\{(n-2)$항$\}^2-(n-1)$항$=(n)$항, $n \geq 3$
따라서 빈칸에 들어갈 알맞은 수는 20이다.

34

정답 ②

제3항부터 다음과 같은 규칙을 가지고 있다.
$(n-2)$항$-(n-1)$항$-11=(n)$항, $n \geq 3$
따라서 빈칸에 들어갈 알맞은 수는 $37-(-85)-11=111$이다.

35

정답 ②

제3항부터 다음과 같은 규칙을 가지고 있다.
$(n-2)$항$+(n-1)$항$-2=(n)$항, $n \geq 3$
따라서 빈칸에 들어갈 알맞은 수는 $22+33-2=53$이다.

36

'앞의 항+뒤의 항=다음 항'이다.
따라서 빈칸에 들어갈 알맞은 수는 $-3+(-5)=-8$이다.

37

'앞의 항×뒤의 항=다음 항'이다.
따라서 빈칸에 들어갈 알맞은 수는 $3×5=15$이다.

38

홀수 항은 $+1$, 짝수 항은 $+2$이다.
따라서 빈칸에 들어갈 알맞은 수는 짝수 항이므로 $-6+2=-4$이다.

39

n을 자연수라고 하면, n항은 $\dfrac{n×6}{n+7}$의 규칙을 갖는 수열이다.

따라서 빈칸에 들어갈 알맞은 수는 $n=4$, $\dfrac{4×6}{4+7}=\dfrac{24}{11}$이다.

40

앞의 항에 $2^2/2$, $3^2/2$, $4^2/2$, $5^2/2$, …을 더하는 수열이다.
따라서 빈칸에 들어갈 알맞은 수는 $44+7^2/2=68.5$이다.

03 | 수열추리 심화문제

01	02	03	04	05	06	07	08	09	10	11	12	13	14	15	16	17	18	19	20
③	③	①	③	⑤	③	④	②	①	②	④	①	②	②	③	⑤	④	⑤	⑤	②

21	22	23	24																
②	③	④	③																

01

정답 ③

각 열마다 다음과 같은 규칙이 성립한다.
(첫 번째 행)÷(두 번째 행)+2=(세 번째 행)
따라서 빈칸에 들어갈 알맞은 수는 48÷3+2=18이다.

02

정답 ③

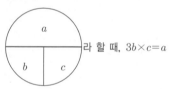 라 할 때, $3b \times c = a$

따라서 빈칸에 들어갈 알맞은 수는 3×8×4=96이다.

03

정답 ①

아래 칸의 연속된 세 수를 더한 것이 위 칸 가운데 수가 된다.
따라서 빈칸에 들어갈 알맞은 수는 7+15+3=25이다.

04

정답 ③

각 열마다 다음과 같은 규칙이 성립한다.
{(1행)+(3행)}×(2행)=(4행)
따라서 빈칸에 들어갈 알맞은 수는 (29+15)×3=132이다.

05

정답 ⑤

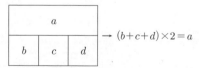 → $(b+c+d) \times 2 = a$

따라서 빈칸에 들어갈 알맞은 수는 (15+3+7)×2=50이다.

06

세 번째 행의 수는 첫 번째 행의 수에 ÷2를 한 것이고, 네 번째 행의 수는 두 번째 행의 수에 3을 더한 것이다.
따라서 빈칸에 들어갈 알맞은 수는 12+3=15이다.

07

정답 ④

각 행은 인접한 두 수의 차이가 일정한 수열이다.

1행 : 13 → 16 → 19 → 22
      +3   +3   +3

2행 : 4 → 9 → 14 → 19
     +5   +5   +5

3행 : 45 → 52 → 59 → 66
     +7   +7   +7

4행 : 85−98=−13이므로 앞의 항에 13씩 빼는 수열임을 알 수 있다.

    124 → (111) → 98 → 85
       −13   −13   −13

따라서 빈칸에 들어갈 알맞은 수는 124−13=111이다.

08

정답 ②

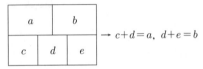 → $c+d=a$, $d+e=b$

따라서 빈칸에 들어갈 알맞은 수는 6+13=19이다.

09

정답 ①

각 변에 있는 수의 합은 19로 일정하다.
4+7+( )+6=19
따라서 빈칸에 들어갈 알맞은 수는 19−17=2이다.

10

정답 ②

아래 방향은 +7, 왼쪽 방향은 −4의 규칙을 가지고 있다.
따라서 빈칸에 들어갈 알맞은 수는 11−4=7이다.

11

정답 ④

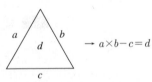 → $a \times b - c = d$

따라서 빈칸에 들어갈 알맞은 수는 12×4−28=20이다.

12

각 열마다 다음과 같은 규칙이 적용된다.
(첫 번째 항)×(두 번째 항)=(세 번째 항)
따라서 빈칸에 들어갈 알맞은 수는 14÷7=2이다.

13

가로 또는 세로의 네 숫자를 더하면 20이 된다.
따라서 빈칸에 들어갈 알맞은 수는 20−(11−8+5)=12이다.

14

각 행마다 다음과 같은 규칙이 성립한다.
$$\frac{(첫 번째 항)+(세 번째 항)}{2}=(두 번째 항)$$
따라서 빈칸에 들어갈 알맞은 수는 4×2−10=−2이다.

15

첫 번째 행의 각 수는 (양 대각선 아래로 있는 두 수의 합)−1이다.
따라서 빈칸에 들어갈 알맞은 수는 −2+1+3=2이다.

16

각 굵은 테두리 안 숫자의 평균은 모두 10으로 같다.
따라서 빈칸에 들어갈 알맞은 수는 60−(25+20+12−4+13)=−6이다.

17

각 열마다 다음과 같은 규칙이 성립한다.
(첫 번째 항)^2+(두 번째 항)^2=(세 번째 항)
따라서 빈칸에 들어갈 알맞은 수는 $6^2+3^2=45$이다.

18

각 열(세로)에 대해 +24의 규칙을 가지고 있다.
따라서 빈칸에 들어갈 알맞은 수는 27+24=51이다.

19

2열에 대해서 다음과 같은 규칙이 성립한다.
(바로 위의 수)+(왼쪽의 수)=(해당 칸의 수)
따라서 빈칸에 들어갈 알맞은 수는 16+10=26이다.

20

굵은 선으로 이루어진 도형 안의 숫자의 합이 22로 같다.
따라서 빈칸에 들어갈 알맞은 수는 $22-22+9+8=17$이다.

21

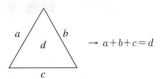

$2+(\quad)+5=13$
따라서 빈칸에 들어갈 알맞은 수는 $13-5-2=6$이다.

22

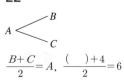

$\dfrac{B+C}{2}=A$, $\dfrac{(\quad)+4}{2}=6$
따라서 빈칸에 들어갈 알맞은 수는 $12-4=8$이다.

23

각 열의 숫자는 피보나치 수열을 따른다. 이때, 빈칸의 수를 A라 하면
• 1열 : 1, 4, $1+4=5$, $4+5=9$
• 2열 : 2, 3, $2+3=5$, $3+5=8$
• 3열 : 3, 3, $3+3=A$, $3+A=9$
• 4열 : 2, 2, $2+2=4$, $2+4=6$
따라서 빈칸에 들어갈 알맞은 수는 $3+3=6$이다.

24

아래로 연결된 두 작은 원을 A, B 위에 있는 큰 원을 C라 하면, $A^{B}-A=C$이다.
$1^{5}-1=0$, $2^{3}-2=6$, $3^{4}-3=78$
따라서 빈칸에 들어갈 알맞은 수는 $4^{4}-4=252$이다.

01	02	03	04	05	06	07	08	09	10	11	12	13	14	15	16	17	18	19	20
②	④	⑤	③	④	④	②	⑤	④	①	④	⑤	③	③	⑤	⑤	②	②	②	④

01

정답 ②

그림을 시계 반대 방향으로 90° 회전하면 , 이를 상하로 뒤집으면 이다.

다시 시계 방향으로 45° 회전하면 이다.

02

정답 ④

④는 제시된 도형을 시계 방향으로 144° 회전한 것이다.

03

정답 ⑤

도형을 상하 반전하면 , 이를 시계 반대 방향으로 270° 회전하면 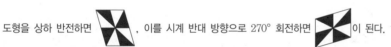이 된다.

04

정답 ③

도형을 좌우 반전하면 , 이를 시계 방향으로 90° 회전하면 이 된다.

05

정답 ④

06

정답 ④

07

정답 ②

08

정답 ⑤

09

정답 ④

10

정답 ①

11

정답 ④

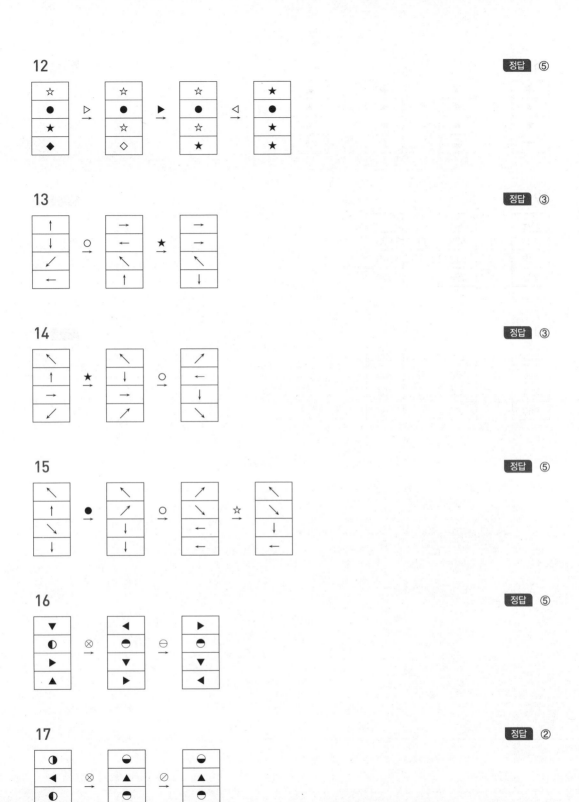

12

13

14

15

16

17

18
정답 ②

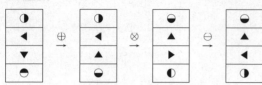

19

정답 ②

301
428
819
723

가 →

301
628
918
723

다 →

310
628
918
723

20

정답 ④

129
986
854
665

라 →

129
966
854
865

가 →

129
869
854
865

01	02	03	04	05	06	07	08	09	10	11	12	13	14	15	16	17	18		
①	④	③	④	②	⑤	①	④	②	③	①	②	⑤	④	②	②	④	①		

01
정답 ①

T주임이 이동할 거리는 총 12+18=30km이다. T주임이 렌트한 H차량은 연비가 10km/L이며 1L 단위로 주유가 가능하므로 3L를 주유하여야 한다. H차량의 연료인 가솔린은 리터당 1.4달러이므로 총 유류비는 3L×1.4달러=4.2달러이다.

02
정답 ④

T주임이 시속 60km로 이동하는 구간은 18+25=43km이고 시속 40km로 이동하는 구간은 12km이다. 따라서 첫 번째 구간의 소요시간은 $\frac{43km}{60km/h}$=43분이며, 두 번째 구간의 소요시간은 $\frac{12km}{40km/h}$=18분이다. 그러므로 총 이동시간은 43+18=61분, 즉 1시간 1분이다.

03
정답 ③

A호텔 연꽃실은 수용 인원이 부족하다. B호텔 백합실은 1시간 초과 대여가 불가능하며, C호텔 매화실은 이동수단을 제공하지만 수용 인원이 적절하지 않다. 또한 C호텔 튤립실은 예산 초과로 예약할 수 없다. 따라서 이대리는 대여료와 수용 인원의 조건이 맞는 D호텔 연회장을 예약하면 된다.
따라서 이대리가 지불해야 하는 예약금은 D호텔 대여료 150만 원의 10%인 15만 원이다.

04
정답 ④

예산이 200만 원으로 증액되었을 때, 조건에 해당하는 연회장은 C호텔 튤립실과 D호텔 장미실이다. 예산 내에서 더 저렴한 연회장을 선택해야 한다는 조건이 없고, 이동수단이 제공되는 연회장을 우선적으로 고려해야 하므로 이대리는 C호텔 튤립실을 예약할 것이다.

05
정답 ②

제시된 조건에 따르면 ★=◎◎=※이므로 ?에 들어갈 도형은 ②이다.

06
정답 ⑤

제시된 조건에 따르면 ※=◎◎=◆◆◆이므로 ?에 들어갈 도형은 ⑤이다.

07

정답 ①

제시된 조건에 따르면 ▣◗=▣▣=◗◗=◖◖◖◖이므로 ?에 들어갈 도형은 ①이다.

08

정답 ④

제시된 조건에 따르면 ∀=◗◗=◖◖◖◖이므로 ?에 들어갈 도형은 ④이다.

09

정답 ②

제시된 조건에 따르면 ●=◕◕=□□이므로 ?에 들어갈 도형은 ②이다.

10

정답 ③

제시된 조건에 따르면 ●=◕◕=◇이므로 ?에 들어갈 도형은 ③이다.

[11~13]

> W□/Q○는 가로축이 □까지, 세로축이 ○까지 있음을 나타낸다. B, H, S는 도형의 모양을 의미한다. 즉, B는 사각형, H는 원, S는 육각형이다. ( ) 안의 숫자는 도형의 위치를 나타낸다. 즉, (3, 6)은 가로축 3과 세로축 6이 만나는 위치이다. 또한 쌍점(:) 뒤에 위치한 문자와 숫자는 도형의 색상과 크기를 알려준다. 즉, C는 도형의 안쪽이 흰색, A는 도형의 안쪽이 회색이다. 그리고 1은 도형이 가장 작은 형태, 2는 중간 형태, 3은 가장 큰 형태이다.

11

정답 ①

W4/Q4는 가로축이 4까지, 세로축이 4까지 있음을 나타낸다. 그러나 산출된 그래프에서는 세로축이 5까지 나타나 있다.

12

정답 ②

• 가로축이 3까지, 세로축이 3까지 있다. → W3/Q3
• 육각형은 가로축 2와 세로축 1이 만나는 위치에 있고, 도형의 색상은 흰색이다. 크기는 중간 형태이다. → S(2, 1):C2
• 원은 가로축 1과 세로축 3이 만나는 위치에 있고, 도형의 색상은 회색이다. 크기는 가장 큰 형태이다. → H(1, 3):A3
• 사각형은 가로축 3과 세로축 2가 만나는 위치에 있고, 도형의 색상은 흰색이다. 크기는 가장 작은 형태이다. → B(3, 2):C1

13

정답 ⑤

• 가로축이 4까지, 세로축이 4까지 있다. → W4/Q4
• 육각형은 가로축 4와 세로축 3이 만나는 위치에 있고, 도형의 색상은 흰색이다. 크기는 가장 큰 형태이다. → S(4, 3):C3
• 원은 가로축 1과 세로축 2가 만나는 위치에 있고, 도형의 색상은 회색이다. 크기는 가장 작은 형태이다. → H(1, 2):A1
• 사각형은 가로축 1과 세로축 1이 만나는 위치에 있고, 도형의 색상은 회색이다. 크기는 가장 작은 형태이다. → B(1, 1):A1

[14~15]

> X□/Y○는 가로축이 □까지, 세로축이 ○까지 있음을 나타낸다. 괄호 앞의 각 문자는 도형의 모양을 의미한다. 즉, B는 사각형, H는 삼각형, S는 별표이다. 괄호 안의 숫자는 도형의 위치를 나타낸다. 즉, (5, 1)은 가로축 5와 세로축 1이 만나는 위치이다. 쌍점(:) 뒤에 위치한 문자와 숫자는 도형의 명암과 크기를 알려준다. 즉, A는 도형의 안쪽이 회색, C는 도형의 안쪽이 흰색이다. 그리고 1은 도형이 가장 작은 형태, 2는 중간 형태, 3은 가장 큰 형태이다.

14

- 가로축이 5, 세로축이 4까지 있다. → X5/Y4
- 사각형은 가로축 5와 세로축 1이 만나는 위치이고 도형의 안쪽이 회색이다. 또한 크기가 가장 큰 형태이다. → B(5, 1):A3
- 삼각형은 가로축 1과 세로축 4가 만나는 위치이고 도형의 안쪽이 회색이다. 또한 크기가 가장 작은 형태이다. → H(1, 4):A1
- 별표는 가로축 2와 세로축 1이 만나는 위치이고, 도형의 안쪽이 흰색이다. 또한 크기가 중간 형태이다. → S(2, 1):C2

∴ X5/Y4 ⇒ B(5, 1):A3 / H(1, 4):A1 / S(2, 1):C2

15

사각형은 가로축 4와 세로축 3이 만나는 위치에 있어 B(4, 3)으로 표현해야 한다. 또한 도형의 안쪽이 흰색이고, 크기가 중간 형태이므로 C2로 표현해야 한다.

따라서 오류가 없으려면 B(4, 3):C2로 입력하여야 한다.

16

기계의 에너지 효율은 2등급이며, 시간당 소비전력이 2.3kW이므로 PSD 수치는 Serial Mode를 적용하여 12+22+38=72가 된다. 또한 기준치는 2등급일 경우 세 계기판의 표준수치 합인 20+30+10=60이 나온다. 따라서 PSD 수치는 '점검' 버튼 범위인 60+10<PSD≤60+20 → 70<PSD≤80에 속하므로 경고등은 노란색이며, 조치는 '기계 A/S 신청'을 취해야 한다.

17

16번 해설에서 2등급일 때 PSD 수치는 Serial Mode를 적용하여 12+22+38=72이었지만, 기계의 에너지 효율 등급이 틀렸으므로 PSD 수치에 적용되는 조건이 달라질 수 있다. 2등급을 제외한 1, 3, 4, 5등급일 때의 PSD 수치에 적용되는 Mode를 정리하면 다음과 같다.

- 1등급일 때 : 시간당 소비전력이 2.3kW이므로 1kW 초과하여 Serial Mode를 적용한다.
- 3, 4, 5등급일 때 : 시간당 소비전력이 2.3kW이므로 등급마다 Parallel Mode인 범위에 속한다.

2등급을 제외한 등급별 PSD 수치를 구하면 다음 표와 같다.

구분	PSD 수치	비고
1등급	$12+22+38=72$	
3등급	$\dfrac{12+22+38}{3}=\dfrac{72}{3}=24$	
4·5등급	$\dfrac{12+38}{2}=25$	계기판 B는 고려하지 않는다.

각 등급의 PSD 수치가 해당되는 버튼의 범위를 구해보면 다음과 같다.

구분	기준치	버튼 범위	경고등
1등급	$20+30+10=60$	$70<PSD\leq80$	노란색
3등급		$PSD\leq70$	녹색
4등급	$\dfrac{20+30+10}{3}=20$	$PSD\leq30$	
5등급			

따라서 알맞은 버튼의 경고등이 녹색이므로 기계는 3, 4, 5등급 중에 하나이며, 등급에 따라 PSD 수치가 알맞게 짝지어진 것은 ④이다.

18

제시된 문제에서 실외 온도는 영하이므로 세 계기판의 수치를 모두 고려해야 하며, 실내 온도는 20℃ 이상이므로 Serial Mode를 적용한다. 따라서 PSD는 계기판 숫자의 합인 14이다. 이때 검침일이 월요일이므로 기준치는 세 계기판 표준 수치의 합인 15가 된다. 따라서 PSD가 기준치에 미치지 못하므로 B사원이 눌러야 할 버튼은 정상 버튼이고, 상황통제실의 경고등에는 녹색불이 들어오므로 정상 가동을 하면 된다.

남에게 이기는 방법의 하나는
예의범절로 이기는 것이다.

- 조쉬 빌링스 -

2

최종점검 모의고사

제1회 최종점검 모의고사

| 01 | 언어이해

01	02	03	04	05	06	07	08	09	10
④	⑤	③	④	④	⑤	④	④	①	②
11	12	13	14	15	16	17	18	19	20
⑤	①	②	⑤	⑤	④	③	③	④	③
21	22	23	24	25	26	27	28	29	30
④	③	④	④	④	③	③	②	④	③

01
정답 ④

제시문의 두 번째 문단에서 전기자동차 산업이 확충되고 있음을 언급하면서 구리가 전기자동차의 배터리를 만드는 데 핵심 재료임을 설명하고 있기 때문에 ④가 글의 핵심 내용으로 가장 적절하다.

오답분석
① · ⑤ 제시문에서 언급하고 있는 내용이기는 하나 핵심 내용으로 보기는 어렵다.
② 제시문에서 '그린 열풍'을 언급하고 있으나, 그 현상의 발생 원인은 제시되어 있지 않다.
③ 제시문에서 산업금속 공급난이 우려된다고 언급하고 있으나, 그로 인한 문제는 제시되어 있지 않다.

02
정답 ⑤

제시문은 통계 수치의 의미를 정확하게 이해하고 도구와 방법을 올바르게 사용해야 하며, 특히 아웃라이어의 경우를 생각해야 한다고 주장하고 있다.

오답분석
① · ② 집단을 대표하는 수치로서의 '평균' 자체가 숫자 놀음과 같이 부적절하다고는 언급하지 않았다.
③ 아웃라이어가 있는 경우에는 평균보다는 최빈값이나 중앙값이 대푯값으로 더 적당하지만 글의 중심 내용으로 볼 수 없다.
④ 통계의 유용성은 글의 도입부에 잠깐 인용되었을 뿐, 글의 중심 내용으로 볼 수 없다.

03
정답 ③

제시문에서는 철도의 출현으로 인한 세계 표준시 정립의 필요성, 세계 표준시 정립에 기여한 샌퍼드 플레밍과 본초자오선 회의 등의 언급을 통해 세계 표준시가 등장하게 된 배경을 구체적으로 소개하고 있으므로 글의 서술상 특징으로 ③이 적절하다.

04
정답 ④

대한제국 때에는 동경 127.5도 기준으로 세계 표준시의 기준인 영국보다 8시간 30분$\left(\dfrac{127.5}{15}=8.5\right)$ 빨랐다. 그러나 현재 우리나라의 표준시는 동경 135도 기준으로 변경되었기 때문에 영국보다 9시간$\left(\dfrac{135}{15}=9\right)$이 빠르다. 따라서 현재 우리나라의 시간은 대한제국 때 지정한 시각보다 30분 빠르다.

05
정답 ④

제시문에서는 물이 기체, 액체, 고체로 변화하는 과정을 통해 지구 내 '물의 순환' 현상을 설명하고 있다. 따라서 글의 내용 전개 방식으로 ④가 가장 적절하다.

06
정답 ⑤

외국 기업의 사례를 벤치마킹하는 것은 본문의 기업의 사회공헌 활동과 연관이 없다.

오답분석
① 법률 준수의 사례에 해당한다.
② 자선적 책임의 사례에 해당한다.
③ 이윤 창출의 사례에 해당한다.
④ 윤리적 책임의 사례에 해당한다.

07
정답 ④

제시문의 첫 번째 문단과 두 번째 문단을 통해 과거에는 치매의 확진이 환자의 사망 후 부검을 통해 가능했다는 사실을 알 수 있다.

08
정답 ④

파울(㉠)은 언어가 변화하고 진화한다고 보았으므로 언어를 연구하려면 언어가 역사적으로 발달해 온 방식을 고찰해야 한다고 주장한다. 이에 반해 소쉬르(㉡)는 언어가 역사적인 산물이라고 해도 변화 이전과 변화 이후를 구별해서 보아야 한다고 주장하고, 언어는 구성 요소의 순간 상태 이외에는 어떤 것에 의해서도 규정될 수 없다고 보았다. 따라서 소쉬르는 화자가 발화한 당시의 언어 상태를 연구 대상으로 해야 하며, 그 상태에 이르기까지의 모든 과정을 무시해야 한다고 주장했다.

09
정답 ①

하향식 방법에 대한 설명에 이어 상향식 방법에 대한 설명이 나왔으므로, 이어지는 내용에는 상향식 방법의 단점에 대한 추가 설명이 나올 수 있다.

10
정답 ②

첫 번째 문단에서 영업 비밀의 범위와 영업 비밀이 법적 보호 대상으로 인정받기 위해 일정 조건을 갖추어야 한다는 것은 언급하고 있으나 영업 비밀이 법적 보호 대상으로 인정받기 위한 절차는 언급되어 있지 않다.

오답분석
③ 첫 번째 문단에서 법으로 보호되는 특허권과 영업 비밀은 모두 지식 재산이라고 언급하고 있다.
⑤ 네 번째 문단에서 지식 재산 보호의 최적 수준은 유인 비용과 접근 비용의 합이 최소가 될 때라고 언급하고 있다.

11
정답 ⑤

세 번째 문단에 따르면 ICT 다국적 기업이 여러 국가에 자회사를 설립하는 방식은 디지털세 때문이 아니고 법인세를 피하기 위해서이다.

오답분석
① 세 번째 문단에서 ICT 다국적 기업의 본사를 많이 보유한 국가 중 어떤 국가들은 디지털세 도입에는 방어적이라고 언급하고 있다.
② 두 번째 문단에서 디지털세가 이를 도입한 국가에서 ICT 다국적 기업이 거둔 수입에 대해 부과되는 세금이라고 언급하고 있다.
③ 첫 번째 문단과 두 번째 문단에 따르면 일부 국가에서 디지털세 도입을 진행하는 것은 지식 재산 보호를 위해서가 아니라 ICT 다국적 기업이 지식 재산으로 거두는 수입에 대한 과세 문제를 해결하기 위해서이다.
④ 두 번째 문단에 '디지털세의 배경에는 법인세 감소에 대한 각국의 우려가 있다.'는 내용이 나와 있다.

12
정답 ①

북몽골, 남몽골로 부른다면 귀속 의식을 벗어난 객관적인 표현이겠지만 중국과의 불화는 불가피한 상황이다. 따라서 예민한 지명 문제는 정부가 나서는 것보다 학계 목소리로 남겨 두는 것이 좋다.

13
정답 ②

㉠과 ㉡의 앞뒤 문장을 확인해 본다.
㉠의 앞에는 동북아시아 지역에서 삼원법에 따른 다각도에서 그리는 화법이 통용되었다는 내용이, 뒤에는 우리나라의 민화는 그보다 더 자유로운 시각이라는 내용이 온다. 따라서 ㉠에는 전환 기능의 접속어 '그런데'가 들어가야 한다.
㉡의 앞에서는 기층민(基層民)들이 생각을 자유분방하게 표현할 수 있는 사회적 여건의 성숙을 다루고, 뒤에서는 자기를 표현할 수 있는 경제적·신분적 근거가 확고하게 되었다는 내용을 서술하고 있으므로, ㉡에는 환언(앞말을 바꾸어 다시 설명함) 기능의 접속어 '즉'이 들어가야 한다.

14
정답 ⑤

두 번째 문단 마지막의 '민화의 화가들은 ~ 믿은 것이다.'를 통해 알 수 있다.

오답분석
① 두 번째 문단 네 번째 줄에서 '민화에 나타난 화법에 전혀 원리가 없다고는 할 수 없다.'라고 하였으므로 일정한 화법이나 원리가 존재하지 않는다는 설명은 옳지 않다.
② 민화의 화법이 서양의 입체파들이 사용하는 화법과 종종 비교된다고 하였을 뿐, 입체파의 화법이 서민층의 성장을 배경으로 하고 있는지는 제시된 내용만으로는 알 수 없다.
③ 지문에서는 화법이나 내용면에서 보이는 것을 '억압에서 벗어나려는 해방의 염원'이라고 설명하고 있을 뿐, 이를 신분 상승의 욕구라고 보기는 어렵다.
④ 삼원법은 다각도에서 보고 그리는 화법이며, 민화는 이보다 더 자유롭다고 하였다.

15
정답 ⑤

제시문은 A병원 내과 교수팀의 난치성 결핵균에 대한 치료 성적이 세계 최고 수준으로 인정받았으며, 이로 인해 많은 결핵 환자에게 큰 희망을 주었다는 내용의 글이다. 따라서 (다) 난치성 결핵균에 대한 치료 성적이 우리나라가 세계 최고 수준임 → (나) A병원 내과 교수팀이 난치성 결핵의 치료 성공률을 세계 최고 수준으로 높임 → (라) 현재 치료 성공률이 80%에 이름 → (가) 이는 난치성 결핵 환자들에게 큰 희망을 줌 순으로 연결되어야 한다.

16 정답 ④

부모와 긍정적인 관계를 형성하고 자란 성인이 개인의 삶에 긍정적인 영향을 주었음을 소개한 (나) 문단이 첫 번째 문단으로 적절하다. 그리고 (나) 문단에서 소개하는 연구팀의 실험을 설명하는 (라) 문단이 두 번째 문단으로 올 수 있다. (라) 문단의 실험 참가자들에 대한 실험 결과를 설명하는 (가) 문단이 세 번째 문단으로, 다음으로 (가) 문단과 상반된 내용을 설명하는 (다) 문단이 마지막 문단으로 적절하다.

17 정답 ③

기사의 내용을 볼 때, 청소년기에 부모와의 긍정적인 관계가 성인기의 원만한 인간관계로 이어져 개인의 삶에 영향을 미침을 설명하고 있다. 따라서 ③이 기사의 제목으로 가장 적절하다.

18 정답 ③

텔레비전은 자기 자신에 관해서도 이야기하는데(ⓒ) 그러지 못하는 나로서는 이런 텔레비전이 존경하고 싶을 지경(ⓒ)이지만, 시청자인 나의 질문은 수렴할 수 없다(㉠)는 한계로 마무리 짓는다.

19 정답 ④

현재 3D프린팅 건축은 지진이나 화재 등에 대한 안전성이 검증되지 않아 최대 5층까지만 가능하다는 빈칸 뒤의 문장을 통해 빈칸에 들어갈 내용으로는 '건물의 높이'가 적절함을 알 수 있다.

20 정답 ③

빈칸 앞의 내용을 보면 보편적으로 사용되는 관절 로봇은 손가락의 정확한 배치와 시각 센서 등을 필요로 한다. 그러나 빈칸 뒤에서는 H의 경우 손가락이 물건에 닿을 때까지 다가가 촉각 센서를 통해 물건의 위치를 파악한 뒤 손가락 위치를 조정한다고 하였다. 즉, H의 손가락은 관절 로봇의 손가락과 달리 정확한 위치 지정이 필요하지 않다. 따라서 빈칸에 들어갈 내용으로 ③이 가장 적절하다.

오답분석
① 물건을 쥐기 위한 고가의 센서 기기 및 시각 센서가 필요한 관절 로봇과 달리 H는 손가락의 촉각 센서로 손가락 힘을 조절하여 사물을 쥔다.
② H의 손가락은 공기압을 통해 손가락을 구부리지만, 기존 관절보다 쉽게 구부러지는지는 알 수 없다.
④·⑤ 물건과의 거리와 물건의 무게는 H의 손가락 촉각 센서와 관계가 없다.

21 정답 ④

노모포비아는 '휴대 전화가 없을 때 느끼는 불안과 공포증'이라는 의미이다. 따라서 휴대 전화를 사용하지 않는 사람에게서는 노모포비아 증상이 나타나지 않을 것을 추론할 수 있다.

22 정답 ③

제시문에서는 멸균에 대해 언급하며, 멸균 방법을 물리적·화학적으로 구분하여 다양한 멸균 방법에 대해 설명하고 있다. 따라서 글의 주제로 ③이 가장 적절하다.

23 정답 ④

제시된 글에서는 자기 과시의 사회적 현상을 통해 등장한 신조어 '있어빌리티'와, '있어빌리티'를 활용한 마케팅 전략에 관해 설명하고 있다.

24 정답 ④

'멘붕', '안습'과 같은 인터넷 신조어는 갑자기 생겨난 말이며 금방 사라질 수도 있는 말이기에 국어사전에 넣기에는 적절하지 않다는 내용으로 의견에 대한 반대 논거를 펼치고 있다.

25 정답 ④

대중문화가 대중을 사회 문제로부터 도피하게 하거나 사회 질서에 순응하게 하는 역기능을 수행하여 혁명을 불가능하게 만든다는 내용이다. 따라서 이 주장에 대한 반박은 대중문화가 순기능을 한다는 태도여야 한다. 그런데 ④는 현대 대중문화의 질적 수준에 대한 평가에 관한 내용이므로 연관성이 없다.

26 정답 ③

무게중심이 지지점과 연직 방향에서 벗어난다면 중력에 의한 회전력을 받아 지지점을 중심으로 회전하며 넘어지게 된다.

27 정답 ③

제시문은 실험 결과를 통해 비둘기가 자기장을 이용해 집을 찾는다는 것을 설명하는 글이다. 따라서 이 글의 다음 내용으로는 비둘기가 자기장을 느끼는 원인에 대해 설명하는 글이 나와야 한다.

오답분석
①·②·④ 제시문의 자기장에 대한 설명과 연관이 없는 주제이다.
⑤ 비둘기가 자기장을 느끼는 원인에 대한 설명이 제시되어 있지 않으므로 적절하지 않다.

28

자제력이 있는 사람은 합리적 선택에 따라 행위를 하고, 합리적 선택에 따르는 행위는 모두 자발적 행위라고 했다. 따라서 자제력이 있는 사람은 자발적으로 행위를 한다.

29

정답 ④

'통상 브랜드 핵심은 특수한 기법을 써서 측정할 수 있고'라고 했으므로, ④는 적절하지 않다.

30

정답 ③

제시문에서는 조상형 동물의 몸집이 커지면서 호흡의 필요성에 따라 아가미가 생겨났고, 호흡계 일부가 변형된 허파는 식도 아래쪽으로 생성되었으며, 이후 폐어 단계에서 척추동물로 진화하면서 호흡계와 소화계가 겹친 부위가 분리되기 시작하여 결국 하나의 교차점을 남기면서 인간의 음식물로 인한 질식 현상과 같은 단점을 남겼다고 설명하고 있다. 또한 마지막 문장에서 이러한 과정이 '당시에는 최선의 선택'이었다고 하였으므로, 진화가 순간순간에 필요한 대응일 뿐 최상의 결과를 내는 과정이 아님을 알 수 있다.

| 02 | 언어비판

01	02	03	04	05	06	07	08	09	10
②	③	①	⑤	⑤	①	④	②	④	②
11	12	13	14	15	16	17	18	19	20
①	③	③	①	③	②	①	⑤	③	④
21	22	23	24	25	26	27	28	29	30
⑤	②	⑤	③	①	⑤	④	②	④	③

01

정답 ②

주어진 내용을 표로 정리하면 다음과 같다.

구분	식혜	숭늉	미숫가루	수정과
갑숙	○	×	×	×
을혁				○
병민				×

따라서 갑숙이는 식혜를 좋아한다.

오답분석

① · ③ 주어진 내용만으로는 병민이가 좋아하는 음료를 알 수 없다.

④ 병민이는 수정과를 좋아하지 않지만, 을혁이는 수정과를 좋아한다.

⑤ 갑숙이와 을혁이는 좋아하는 음료가 다르다고 했으므로, 갑숙이는 수정과를 좋아하지 않는다. 또한 주어진 내용에서 숭늉과 미숫가루도 좋아하지 않는다고 했으므로 갑숙이가 좋아하는 음료는 식혜이다.

02

정답 ③

주어진 진술을 정리하면 다음과 같다.

구분	증인 1	증인 2	증인 3	증인 4	증인 5
A	×				
B	×				
C			○	○	○
D					○
E		×			
F		×			
G	×	×			

따라서 시위 주동자는 C와 D이다.

03
정답 ①

네 번째, 다섯 번째 사실에 의해 A와 C는 각각 2종류의 동물을 키운다. 또한 첫 번째, 두 번째, 세 번째 사실에 의해 A는 토끼를 키우지 않는다. 따라서 A는 개와 닭, C는 고양이와 토끼를 키운다. 첫 번째 사실에 의해 D는 닭을 키우므로 C는 키우지 않지만 D가 키우는 동물은 닭이다.

04
정답 ⑤

주어진 조건에 따라 자물쇠를 열 수 없는 열쇠를 정리하면 다음과 같다.

구분	첫 번째 자물쇠	두 번째 자물쇠	세 번째 자물쇠	네 번째 자물쇠
1번 열쇠			×	
2번 열쇠			×	
3번 열쇠	×	×	×	×
4번 열쇠	×			×
5번 열쇠	×			
6번 열쇠	×	×	×	×

따라서 3번 열쇠로는 어떤 자물쇠도 열지 못함을 알 수 있다.

오답분석

① 첫 번째 자물쇠는 1번 또는 2번 열쇠로 열릴 수 있다.
② 두 번째 자물쇠가 2번 열쇠로 열리면, 세 번째 자물쇠는 4번 열쇠로 열린다.
③ 세 번째 자물쇠가 5번 열쇠로 열리면, 네 번째 자물쇠는 1번 또는 2번 열쇠로 열린다.
④ 네 번째 자물쇠가 5번 열쇠로 열리면, 두 번째 자물쇠는 1번 또는 2번 열쇠로 열린다.

05
정답 ⑤

제주는 수요일, 금요일, 일요일에 원정 경기를 할 수 있으므로 모두 평일인 것은 아니다.

오답분석

① 울산이 금요일에 홈경기를 하면 상대팀은 원정 경기를 하게 된다. 따라서 토요일에 경기가 있는 전북과 서울은 경기를 할 수 없으므로 제주와의 경기가 된다.
② 제주는 화요일이 홈경기이기 때문에 수요일에 홈경기가 있을 경우 네 번째 조건에 의해 목요일은 쉬어야 하고, 원정 경기가 있을 경우 세 번째 조건에 의해 목요일은 쉬어야 한다. 따라서 제주가 수요일에 경기를 한다면 목요일에는 경기를 할 수 없다.
③ ②와 마찬가지로 토요일에 서울이 홈경기를 하기 때문에 일요일에 경기를 한다면 월요일에는 반드시 쉬어야 한다.
④ 전북이 목요일에 경기를 한다면 울산과 홈경기를 하고, 울산은 원정 경기이므로 금요일에 쉬게 된다. 따라서 금요일에 경기가 있다면 서울과 제주의 경기가 된다.

06
정답 ①

두 번째와 네 번째 조건에 의해 B는 치통에 사용되는 약이고, A는 세 번째와 네 번째 조건에 의해 몸살에 사용되는 약이다.
∴ A – 몸살, B – 치통, C – 배탈, D – 피부병
두 번째와 다섯 번째 조건에 의해 은정이가 처방받은 약은 B, 희경이가 처방받은 약은 C에 해당된다. 그러면 소미가 처방받은 약은 마지막 조건에 의해 D에 해당된다.
따라서 네 사람이 처방받은 약은 정선 – A(몸살), 은정 – B(치통), 희경 – C(배탈), 소미 – D(피부병)이다.

07
정답 ④

(마)에 의해 대호는 B팀에 가고, (바)에 의해 A팀은 외야수를 선택해야 한다. 또한 (라)에 의해 민한이는 투수만 가능하고, C팀이 투수만 스카우트한다고 했으므로 나머지 B, D팀은 포수와 내야수 중 선택해야 한다. (사)에 의해 성흔이가 외야수(A팀)에 간다면 주찬이는 D팀에 갈 수밖에 없으며, 이는 (아)에 어긋난다. 따라서 성흔이는 포수를 선택하여 D팀으로 가고, (자)에 의해 주찬이는 외야수로 A팀으로 간다.

08
정답 ②

조건에 따르면 최소한 수학자 1명, 논리학자 1명, 과학자 2명이 선정되어야 하고, 그 외 나머지 2명을 선정해야 한다. 예를 들어 물리학, 생명과학, 화학, 천문학을 전공한 과학자 총 4명을 선정하면 천문학 전공자는 기하학 전공자와 함께 선정되고, 논리학자는 비형식논리 전공자를 선정하면 가능하다.

오답분석

① 형식논리 전공자가 1명 선정되면 비형식논리 전공자도 1명 선정된다. 따라서 논리학자는 2명 선정된다. 그러나 형식논리 전공자가 먼저 선정된 것이 아니라면 옳지 않다.
③ 전공이 서로 같은 수학자가 2명 선정될 수 있다. 예를 들어 다음과 같이 선정될 수 있다.
  • 논리학자 1명 : 비형식논리 전공자
  • 수학자 2명 : 기하학 전공자, 기하학 전공자
  • 과학자 3명 : 물리학 전공자, 생명과학 전공자, 천문학 전공자
④ 통계학 전공자를 포함하면 수학자는 3명이 선정될 수 있다. 예를 들어, 다음과 같이 선정될 수 있다.
  • 논리학자 1명 : 비형식논리 전공자
  • 수학자 3명 : 통계학 전공자, 대수학 전공자, 기하학 전공자
  • 과학자 2명 : 천문학 전공자, 기계공학 전공자
⑤ 논리학자는 3명이 선정될 수 있다. 예를 들어, 다음과 같이 선정될 수 있다.
  • 논리학자 3명 : 형식논리 전공자 1명, 비형식논리 전공자 2명
  • 수학자 1명 : 기하학 전공자
  • 과학자 2명 : 천문학 전공자, 물리학 전공자

09 정답 ④

제시된 명제들을 순서대로 논리 기호화 하면 다음과 같다.
- 첫 번째 명제 : 재고
- 두 번째 명제 : ~설비 투자 → ~재고 (대우)
- 세 번째 명제 : 건설 투자 → 설비 투자('~때에만'이라는 한정 조건이 들어가면 논리 기호의 방향이 바뀐다)

첫 번째 명제가 참이므로 두 번째 명제의 대우(재고 → 설비 투자)에 따라 설비를 투자한다. 세 번째 명제는 건설 투자를 늘릴 때에만 이라는 한정 조건이 들어갔으므로 역(설비 투자 → 건설 투자) 또한 참이다. 이를 토대로 공장을 짓는다는 결론을 얻기 위해서는 건설 투자를 늘린다면 공장을 짓는다(건설 투자 → 공장 건설)는 명제가 필요하다.

10 정답 ②

주어진 내용을 다음의 다섯 가지 경우로 정리할 수 있다.

구분	1층	2층	3층	4층	5층	6층
경우 1	C	D	A	F	E	B
경우 2	F	D	A	C	E	B
경우 3	F	D	A	E	C	B
경우 4	D	F	A	E	B	C
경우 5	D	F	A	C	B	E

따라서 E가 C보다 위층에 입주하는 것은 확실하지 않지만 맞을 확률이 높다.

11 정답 ①

민희>나경>예진, 재은>이현>예진
따라서 예진이보다 손이 더 작은 사람은 없다.

12 정답 ③

이현이와 나경이는 모두 예진이보다 손이 크긴 하지만, 둘 다 공통적으로 어떤 사람보다 손이 작은지 나와 있지 않기 때문에 알 수 없다.

13 정답 ③

제시문을 요약하면 다음과 같다.
- 속도 : 자동차>마차, 비행기>자동차
- 무게 : 자동차>마차

이를 정리해 보면, 속도에서 '비행기>자동차>마차' 순이며, 무게에서 '자동차>마차' 순이다. 하지만 비행기에 대한 무게는 나와 있지 않아서 비행기가 가장 무거운지는 알 수 없다.

14 정답 ①

13번의 해설을 보면 알 수 있듯이, 속도는 '비행기>자동차>마차' 순으로 빠르다.

15 정답 ③

미영이는 수연이보다는 사탕이 많고 수정이보다는 적으므로, 4개, 5개, 6개 셋 중 하나이다. 그러나 주어진 제시문만으로는 미영이의 사탕이 몇 개인지 정확히 알 수 없다.

16 정답 ②

수연이와 수정이의 사탕의 평균은 5개이지만 미영이의 사탕은 4개이므로 미영이의 사탕이 더 적다.

17 정답 ①

홍대리가 건강검진을 받을 수 있는 요일은 월요일 또는 화요일이며, 이사원 역시 월요일 또는 화요일에 건강검진을 받을 수 있다. 이때 이사원이 홍대리보다 늦게 건강검진을 받는다고 하였으므로 홍대리가 월요일, 이사원이 화요일에 건강검진을 받는 것을 알 수 있다. 나머지 수・목・금요일의 일정은 박과장이 금요일을 제외한 수요일과 목요일 각각 건강검진을 받는 두 가지 경우에 따라 나눌 수 있다.
ⅰ) 박과장이 수요일에 건강검진을 받을 경우 : 목요일은 최사원이, 금요일은 김대리가 건강검진을 받는다.
ⅱ) 박과장이 목요일에 건강검진을 받을 경우 : 수요일은 최사원이, 금요일은 김대리가 건강검진을 받는다.
따라서 반드시 참이 될 수 있는 것은 ①이다.

18 정답 ⑤

돼지 인형과 토끼 인형의 크기를 비교할 수 없으므로 크기가 큰 순서대로 나열하면 '돼지 – 토끼 – 곰 – 기린 – 공룡' 또는 '토끼 – 돼지 – 곰 – 기린 – 공룡'이 된다. 이때 가장 큰 크기의 인형을 정확히 알 수 없으므로 진영이가 좋아하는 인형 역시 알 수 없다.

19 정답 ③

은호의 신발 사이즈는 235mm이며, 은호 아빠의 신발 사이즈는 270mm이므로 은호 아빠와 은호의 신발 사이즈 차이는 270−235=35mm이다.

오답분석
① 은호의 엄마는 은호보다 5mm 큰 신발을 신으므로 은호 엄마의 신발 사이즈는 240mm이다. 따라서 은호 아빠와 엄마의 신발 사이즈 차이는 270−240=30mm이다.

② 동생의 신발 사이즈는 230mm 이하로 엄마의 신발 사이즈와 최소 10mm 이상 차이가 난다.
④ 235mm인 은호의 신발 사이즈와 230mm 이하인 동생의 신발 사이즈는 최소 5mm 이상 차이가 난다.
⑤ 동생의 정확한 신발 사이즈는 알 수 없다.

20
정답 ④

두 번째와 마지막 명제를 보면 귤을 사면 고구마를 사지 않고, 고구마를 사지 않으면 감자를 산다고 했으므로 '귤을 사면 감자를 산다.'는 옳은 내용이다.

오답분석
① 세 번째와 네 번째 명제에서 '사과를 사면 수박과 귤 모두 산다.'가 아닌 '사과를 사면 수박과 귤 중 하나를 산다.'를 추론할 수 있다.
② · ⑤ 알 수 없는 내용이다.
③ 네 번째 명제의 '이'는 '배를 사지 않으면 수박과 귤을 모두 사거나 사지 않는다.'이지만 명제가 참이라고 하여 '이'가 반드시 참이 될 수는 없다.

21
정답 ⑤

주어진 조건을 바탕으로 먹은 음식을 정리하면 다음과 같다.

구분	쫄면	라면	우동	김밥	어묵
민하	×	×	×	×	○
상식	×	○	×	×	×
은희	×	×	○	×	×
은주	×	×	×	○	×
지훈	○	×	×	×	×

따라서 바르게 연결된 것은 민하 – 어묵, 상식 – 라면의 ⑤이다.

22
정답 ②

B가 과장이므로 대리가 아닌 A는 부장의 직책을 가진다.

오답분석
제시된 명제에 따라 A, B, C, D의 사무실 위치를 정리하면 다음과 같다.

구분	2층	3층	4층	5층
경우1	부장	B과장	대리	A부장
경우2	B과장	대리	부장	A부장
경우3	B과장	부장	대리	A부장

① A부장 외의 또 다른 부장은 2층, 3층 또는 4층에 근무한다.
③ 대리는 3층 또는 4층에 근무한다.
④ B는 2층 또는 3층에 근무한다.
⑤ C의 직책은 알 수 없다.

23
정답 ⑤

요리를 ㉠, 설거지를 ㉡, 주문받기를 ㉢, 음식 서빙을 ㉣이라고 하면 ㉠ → ~㉡ → ~㉣ → ~㉢이 성립한다. 따라서 항상 참이 되는 진술은 ⑤이다.

24
정답 ③

대부분이 모두를 뜻하지 않으므로, 책 읽기를 좋아하는 사람 중에는 어린이가 아닌 사람이 있을 수 있다.

25
정답 ①

B는 피자 두 조각을 먹은 A보다 적게 먹었으므로 피자 한 조각을 먹었다. 또한 네 사람 중 B가 가장 적게 먹었으므로 D는 반드시 두 조각 이상 먹어야 한다. 따라서 A는 두 조각, B는 한 조각, C는 세 조각, D는 두 조각의 피자를 먹었고, 남은 피자는 없다.

26
정답 ⑤

C사원과 D사원의 항공 마일리지를 비교할 수 없으므로 순서대로 나열하면 'A – D – C – B'와 'A – C – D – B' 모두 가능하다.

27
정답 ④

'커피를 좋아한다'를 A, '홍차를 좋아한다'를 B, '탄산수를 좋아한다'를 C, '우유를 좋아한다'를 D, '녹차를 좋아한다'를 E라고 하면 'A → ~B → ~E → C'와 '~C → D'가 성립한다. 따라서 'C → B'인 ④가 옳지 않다.

28
정답 ②

두 번째 명제에서 '비방한 적이 없는 경우까지 호의적이다.'라는 진실 여부를 판별할 수 없다.

오답분석
① 두 번째 명제에서 '자신을 비방한 사람에게 호의적이지 않다.'라고 했으므로 참이다.
③ 두 번째 명제 '어느 누구도 자신을 비방한 사람에게 호의적이지 않다.'와 네 번째 명제 '어느 누구도 자기 자신에게 호의적인 사람도 없고 자신을 비방하지도 않는다.'로부터 참이라는 것을 알 수 있다.
④ 세 번째와 네 번째 명제를 통해 참이라는 것을 알 수 있다.
⑤ 모든 사람이 자신을 비방하지 않는 사람에게 호의적이라고 했을 때, 세 번째 명제에 의해 '다른 사람을 결코 비방하지 않는 사람이 있다.'라고 했으므로 모든 사람에게는 각자가 호의적으로 대하는 사람이 적어도 하나는 있다.

29

오답분석

① 첫 번째 명제와 두 번째 명제로 알 수 있다.
② 세 번째 명제의 대우와 첫 번째 명제를 통해 추론할 수 있다.
③ 첫 번째 명제와 네 번째 명제로 추론할 수 있다.
⑤ 두 번째 명제의 대우와 첫 번째 명제의 대우, 세 번째 명제로 추론할 수 있다.

30

• 운동을 좋아하는 사람 → 담배를 좋아하지 않음 → 커피를 좋아하지 않음 → 주스를 좋아함
• 과일을 좋아하는 사람 → 커피를 좋아하지 않음 → 주스를 좋아함

오답분석

① 첫 번째 명제와 두 번째 명제의 대우로 추론할 수 있다.
② 세 번째 명제의 대우와 두 번째 명제로 추론할 수 있다.
④ 첫 번째 명제, 두 번째 명제의 대우, 세 번째 명제로 추론할 수 있다.
⑤ 네 번째 명제와 세 번째 명제로 추론할 수 있다.

PART 2

| 03 | 수열추리

01	02	03	04	05	06	07	08	09	10	11	12	13	14	15	16	17	18	19	20
④	②	③	②	⑤	⑤	⑤	⑤	②	④	②	④	③	①	④	②	①	②	②	④

21	22	23	24	25	26	27	28	29	30										
①	②	②	③	③	②	⑤	③	③	②										

01

정답 ④

홀수 항은 -2이고, 짝수 항은 $\times 3$을 하는 수열이다.

따라서 ( ) $= \dfrac{21}{2} \times 3 = \dfrac{63}{2}$ 이다.

02

정답 ②

분자와 분모에 교대로 3씩 곱하는 수열이다.

따라서 ( ) $= \dfrac{18 \times 3}{45} = \dfrac{54}{45}$ 이다.

03

정답 ③

$\times 10$과 $\div 4$가 번갈아 가면서 적용되는 수열이다.

따라서 ( ) $= 156.25 \times 10 = 1,562.5$이다.

04

정답 ②

각 항을 3개씩 묶고 각각 $A\ B\ C$라고 하면 다음과 같다.

$\underline{A\ B\ C} \to B = (A + C) \div 3$

따라서 ( ) $= (12 - 1) \div 3 = \dfrac{11}{3}$ 이다.

05

정답 ⑤

앞의 항에 $+\dfrac{1}{2}$, $-\dfrac{2}{3}$, $+\dfrac{3}{4}$, $-\dfrac{4}{5}$, $+\dfrac{5}{6}$, …을 더한다.

$\dfrac{1}{2} \to 1 \to \dfrac{1}{3} \to \dfrac{13}{12} \to \left(\dfrac{17}{60}\right) \to \dfrac{67}{60}$

06

정답 ⑤

분자는 $+5$이고, 분모는 $\times 3 + 1$인 수열이다.

따라서 ( ) $= \dfrac{6 + 5}{10 \times 3 + 1} = \dfrac{11}{31}$ 이다.

07

정답 ⑤

제시된 수열은 ×6−2, ×6−1, ×6, ×6+1, ×6+2, ×6+3, 즉 뒤에 더하는 수가 −2에서 시작해 +1씩 증가한다.
따라서 (   )=1.4×6=8.4이다.

08

정답 ⑤

홀수 항은 2.5씩 곱하는 수열이고, 짝수 항은 4씩 나누는 수열이다.
따라서 빈칸에 들어갈 알맞은 수는 78.125×2.5=195.3125이다.

09

정답 ②

분자는 2부터 분모의 수보다 1이 많은 수에 이를 때까지 1씩 더해지고, 분모는 2부터 분자의 수보다 1이 적어진 후에 1이 더해지는 수열이다.

따라서 빈칸에 들어갈 알맞은 수는 $\frac{3+1}{3}=\frac{4}{3}$ 이다.

10

정답 ④

(앞의 항)−(뒤의 항)=(다음 항)
따라서 빈칸에 들어갈 알맞은 수는 −65−(−25)=−40이다.

11

정답 ②

홀수 항은 +2, 짝수 항은 −2로 나열된 수열이다.
따라서 빈칸에 들어갈 알맞은 수는 19−2=17이다.

12

정답 ④

나열된 수를 각각 A, B, C라 하면 다음과 같은 관계가 성립한다.
$\underline{A\ B\ C} \rightarrow A×B$의 각 자리 숫자의 합=$C$
따라서 빈칸에 들어갈 알맞은 수는 13×3=39, 3+9=12이다.

13

정답 ③

앞의 항에 3, 5, 9, 15, 23, …을 더한다.
따라서 빈칸에 들어갈 알맞은 수는 2+5=7이다.

14

정답 ①

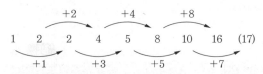

따라서 빈칸에 들어갈 알맞은 수는 17이다.

15

정답 ④

홀수 항은 ×2, 짝수 항은 +2를 한 수열이다.
따라서 빈칸에 들어갈 알맞은 수는 8×2=16이다.

16

정답 ②

숫자 세 개씩 차례로 A, B, C로 가정하면 규칙은 다음과 같다.
$A+C×2=B$ → 3+7×2=17, 7+13×2=33
따라서 (　　)=5+10×2=25이다.

17

정답 ①

제시된 수열은 각 항에 3씩 더하고 있다.
따라서 (　　)=17+3=20이다.

18

정답 ②

제시된 수열은 각 항에 0.1, 0.15, 0.2, 0.25 …씩 더해지고 있다.
따라서 (　　)=1.1+0.3=1.4이다.

19

정답 ②

제시된 수열은 ×2, −3이 반복되는 수열이다.
따라서 (　　)=4×2=8이다.

20

정답 ④

앞의 항+뒤의 항−1=다음 항
따라서 (　　)=5+8−1=12이다.

21

정답 ①

(앞의 항−뒤의 항)×2=다음 항
따라서 (　　)={4−(−2)}×1=12이다.

22

정답 ②

홀수 항은 +1, +2, +3, …이고, 짝수 항은 +2, +3, +4 …인 수열이다.
따라서 (　　)=913+1=914이다.

23

정답 ②

각 항의 수를 순서대로 A, B, C라고 하면 다음과 같은 관계가 성립된다.
$\underline{A\ \ B\ \ C}$ → $2A+B=C$
따라서 (　　)=2×5+4=14이다.

24

×(−2)와 +(3의 배수)를 번갈아 가면서 적용하는 수열이다.
따라서 (　)=(−2)+12=10이다.

25

앞의 항에 −20, −19, −18, −17, −16, …인 수열이다.
따라서 빈칸에 들어갈 알맞은 수는 43−17=26이다.

26

각 군의 항을 순서대로 각각 A, B, C, D라고 하면 다음과 같은 관계가 성립한다.
$\underline{A\ B\ C\ D} \rightarrow A-B+C=D$
$23\ \ 8\ \ 1\ \ (\ \ ) \rightarrow 23-8+1=(\ \ )$
따라서 빈칸에 들어갈 알맞은 수는 16이다.

27

각 군의 항을 순서대로 각각 A, B, C라고 하면 다음과 같은 관계가 성립한다.
$\underline{A\ \ B\ \ C} \rightarrow A+B=C$
따라서 빈칸에 들어갈 수는 7+13=20이다.

28

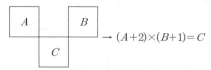 $\rightarrow (A+2)\times(B+1)=C$

$(10+2)\times(7+1)=96$
$(4+2)\times(3+1)=24$
따라서 빈칸에 들어갈 알맞은 수는 $(12+2)\times(5+1)=84$이다.

29

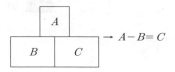 $\rightarrow A-B=C$

A	B	C
15	3	12 [=15−3]
9	2	7 [=9−2]
17	8	(9) [=17−8]

30

 $\rightarrow A\times D=B+C$

$A\times D$	$B+C$
9×8=72	37+35=72
12×7=84	46+38=84
13×8=104	55+(49)=104

01	02	03	04	05	06	07	08	09	10	11	12	13	14	15	16	17	18	19	20
③	②	④	②	④	⑤	③	②	⑤	⑤	⑤	④	②	①	⑤	②	①	④	②	④

21	22	23	24	25	26	27	28	29	30										
③	③	③	④	②	④	④	③	③	①										

01

정답 ③

그림을 시계 방향으로 90° 회전하면 , 이를 좌우로 뒤집으면 , 다시 시계 반대 방향으로 45° 회전하면

이 된다.

02

정답 ②

 이 된다.

03

정답 ④

④는 제시된 도형을 시계 반대 방향으로 90° 회전한 것이다.

04

정답 ②

도형을 시계 방향으로 270° 회전하면 , 이를 상하 반전하면 이 된다.

05

정답 ④

도형을 시계 반대 방향으로 45° 회전하면 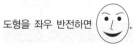, 이를 시계 방향으로 270° 회전하면 이 된다.

06

정답 ⑤

도형을 좌우 반전하면 , 이를 시계 방향으로 45° 회전하면 이 된다.

07

도형을 시계 반대 방향으로 270° 회전하면 , 이를 시계 반대 방향으로 45° 회전하면 이 된다.

08

정답 ②

도형을 시계 방향으로 270° 회전하면 , 이를 좌우 반전하면 이 된다.

09

정답 ⑤

도형을 상하 반전하면 , 이를 시계 방향으로 90° 회전하면  이 된다.

10

정답 ⑤

도형을 시계 반대 방향으로 45° 회전하면 , 시계 반대 방향으로 90° 회전하면 이 된다.

11

정답 ⑤

12

정답 ④

13

정답 ②

제1회 최종점검 모의고사 • 43

14

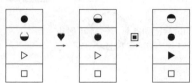

정답 ①

15

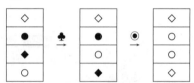

정답 ⑤

16

정답 ②

17

45	→ (가) →	50	→ (나) →	48

45		50		48
2	(가)	2	(나)	0
6	→	6	→	4
25		30		28

정답 ①

18

33		33		38
66	(라)	67	(가)	72
77	→	77	→	82
88		89		94

정답 ④

19

1		1		1		6
51	(다)	50	(나)	48	(가)	48
8	→	8	→	6	→	6
4		4		2		2

정답 ②

20

21

22

23

24

25

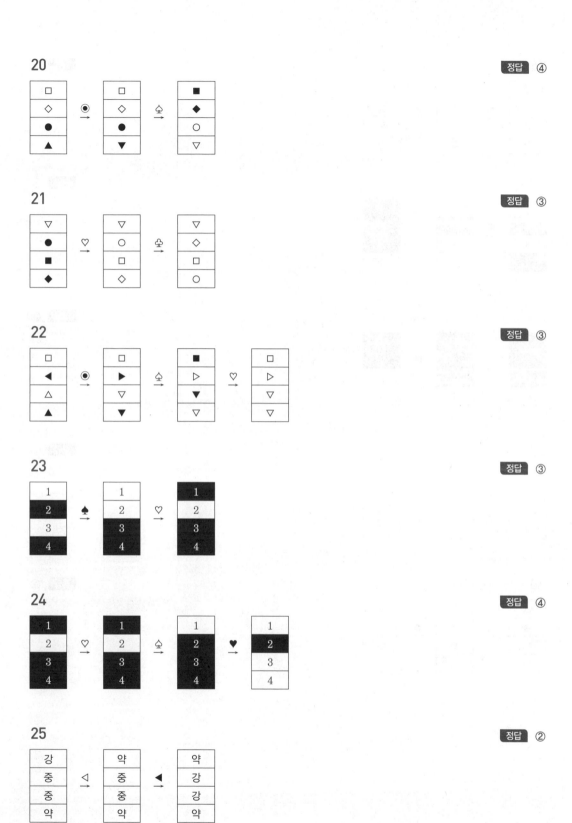

26

정답 ④

약
강
강
약

◀
→

약
중
중
약

▷
→

강
중
중
강

27

정답 ④

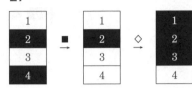

28

정답 ③

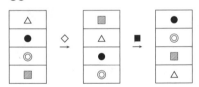

29

정답 ③

☆
◎
▲
=

◆
→

▲
◎
☆
=

■
→

☆
=
▲
◎

30

정답 ①

△
●
◎
▨

◇
→

▨
△
●
◎

■
→

●
◎
▨
△

| 05 | 문제해결

01	02	03	04	05	06	07	08	09	10	11	12	13	14	15	16	17	18	19	20
④	②	②	⑤	⑤	③	③	①	③	④	④	②	②	③	⑤	③	①	③	①	④
21	22	23	24	25	26	27	28	29	30										
②	④	⑤	③	②	④	②	②	③	①										

01

정답 ④

지원자들의 영역별 점수를 산정하면 다음과 같다.

구분	나이	평균 학점	공인영어점수	관련 자격증 점수	총점
A지원자	3점	2점	9.2점	6점	20.2점
B지원자	5점	4점	8.1점	0점	17.1점
C지원자	4점	1점	7.5점	6점	18.5점
D지원자	1점	3점	7.8점	9점	20.8점
E지원자	2점	5점	9.6점	3점	19.6점

따라서 C지원자는 4번째로 높은 점수이므로 중국으로 인턴을 간다.

02

정답 ②

변경된 조건에 따라 점수를 산정하면 다음과 같다.

구분	나이	평균 학점	공인영어점수	관련 자격증 점수	총점
A지원자	-	4점	9.2점	4점	17.2점
B지원자	-	4점	8.1점	0점	12.1점
C지원자	-	4점	7.5점	4점	15.5점
D지원자	-	4점	7.8점	6점	17.8점
E지원자	-	5점	9.6점	2점	16.6점

따라서 가장 낮은 점수를 획득한 B지원자가 탈락하므로 희망한 국가에 인턴을 가지 못하는 사람은 B지원자이다.

03

정답 ②

D사원의 출장 기간은 4박 5일로, 숙박 요일은 수·목·금·토요일이다. 숙박비를 계산하면 120＋120＋150＋150＝USD 540이고, 총 숙박비의 20%를 예치금으로 지불해야 하므로 예치금은 540×0.2＝USD 108이다. 이때 일요일은 체크아웃하는 날이므로 숙박비가 들지 않는다.

04

정답 ⑤

D사원의 출장 출발일은 호텔 체크인 당일이다. 체크인 당일 취소 시 환불이 불가능하므로 D사원은 환불받을 수 없다.

05

정답 ⑤

기업 대표이지만 VIP고객이므로 고객구분은 ㄷ, 대출신청을 하였으므로 업무는 Y, 업무내용은 B가 적절하며, 접수창구는 VIP실인 00이 된다. 따라서 기록 현황에 기재할 내용은 'ㄷYB00'이다.

06

기록 현황을 정리하면 다음과 같다.

ㄱXa10	ㄴYA05	ㄴYB03	ㄱXa01	ㄱYB03
10번 창구 없음 잘못된 기록	기업고객 대부계 대출상담 5번창구	기업고객 대부계 대출신청 3번창구	개인고객 수신계 예금 1번창구	개인고객 대부계 대출신청 3번창구
ㄱXab02	ㄷYC00	ㄴYA01	ㄴYA05	ㄴYAB03
개인고객 수신계 예금·적금 2번창구	VIP고객 대부계 대출완료 VIP실	기업고객 대부계 대출상담 1번창구	기업고객 대부계 대출상담 5번창구	기업고객 대부계 대출상담·신청 3번창구
ㄱYAB00	ㄱYaA04	ㄱXb02	ㄷYB0	ㄱXa04
개인 – VIP실 불가 잘못된 기록	대부계 – 예금 불가 잘못된 기록	개인고객 수신계 적금 2번창구	0번 창구 없음 잘못된 기록	개인고객 수신계 예금 4번창구

따라서 잘못된 기록은 총 4개이다.

07

A는 9월 21일에 불가능하고, 남은 4팀 중 임의의 두 팀을 섭외할 경우 예산 내에 모두 가능하다. 인지도 순위는 E>(B, D)>C이므로 E를 섭외하고, 나머지 한 팀은 초대 가수 후보 B, D 중 섭외 가능 날짜가 많은 가수를 섭외한다. 후보 B는 예정일 모두 가능하므로, 조건에 부합하는 섭외 가수 후보 두 팀은 B, E이다.

08

인지도 조건에서 C는 제외되고, 9월 20일에 섭외가 불가능한 D도 제외된다.
따라서 A, B, E 중 섭외 시 최소 비용은 섭외 비용이 제일 높은 E를 제외하고, A, B를 섭외한다.

09

- 주희가 구매한 상품의 총액 : 제주 고등어살 2kg+진한홍삼 30포=26,500×2×0.75+60,000×0.43=65,550원
- 배송료 : 3,000원(제주 고등어살)+5,000원(진한홍삼)+5,000원(도서·산간 지역)=13,000원
따라서 주희가 결제한 총 금액은 78,550원이다.

10

- 준혁이가 구매하는 상품 수량 및 총 금액

상품명	수량	정가	할인율	합계
참목원 등심	1	53,000원	15%	45,050원
진주 파프리카	4	55,600원	40%	33,360원
☆☆쌀	1	64,000원	10%	57,600원
무농약 밤	3	78,000원	10%	70,200원

∴ 45,050+33,360+57,600+70,200=206,210원
- 배송료 : 3,000(진주 파프리카)+2,500(무농약 밤)=5,500원
따라서 총 결제 금액은 211,710원이다.

11

ⅰ) 지희가 결제한 금액(17일 오전 10시 주문 : 원데이 특가 세일 적용)
  • 진한홍삼 30포 : 60,000×0.43=25,800원
  • 밀푀유 등심돈까스 500g×2 : 17,000×0.9=15,300원
  • 포기김치 5호 10kg : 56,000×0.85=47,600원
  • 연어회세트 200g : 20,000×0.8=16,000원
  • 배송비 : 무료(이벤트 당첨)
    따라서 지희가 결제한 총 금액은 104,700원이다.
ⅱ) 소미가 결제한 금액(18일 오전 10시 30분 주문 : 원데이 특가 세일 미적용)
  • 진주 파프리카 3kg : 13,900×2=27,800원
  • ◇◇비타민C 120정 : 10,800원
  • 무농약 밤 4kg : 26,000원
  • 제주 고등어살 2kg : 26,500×2=53,000원
  • 배송비 : 3,000+2,500+2,500+3,000=11,000원
    따라서 소미가 결제한 총 금액은 128,600원이다.

12

공사 시행업체 선정 방식에 따라 가중치를 반영하여 업체들의 점수를 종합하면 다음과 같다.

평가항목 \ 업체	A	B	C	D	E
적합성점수	22	24	23	20	26
실적점수	12	18	14	16	14
입찰점수	10	4	2	8	6
평가점수	44	46	39	44	46

평가점수가 가장 높은 업체는 B와 E이다.
이 가운데 실적점수가 더 높은 업체는 B이므로, 최종 선정될 업체는 B업체이다.

13

수정된 공사 시행업체 선정 방식에 따라 가중치를 반영하여 각 업체의 점수를 산정하면 다음과 같다.
수정된 선정 방식에 따르면 A, C업체는 운영건전성에서, D업체는 환경친화설계에서, E업체는 미적만족도에서 만점을 받아 각자 가점 2점을 받는다.

평가항목 \ 업체	A	B	C	D	E
적합성점수	24	24	25	22	28
실적점수	6	9	7	8	7
입찰점수	9	6	5	8	7
평가점수	39	39	37	38	42

평가점수가 가장 높은 업체는 A, B와 E이다. A, B는 평가점수가 동일하므로 A, B, E 세 업체가 중간 선정된다. 이 중 근무효율성개선점수가 가장 업체는 B이므로, B업체가 최종 선정된다.

14

주어진 조건에 따라 점수를 표로 정리하면 다음과 같다.

대상자	총점(점)	해외 및 격오지 근무경력	선발 여부
A	27	2년	−
B	25	−	−
C	25	−	−
D	27	5년	선발
E	24.5	−	−
F	25	−	−
G	25	−	−
H	27	3년	−
I	27.5	−	선발

총점이 27.5로 가장 높은 I는 우선 선발된다. A, D, H는 총점이 27점으로 같으므로, 해외 및 격오지 근무경력이 가장 많은 D가 선발된다.

15

변경된 조건에 따라 점수를 표로 정리하면 다음과 같다.

대상자	해외 및 격오지 근무경력 점수(점)	외국어능력(점)	필기(점)	면접(점)	총점(점)	선발 여부
C	4	9	9	7	29	−
D	5	10	8.5	8.5	32	−
E	5	7	9	8.5	29.5	−
F	4	8	7	10	29	−
G	7	9	7	9	32	선발
I	6	10	7.5	10	33.5	선발

총점이 33.5로 가장 높은 I는 우선 선발된다. D와 G는 총점이 32점으로 같으므로, 해외 및 격오지 근무경력이 가장 많은 G가 선발된다.

16

매월 각 프로젝트에 필요한 인원들을 구하면 다음과 같다.

구분	2월	3월	4월	5월	6월	7월	8월	9월
A	46	−	−	−	−	−	−	−
B	42	42	42	42	−	−	−	−
C	−	24	24	−	−	−	−	−
D	−	−	−	50	50	50	−	−
E	−	−	−	−	−	15	15	15
합계	88	66	66	92	50	65	15	15

따라서 5월에 가장 많은 92명이 필요하므로 모든 프로젝트를 완료하기 위해서는 최소 92명이 필요하다.

17

프로젝트별 총 인건비를 계산하면 다음과 같다.
- A프로젝트 : 46×130만=5,980만 원
- B프로젝트 : 42×550만=23,100만 원
- C프로젝트 : 24×290만=6,960만 원
- D프로젝트 : 50×430만=21,500만 원
- E프로젝트 : 15×400만=6,000만 원

따라서 A~E프로젝트를 인건비가 가장 적게 드는 것부터 나열한 순서는 'A-E-C-D-B'임을 알 수 있다.

18

17번에서 구한 총 인건비와 진행비를 합산하여 각 프로젝트에 들어가는 총 비용을 계산하면 다음과 같다.
- A프로젝트 : 5,980만+20,000만=25,980만 원
- B프로젝트 : 23,100만+3,000만=26,100만 원
- C프로젝트 : 6,960만+15,000만=21,960만 원
- D프로젝트 : 21,500만+2,800만=24,300만 원
- E프로젝트 : 6,000만+16,200만=22,200만 원

따라서 C프로젝트가 21,960만 원으로 총 비용이 가장 적게 든다.

19

입사순서는 해당 월의 누적 입사순서이므로 'W05240401'은 4월의 첫 번째 입사자임을 나타낼 뿐, 해당 사원이 생산부서 최초의 여직원인지는 알 수 없다.

20

M01240903	W03241005	M05240912	W05240913	W01241001	W04241009
W02240901	M04241101	W01240905	W03240909	M02241002	W03241007
M03240907	M01240904	W02240902	M04241008	M05241107	M01241103
M03240908	M05240910	M02241003	M01240906	M05241106	M02241004
M04241101	M05240911	W03241006	W05241105	W03241104	M05241108

따라서 여성(W) 입사자 중 기획부(03)에 입사한 사원은 모두 5명이다.

21

제시된 조건에 따르면 ☎=ΣΣ℉=Σ℉℉℉이므로 ?에 들어갈 도형은 ②이다.

22

제시된 조건에 따르면 π℉=ΣΣΣ℉=ΣΣ℉℉℉이므로 ?에 들어갈 도형은 ④이다.

23

정답 ⑤

제시된 조건에 따르면 ¥¥=♙♙=우우♙이므로 ?에 들어갈 도형은 ⑤이다.

24

정답 ③

제시된 조건에 따르면 ☆☆=우우♙우우♙=♙♙♙♙이므로 ?에 들어갈 도형은 ③이다.

25

정답 ②

제시된 조건에 따르면 ✪=⬇⬇=➡이므로 ?에 들어갈 도형은 ②이다.

26

정답 ④

제시된 조건에 따르면 ➡=⬇⬇=⬅⬅⬅⬅이므로 ?에 들어갈 도형은 ④이다.

27

정답 ②

상반기 포상 수여 기준에 따라 협력사별 포상 점수를 산출하면 다음과 같다.

(단위 : 점)

구분	기술개선 점수		실용화 점수	경영 점수	성실 점수	합계
	출원 점수	등록 점수				
A사	10	20	15	15	20	80
B사	5	10	5	20	10	50
C사	15	15	15	15	10	70
D사	5	10	30	10	20	75
E사	10	15	25	20	0	70

따라서 포상을 수여받을 업체는 포상 점수가 가장 높은 A사와 D사이다.

28

정답 ②

변경된 포상 수여 기준에 따른 협력사별 포상 점수를 산출하면 다음과 같다.

(단위 : 점)

구분	기술개선 점수		실용화 점수	경영 점수	성실 점수	합계
	출원 점수	등록 점수				
A사	15	10	15	15	20	75
B사	15	5	5	20	15	60
C사	20	5	15	15	15	70
D사	10	5	30	10	20	75
E사	20	5	25	20	10	80

포상 점수가 가장 높은 업체는 E사이며, A사와 D사가 75점으로 동점이다. A사와 D사 중 기술개선 점수가 높은 업체는 A사이므로 최종적으로 A사와 E사가 선정된다.

29

정답 ③

실외 온도가 영상이므로 계기판 B의 수치는 고려하지 않으며, 실내 온도는 20℃ 이상이므로 Serial Mode를 적용한다. 즉, PSD는 각 계기판 수치의 합이므로 8+11=19이다. 이때, 검침일이 목요일이므로 기준치는 세 계기판의 표준 수치 합인 5+5+5=15이다. PSD 수치 범위는 15<19<15+5이므로 눌러야 할 버튼은 경계 버튼이고, 상황통제실의 경고등에는 노란색 불이 들어오므로 필요한 조치는 안전요원 배치이다.

30

정답 ①

실외 온도가 영하이므로 세 계기판의 수치를 모두 고려해야 하며, 실내 온도는 20℃ 미만이므로 Parallel Mode를 적용한다. 즉, PSD는 계기판 숫자의 평균이므로 (10+3+2)÷3=5이다. 이때 검침일이 화요일이므로 기준치는 세 계기판의 표준 수치 합의 1/2인 7.5이다. PSD 수치 범위는 5<7.5이므로 눌러야 할 버튼은 정상 버튼이고, 상황통제실의 경고등에는 녹색불이 들어오므로 필요한 조치는 정상가동이다.

제2회 최종점검 모의고사

| 01 | 언어이해

01	02	03	04	05	06	07	08	09	10
①	⑤	④	⑤	④	②	③	②	⑤	③
11	12	13	14	15	16	17	18	19	20
⑤	②	④	④	④	①	④	③	④	④
21	22	23	24	25	26	27	28	29	30
⑤	②	⑤	④	⑤	①	⑤	③	④	④

01
정답 ①

제시문은 안전띠를 제대로 착용하지 않은 경우, 사고가 났을 때 일어날 수 있는 상해 가능성을 제시하며 안전띠의 중요성을 언급하고 있다. 따라서 제목으로는 ①이 가장 적절하다.

02
정답 ⑤

네 번째 문단에서 경쟁 정책의 문제점에 대해 이야기하고 있으나, 구체적인 수치를 언급하고 있지는 않다. 오히려 경쟁으로 인해 소비자가 피해를 보는 구체적인 사례를 통해 경쟁 정책의 문제점을 제시하고 있다.

03
정답 ④

언택트 기술이 낳을 수 있는 문제에 대응하기 위해서는 인간 중심의 비대면 접촉이 이루어져야 한다. 인력이 불필요한 곳은 기술로 대체해야 하지만, 대면 접촉이 필요한 곳에 인력을 재배치해야 한다는 것이다. 따라서 될 수 있는 한 인력을 언택트 기술로 대체해야 한다는 ④는 글의 내용과 일치하지 않는다.

04
정답 ⑤

언택트 마케팅에 사용되는 기술의 보편화는 디지털 환경에 익숙하지 않은 고령층을 소외시키는 '언택트 디바이드'와 같은 문제를 낳을 수 있다. 따라서 ⑤는 언택트 마케팅의 확산 원인으로 적절하지 않다.

05
정답 ④

언택트 마케팅은 전화 통화나 대면 접촉에 부담을 느끼는 사람들이 증가함에 따라 확산되고 있는 것이다. 따라서 24시간 상담원과의 통화 연결은 언택트 마케팅의 사례로 보기 어렵다. 오히려 채팅앱이나 메신저를 통한 24시간 상담 등을 언택트 마케팅의 사례로 적절하다.

오답분석

①·②·③·⑤ 언택트 마케팅의 대표적인 사례이다.

06
정답 ②

제시문의 핵심 논점을 잡으면 첫째 문단의 끝에서 '제로섬(Zero-sum)적인 요소를 지니는 경제 문제'와 둘째 문단의 끝에서 '우리 자신의 수입을 보호하기 위해 경제적 변화가 일어나는 것을 막거나 혹은 사회가 우리에게 손해를 입히는 공공 정책이 강제로 시행되는 것을 막기 위해 싸울 것'에 대한 것이 핵심 주장이므로 이 글은 사회경제적인 총합이 많아지는 정책, 즉 '사회의 총생산량이 많아지게 하는 정책이 좋은 정책'이라는 주장에 대한 비판이라고 할 수 있다.

07
정답 ③

자동화와 같이 과학 기술의 이면을 바라보지 못하고 장점만을 생각하는 것을 고정관념이라고 한다. 구구단의 경우 실생활에 도움이 되며, 그것이 고정관념이라고 할 만한 뚜렷한 반례는 없다.

오답분석

① 행복은 물질과 비례하는 것이 아닌데 비례할 것이라고 믿고 있는 경우이다.
② 저가의 물건보다 고가의 물건이 반드시 질이 좋다고 할 수 없다.
④ 경제 상황에 따라서는 저축보다 소비가 미덕이 되는 경우도 있다.
⑤ 아파트가 전통 가옥보다 삶의 편의는 제공할 수 있지만 반드시 삶의 질을 높여 준다고 보기는 힘들다.

08 　정답 ②

제시된 글은 기계화·정보화의 긍정적인 측면보다는 부정적인 측면을 부각하고 있으며, 이것은 기계화·정보화가 인간의 삶의 질 개선에 기여하고 있는 점을 경시하는 것이다.

09 　정답 ⑤

'이란투석'은 중국의 고사성어를 차용해 온 경우이므로 제시문의 내용으로 적절하지 않고, 외래어의 영향에 의해 생성된 관용구라고 볼 수 있다.

오답분석

① 예전에는 결혼한 여자가 처녀 때 풀었던 머리를 쪽을 쪄서 올렸기 때문에 이때에는 '머리를 얹다.'가 일반 구절로 쓰였는데, 그 후 문화적 관습이 변화하면서 여자가 시집을 간다는 의미를 지닌 관용 구절이 되었다. 따라서 첫 번째 문장의 내용으로 적절한 예이다.
② 어면 신화는 고기록이므로 세 번째 문장의 내용으로 적절한 예이다.
③ 사회·문화적 배경의 변화와 함께 의미 변화의 과정을 겪으면서 관용 구절이 생성되었다.
④ 세 번째 문장의 내용으로 적절한 예이다.

10 　정답 ③

'적립 방식'은 받을 연금과 내는 보험료의 비율이 누구나 일정하므로 보험료 부담이 공평하지만, '부과 방식'은 노인 인구가 늘어날 경우 젊은 세대의 부담이 증가된다. 따라서 '적립 방식'은 세대 간 부담의 공평성이 확보되고, '부과 방식'은 세대 간 부담의 공평성이 미흡하다고 할 수 있다.

11 　정답 ⑤

마지막 문단을 보면, 확정급여 방식은 근로자가 받게 될 퇴직급여를 사전에 확정하는 연금으로, 적립금의 운용을 기업이 직접하고, 그 책임은 회사가 부담한다고 서술하고 있다.

12 　정답 ②

제시문은 예술 작품에 대한 감상과 판단에 대해서 첫 번째 문단에서는 '어떤 사람의 감상이나 판단은 다른 사람들보다 더 좋거나 나쁠 수도 있지 않을까? 혹은 덜 발달되었을 수도, 더 세련되었을 수도 있지 않을까?'라는 의문을, 세 번째 문단에서는 '예술 비평가들의 판단이나 식별이 올바르다는 것은 어떻게 알 수 있는가?'라는 의문을, 마지막 문단에서는 '자격을 갖춘 비평가들, 심지어는 최고의 비평가들에게서조차 비평의 불일치가 생겨나는 것'에 대한 의문을 제기하면서 이에 대해 흄의 견해에 근거하여 순차적으로 답변하며 글을 전개하고 있다.

13 　정답 ④

『돈키호테』에 나오는 일화에 등장하는 두 명의 전문가는 둘 다 포도주의 맛이 이상하다고 하였는데 한 사람은 쇠 맛이 살짝 난다고 했고, 또 다른 사람은 가죽 맛이 향을 망쳤다고 했다. 이렇게 포도주의 이상한 맛에 대한 원인을 다르게 판단한 것은 비평가들 사이에서 비평의 불일치가 생겨난 것에 해당한다고 볼 수 있다.

14 　정답 ⑤

세 번째 문단에서 '사람들은 이익과 손실의 크기가 같더라도 손실 회피성으로 인해 이익보다 손실을 2배 이상 크게 생각하는 경향이 있다.'고 말하고 있다.

15 　정답 ④

정가와 이보다 낮은 판매 가격을 함께 제시하면 정가가 기준점으로 작용하여 사람들은 제한된 판단을 하게 된다. 이로 인해 판매 가격을 상대적으로 싸다고 인식하므로, 기준점 휴리스틱을 활용한 사례로 볼 수 있다.

16 　정답 ①

오늘날의 현실에서는 독서가 반갑지 않은 벗으로 여겨지며, 진정한 의미의 독서가 이루어지지 않고 있다는 이야기를 하고 있으므로 이에 대한 해결 방안으로 진정한 독서의 방법을 설명하는 내용이 이어지는 것이 가장 적절하다.

17 　정답 ④

최근 대두되고 있는 '초연결사회'에 대해 언급하는 (나) 문단이 가장 먼저 오는 것이 적절하며, 그다음으로는 초연결사회에 대해 설명하는 (가) 문단이 적절하다. 그 뒤를 이어 초연결 네트워크를 통해 긴밀히 연결되는 초연결사회의 (라) 문단이, 마지막으로는 이러한 초연결사회가 가져올 변화에 대한 전망의 (다) 문단이 적절하다.

18 　정답 ③

제시문은 빈곤 지역의 문제 해결을 위해 도입된 적정기술에 대한 설명이다. (나) 적정기술에 대한 정의 → (가) 현지에 보급된 적정기술의 성과에 대한 논란 → (라) 적정기술 성과 논란의 원인 → (다) 빈곤 지역의 문제 해결을 위한 방안의 순서로 나열하는 것이 적절하다.

19

빈칸 앞의 내용은 예술 작품에 담겨 있는 작가의 의도를 강조하며, 독자가 예술 작품을 해석하고 이해하는 활동은 예술적 가치, 즉 작가의 의도가 담긴 작품에서 파생된 2차적인 활동일 뿐이라고 이야기하고 있다. 따라서 독자의 작품 해석에 있어 작가의 의도와 작품을 왜곡하지 않아야 한다는 내용의 ④가 빈칸에 들어갈 내용으로 가장 적절하다.

오답분석

①·② 두 번째 문단에 따르면 예술은 독자의 해석으로 완성되는 것이 아니며, 작품을 해석해 줄 독자가 없어도 예술은 그 자체로 가치가 있다.
③ 작품에 포함된 작가의 권위를 인정해야 한다는 것일 뿐, 작가의 권위와 작품 해석의 다양성은 서로 관련이 없다.
⑤ 작품 해석에 있어 작품 제작 당시의 시대적·문화적 배경을 고려해야 한다는 내용은 없다.

20

고급 수준의 어휘력을 습득하기 위해서는 광범위한 독서를 해야 하므로 평소에 수준 높은 좋은 책들을 읽어야 한다는 결론이 와야 한다.

21

콩코드는 비싼 항공권 가격에도 불구하고 비행시간이 적게 걸렸기 때문에 주로 시간 단축이 필요한 사람들이 이용했음을 추론할 수 있다. 또한 콩코드 폭발 사건으로 인해 수많은 고위층과 부자들이 피해를 입었다는 점을 통해서도 승객 유형을 추론해 볼 수 있다.

오답분석

① 영국과 프랑스 정부는 세계대전 이후 비행기 산업에서 급성장하는 미국을 견제하기 위해 초음속 여객기 콩코드를 함께 개발하였다.
② 파리 ~ 뉴욕 구간의 비행시간은 평균 8시간이지만, 콩코드는 파리 ~ 뉴욕 구간을 3시간대에 주파할 수 있다고 하였으므로 4번까지 왕복하기 어려웠을 것으로 추론할 수 있다.
③ 콩코드는 일반 비행기에 비해 많은 연료가 필요하지만, 필요한 연료가 탑승객 수와 관련되는지는 알 수 없다.
④ 2000년 7월 폭발한 콩코드 사건의 원인은 나타나 있지 않으므로 알 수 없다.

22

제시문에서는 파레토 법칙의 개념과 적용 사례를 설명한 후, 파레토 법칙이 잘못 적용된 사례를 통해 함부로 다양한 사례에 적용하는 것이 잘못된 해석을 낳을 수 있음을 지적하고 있다.

23

쇼펜하우어는 표상의 세계 안에서의 이성의 역할, 즉 시간과 공간, 인과율을 통해서 세계를 파악하는 주인의 역할을 함에도 불구하고 이 이성이 다시 의지에 종속됨으로써 제한적이며 표면적일 수밖에 없다는 한계를 지적하고 있다.

오답분석

① 세계의 본질은 의지의 세계라는 내용은 쇼펜하우어 주장의 핵심 내용이라는 점에서는 적절하지만, 제시문의 주요 내용은 주관 또는 이성 인식으로 만들어내는 표상의 세계는 결국 한계를 가질 수밖에 없다는 것이다.
② 제시문에서는 표상 세계의 한계를 지적했을 뿐, 표상의 극복과 그 해결 방안에 대한 내용은 없다.
③ 제시문에서 의지의 세계와 표상 세계는 의지가 표상을 지배하는 종속 관계라는 차이를 파악할 수는 있으나, 중심 내용으로는 적절하지 않다.
④ 쇼펜하우어가 주관 또는 이성을 표상의 세계를 이끌어 가는 능력으로 주장하고 있다는 점에서 적절하나 글의 중심 내용은 아니다.

24

고전적 귀납주의에 따르면 여러 가설 사이에서 관련된 경험적 증거 전체를 고려하여 경험적 증거가 많은 가설을 선택할 수 있다. 즉, 가설에 부합하는 경험적 증거가 많을수록 가설의 신뢰도가 더 높아진다고 본 것이다. 따라서 이러한 주장에 대한 반박으로는 경험적 증거로 인해 높아지는 가설의 신뢰도를 정량적으로 판단할 수 없다는 ④가 가장 적절하다.

25

에피쿠로스의 주장에 따르면 신은 인간사에 개입하지 않으며, 육체와 영혼은 함께 소멸되므로 사후에 신의 심판도 받지 않는다. 그러므로 인간은 사후의 심판을 두려워할 필요가 없고, 이로 인해 죽음에 대한 모든 두려움에서 벗어날 수 있다고 주장한다. 따라서 이러한 주장에 대한 비판으로 ⑤가 가장 적절하다.

26

미를 도덕이나 목적론과 연관시킨 톨스토이나 마르크스와 달리 칸트는 미에 대한 자율적 견해를 지녔다. 즉, 미적 가치를 도덕 등 다른 가치들과 관계없는 독자적인 것으로 본 것이다. 따라서 문학 작품을 감상할 때 다른 외부적 요소들은 고려하지 않고 작품 자체에만 주목하여 감상해야 한다는 절대주의적 관점이 이러한 칸트의 견해와 유사함을 추론할 수 있다.

27

정답 ⑤

제시문에서는 기자와 언론사를 통해 재구성되는 뉴스와 스마트폰과 소셜미디어를 통한 뉴스 이용으로 나타나는 가짜 뉴스의 사례를 제시하고 있다. 뉴스가 유용한 지식과 정보를 제공하는 반면, 거짓 정보를 흘려 잘못된 정보와 의도로 현혹하기도 한다는 필자의 주장을 통해 뉴스 이용자의 올바른 이해와 판단이 필요하다는 필자의 의도를 파악할 수 있다.

28

정답 ③

핵융합발전은 원자력발전에 비해 같은 양의 원료로 3 ~ 4배의 전기를 생산할 수 있다고 하였으나, 핵융합발전은 수소의 동위원소를 원료로 사용하는 반면 원자력발전은 우라늄을 원료로 사용한다. 즉, 전력 생산에 서로 다른 원료를 사용하므로 생산된 전력량으로 연료비를 서로 비교할 수 없다.

오답분석

① 핵융합 에너지는 화력발전을 통해 생산되는 전력 공급량을 대체하기 어려운 태양광에 대한 대안이 될 수 있으므로 핵융합발전이 태양열발전보다 더 많은 양의 전기를 생산할 수 있음을 추론할 수 있다.
② 원자력발전은 원자핵이 분열하면서 방출되는 에너지를 이용하며, 핵융합발전은 수소 원자핵이 융합해 헬륨 원자핵으로 바뀌는 과정에서 방출되는 에너지를 이용해 전기를 생산한다. 따라서 원자의 핵을 다르게 이용한다는 것을 알 수 있다.
④ 미세먼지와 대기오염을 일으키는 오염 물질은 전혀 나오지 않고 헬륨만 배출된다는 내용을 통해 헬륨은 대기오염을 일으키는 오염 물질에 해당하지 않음을 알 수 있다.
⑤ 발전 장치가 꺼지지 않도록 정밀하게 제어하는 것이 중요하다는 내용을 통해 알 수 있다.

29

정답 ④

제시문은 사람을 삶의 방식에 따라 거미와 같은 사람, 개미와 같은 사람, 꿀벌과 같은 사람의 세 종류로 나누어 설명하고 있다. 거미와 같은 사람은 노력하지 않으면서도 남의 실수를 바라는 사람이며, 개미와 같은 사람은 자신의 일은 열심히 하지만 주변을 돌보지 못하는 사람이다. 이와 반대로 꿀벌과 같은 사람은 자신의 일을 열심히 하면서, 남도 돕는 이타적 존재이다. 이를 통해 글쓴이는 가장 이상적인 인간형으로 거미나 개미와 같은 사람이 아니라 꿀벌과 같은 이타적인 존재라고 이야기한다. 따라서 글쓴이가 말하고자 하는 바로 가장 적절한 것은 ④이다.

30

정답 ④

제시문에서 대상 그 자체의 성질은 감각될 수 없고, 대상의 현상을 감각하는 방식은 우리에게 달려 있다고 설명하고 있다.

| 02 | 언어비판

01	02	03	04	05	06	07	08	09	10
⑤	④	③	⑤	③	②	③	①	①	②
11	12	13	14	15	16	17	18	19	20
①	②	③	①	①	③	⑤	①	②	①
21	22	23	24	25	26	27	28	29	30
③	①	③	①	⑤	③	①	②	④	④

01

정답 ⑤

제시된 조건의 '비주얼 머천다이징팀과 광고그래픽팀에 둘 다 지원', '광고홍보팀과 경영지원팀에 둘 다 지원' 중 어느 하나를 만족시키면 된다. 세 번째 조건에서 'K아웃렛 지원자 모두 인테리어팀이나 악세서리 디자인팀 가운데 적어도 한 팀에 지원하고 있다.'라고 했으므로 혜진이는 최소한 비주얼 머천다이징팀이나 광고홍보팀 중 한 팀에 지원했을 것이다. 만일, 혜진이가 광고그래픽팀이나 경영지원팀에 지원했다면 비주얼 머천다이징팀이나 광고그래픽팀 또는 광고홍보팀이나 경영지원팀에 지원했다는 정보를 만족시키기 때문에 패션디자인팀에 지원하고 있다는 결론을 내릴 수 있다.

02

정답 ④

일곱 번째 조건에 따라 지영이는 대외협력부에서 근무하고, 다섯 번째 조건의 대우에 따라 유진이는 감사팀에서 근무한다. 그러므로 재호는 영업부에서 근무하며, 여섯 번째 조건에 따라 혜인이는 회계부에서 근무를 할 수 없다. 세 번째 조건에 의해 성우가 비서실에서 근무하게 되면, 희성이는 회계부에서 근무하고, 혜인이는 기획팀에서 근무하게 되며, 세 번째 조건의 대우에 따라 희성이가 기획팀에서 근무하면, 성우는 회계부에서 근무하고, 혜인이는 비서실에서 근무하게 된다. 이를 정리하면 다음과 같다.

감사팀	대외협력부	영업부	비서실	기획팀	회계부
유진	지영	재호	성우, 혜인	혜인, 희성	희성, 성우

따라서 반드시 참인 명제는 '혜인이는 회계팀에서 근무하지 않는다.'이다.

오답분석
① 재호는 영업부에서 근무한다.
② 희성이는 회계부에서 근무할 수도 있다.
③ 성우는 비서실에서 근무할 수도 있다.
⑤ 유진이는 감사팀에서 근무한다.

03

정답 ③

다섯 번째, 여섯 번째 조건을 통해 생일이 빠른 순서로 정렬하면 '정 – 을 – 병 – 갑' 또는 '을 – 병 – 갑 – 정'이다. 그러나 네 번째 조건에 따라 '정 – 을 – 병 – 갑'은 될 수 없다. 따라서 '을 – 병 – 갑 – 정' 순으로 생일이 빠르다. 따라서 세 번째, 네 번째 조건에 따라 을은 법학, 병은 의학, 갑은 수학, 정은 철학을 전공했다.

04

정답 ⑤

모든 조건을 고려해보면 다음과 같은 경우가 나온다.

구분	B 우세	C 우세
경우 1	D, F	E, F
경우 2	E, F	D, F

위의 표를 통해 ⓒ과 ⓒ이 옳은 추론임을 알 수 있다.

오답분석

㉠ 위의 표를 보면 C는 E에게 우세할 수도 있지만 열세일 수도 있다.

05

정답 ③

세 번째 명제에 의해 정시 – 병시 순으로 먼저 수도였다. 또한 네 번째 명제에 의해 갑시 – 을시 순으로 먼저 수도였음을 알 수 있고, 을시가 수도인 국가는 시대순으로 네 번째에 있지 않음을 알 수 있다.

∴ 갑시 – 을시 – 정시 – 병시

네 번째, 다섯 번째 명제에 의해 A국가, C국가, D국가는 첫 번째 국가가 될 수 없다.

∴ B – C – A – D(∵ 마지막 명제)

06

정답 ②

- ㉠, ㉢, ㉣, ㉧에 의해 언어 영역 순위는 '형준 – 연재 – 소정(또는 소정 – 연재) – 영호' 순서로 높다.
- ㉠, ㉡, ㉢, ㉣, ㉧에 의해 수리 영역 순위는 '소정 – 형준 – 연재 – 영호' 순서로 높다.
- ㉢, ㉣, ㉣, ㉤에 의해 외국어 영역 순위는 '영호 – 연재(또는 연재 – 영호) – 형준 – 소정' 순서로 높다.

오답분석

① 언어 영역 2위는 연재 또는 소정이다.
③ 영호는 외국어 영역에서는 1위 또는 2위이다.
④ 외국어 영역에서 소정이는 영호보다 순위가 낮다.
⑤ 연재의 언어 영역 순위는 2위 또는 3위이므로 여기에 1을 더한 순위가 형준이의 외국어 영역 순위인 3위와 항상 같다고 할 수 없다.

07

정답 ③

제시된 일정을 정리하면 다음과 같다.

○월 ○일	○월 ○+1일	○월 ○+2일	○월 ○+3일
운동회	–	개교기념일	학생회장 선거

따라서 운동회는 학생회장 선거일 3일 전에 열리는 것을 알 수 있으며, 제시된 사실만으로는 해당 요일을 알 수 없다.

08

정답 ①

영희가 전체 평균 1등을 했으므로 총점이 가장 높다.

오답분석

②·③·④·⑤ 등수는 알 수 있지만 각 점수는 알 수 없기 때문에 점수 간 비교는 불가능하다.

09

정답 ①

전자 기술이 발전하여 조그만 칩 하나에 수백 권 분량의 정보가 기록될 것이라고 서술하고 있다.

10

정답 ②

주어진 명제를 통해 '세경이는 전자공학과 패션디자인을 모두 전공하며, 원영이는 사회학만 전공한다.'를 유추할 수 있다. 따라서 바르게 유추한 것은 ②이다.

11

정답 ①

주어진 조건에 따라 지난주 월~금의 평균 낮 기온을 정리하면 다음과 같다.

월	화	수	목	금	평균
21℃	19℃	22℃	20℃		20℃

지난 주 월~금의 평균 낮 기온은 20℃이므로 금요일의 낮 기온을 구하면 $\dfrac{21+19+22+20+x}{5}=20 \rightarrow x=20\times 5-82=18$℃이다.

따라서 지난주 낮 기온이 가장 높은 요일은 22℃의 수요일임을 알 수 있다.

12

정답 ②

지난주 월~금 중 낮 기온이 평균 기온인 20℃보다 높은 날은 월요일, 수요일이므로 거짓임을 알 수 있다.

13

부채는 C만 받았으므로 A가 받은 기념품에서 제외된다. 또한 수건을 받은 E는 D와 서로 다른 기념품을 받았으므로, A와 B가 수건과 손거울 중 어떤 것을 기념품으로 받았는지는 알 수 없다.

14
정답 ①

부채는 C만 받았으므로 D가 받은 기념품에서 제외된다. 또한 D와 E는 서로 다른 기념품을 받았으므로 E가 받은 수건 역시 제외된다. 따라서 D는 손거울을 기념품으로 받았음을 알 수 있다.

15
정답 ①

현아와 은정이는 10,000원 차이가 나고 은정이는 30,000원을 가지고 있다. 따라서 40,000원 또는 20,000원을 가지고 있으므로 어느 경우에도 효성이보다는 돈이 적다.

16
정답 ③

현아가 은정이보다 10,000원을 더 가졌을 경우에는 참이 되지만, 현아가 은정이보다 10,000원을 덜 가졌을 경우에는 선화와 같기 때문에 주어진 제시문으로는 정확히 알 수 없다.

17
정답 ⑤

- 깔끔한 사람 → 정리정돈을 잘함 → 집중력이 좋음 → 성과 효율이 높음
- 주변이 조용함 → 집중력이 좋음 → 성과 효율이 높음

오답분석
① 세 번째, 첫 번째 명제로 추론할 수 있다.
② 두 번째, 네 번째 명제로 추론할 수 있다.
③ 세 번째, 첫 번째, 네 번째 명제로 추론할 수 있다.
④ 네 번째 명제의 대우와 두 번째 명제의 대우로 추론할 수 있다.

18
정답 ①

'p : 딸기를 좋아한다, q : 가지를 좋아한다, r : 바나나를 좋아한다, s : 감자를 좋아한다'라 하자.
제시된 명제를 정리하면
- 첫 번째 명제 : $p \rightarrow \sim q$
- 두 번째 명제 : $r \rightarrow q$
- 세 번째 명제 : $\sim q \rightarrow s$

즉, $p \rightarrow \sim q \rightarrow \sim r$ 또는 $p \rightarrow \sim q \rightarrow s$는 반드시 참이다. r과 s의 관계를 알 수 없으므로 ①이 답이다.

19
정답 ②

여름은 겨울보다 비가 많이 내림 → 비가 많이 내리면 습도가 높음 → 습도가 높으면 먼지와 정전기가 잘 일어나지 않음
비가 많이 내리면 습도가 높고 습도가 높으면 먼지가 잘 나지 않으므로 비가 많이 오지 않는 겨울이 여름보다 먼지가 잘 난다.

오답분석
④ 첫 번째 명제와 네 번째 명제로 추론할 수 있다.
⑤ 네 번째 명제의 대우와 첫 번째 명제의 대우로 추론할 수 있다.

20
정답 ①

'승우가 도서관에 간다'를 A, '민우가 도서관에 간다'를 B, '견우가 도서관에 간다'를 C, '연우가 도서관에 간다'를 D, '정우가 도서관에 간다'를 E라고 하면 '$\sim$D $\rightarrow$ E $\rightarrow$ $\sim$A $\rightarrow$ B $\rightarrow$ C'이므로 정우가 금요일에 도서관에 가면 민우와 견우도 도서관에 간다.

21
정답 ③

B가 부정행위를 했을 경우 두 번째와 세 번째 조건에 따라 C와 A도 함께 부정행위를 하게 되므로 첫 번째 조건에 부합하지 않는다. 따라서 B는 부정행위를 하지 않았으며, 두 번째 조건에 따라 C도 부정행위를 하지 않았다.
D가 부정행위를 했을 경우 다섯 번째 조건의 대우인 'D가 부정행위를 했다면, E도 부정행위를 했다.'와 세 번째 조건에 따라 E와 A가 함께 부정행위를 하게 되므로 첫 번째 조건에 부합하지 않는다. 따라서 D 역시 부정행위를 하지 않았다. 결국 B, C, D를 제외한 A, E가 시험 도중 부정행위를 했음을 알 수 있다.

22
정답 ①

제시된 조건을 나열하면 '효주>지영', '효주>채원'임을 알 수 있다.
따라서 지영이와 채원이의 나이는 알 수 없지만 효주의 나이가 가장 많다는 것을 알 수 있다.

23
정답 ④

주어진 명제를 정리하면 강아지를 좋아하는 사람은 자연을 좋아하고, 자연을 좋아하는 사람은 편의점을 좋아하지 않는다. 따라서 이의 대우 명제인 ④는 참이다.

24
정답 ①

두 번째 조건의 '의사는 스포츠카와 오토바이를 가지고 있다.'
가 참이므로 그의 대우 명제인 '스포츠카 또는 오토바이를 가
지고 있지 않으면 의사가 아니다.' 역시 참이다. 따라서 철수
가 스포츠카를 가지고 있지 않다면 철수는 의사가 아니라는
명제가 성립하고, 철수는 의사 또는 변호사 둘 중 하나에 반드
시 해당되므로 철수는 변호사라는 추론이 가능하다.

[오답분석]
② 스포츠카와 오토바이 중 하나만 가지고 있다면 철수는 변
   호사이다.
③ 철수가 오토바이를 가지고 있고, 스포츠카는 가지고 있지
   않을 수 있다.
④ 철수는 의사나 변호사 하나만 해당될 수 있다.
⑤ 철수가 의사일 수도 있고 변호사일 수도 있으므로 알 수
   없다.

25
정답 ⑤

달리기를 잘함=p, 건강함=q, 홍삼을 먹음=r, 다리가 긺
=s라 하면, 첫 번째 명제부터 차례로 $\sim p \to \sim q$, $r \to q$,
$p \to s$이다. 첫 번째 명제의 대우와 두 번째 명제, 세 번째
명제를 조합하면 $r \to q \to p \to s$가 되어 $r \to s$가 되며,
대우는 $\sim s \to \sim r$이므로 ⑤가 답이다.

26
정답 ③

주어진 조건을 정리하면 '진달래를 좋아함 → 감성적 → 보라
색을 좋아함 → 백합을 좋아하지 않음'이므로 진달래를 좋아
하는 사람은 보라색을 좋아한다.

27
정답 ⑤

'티라노사우르스'를 p, '공룡임'을 q, '곤충을 먹음'을 r, '직
립보행을 함'을 s라고 하면, 각 명제는 순서대로 $p \to q$,
$r \to \sim q$, $\sim r \to s$이다. 두 번째 명제의 대우와 첫 번째·세
번째 명제를 정리하면 $p \to q \to \sim r \to s$이므로 $p \to s$가
성립한다. 따라서 ⑤가 답이다.

28
정답 ②

주어진 명제가 모두 참이면 명제의 대우도 모두 참이 된다.
따라서 명제와 대우 명제를 정리하면 다음과 같다.
• 영업부 ○ → 기획 역량 ○ / 기획 역량 × → 영업부 ×
• 영업부 × → 영업 역량 × / 영업 역량 ○ → 영업부 ○
• 기획 역량 × → 소통 역량 × / 소통 역량 ○ → 기획 역량 ○
• 영업 역량 ○ → 영업부 ○ → 기획 역량 ○
• 기획 역량 × → 영업부 × → 영업 역량 ×
영업 역량을 가진 사원은 영업부이고, 영업부인 사원은 기획
역량이 있다. 따라서 '영업 역량을 가진 사원은 기획 역량이
있다.'라는 명제는 참이다.

29
정답 ④

네 번째, 다섯 번째 결과를 통해서 '낮잠 자기를 좋아하는 사
람은 스케이팅을 좋아하고, 스케이팅을 좋아하는 사람은 독
서를 좋아한다.'는 사실을 얻을 수 있다. 이 사실을 한 문장으
로 연결하면 '낮잠 자기를 좋아하는 사람은 독서를 좋아한다.'
이다.

30
정답 ④

명제를 문자화하여 나타내면 다음과 같다.

명제	문자화
아침에 시리얼을 먹는 사람은 두뇌 회전이 빠르다.	A → B
아침에 토스트를 먹는 사람은 피곤하다.	C → D
에너지가 많은 사람은 아침에 밥을 먹는다.	E → F
피곤하면 회사에 지각한다.	D → G
두뇌 회전이 빠르면 일 처리가 빠르다.	B → H

명제들을 정리하면, A → B → H, C → D → G, E → F가
된다. 여기서 추론할 수 있는 것은 ④ C → G의 대우인 $\sim$G
→ $\sim$C로, '회사에 지각하지 않으면 아침에 토스트를 먹지 않
는다.'이다.

[오답분석]
① '회사에 가장 일찍 오는 사람은 피곤하지 않다.'는 어느 명
   제에서든 추론할 수 없다.
② '두뇌 회전이 느리면 아침에 시리얼을 먹는다.' $\sim$B → A
   는 첫 번째 명제 A → B에서 추론할 수 없다.
③ '아침에 밥을 먹는 사람은 에너지가 많다.'는 F → E로 세
   번째 명제의 역이므로 반드시 참이라고 할 수 없다.
⑤ '일 처리가 느리면 아침에 시리얼을 먹는다.' $\sim$H → A는
   A → H에서 참으로 추론될 수 없다.

| 03 | 수열추리

01	02	03	04	05	06	07	08	09	10	11	12	13	14	15	16	17	18	19	20
②	②	①	①	③	⑤	②	④	③	③	④	②	⑤	②	⑤	③	⑤	④	②	③

21	22	23	24	25	26	27	28	29	30										
④	②	⑤	③	④	①	①	②	③	②										

01

정답 ②

홀수 항은 11씩 증가하는 수열이고, 짝수 항은 4씩 감소하는 수열이다.
따라서 빈칸은 세 번째, 홀수 항이므로 $-17+11=-6$이 된다.

02

정답 ②

n을 자연수라고 하면 n항$\times 2+1$이 $(n+1)$항인 수열이다.
따라서 $(\quad)=175\times 2+1=351$이다.

03

정답 ①

나열된 숫자를 각각 A, B, C라고 하면 다음과 같은 관계가 성립한다.
$\underline{A\ B\ C} \rightarrow A-B=C\times 2$
따라서 빈칸에 들어갈 수는 $A-17=-4\times 2 \rightarrow A=-8+17=9$이다.

04

정답 ①

홀수 항은 $\times \dfrac{1}{4}$, 짝수 항은 $+1.6$, $+2.1$, $+2.6$, …이다.

$4 \rightarrow 1 \rightarrow 1 \rightarrow 2.6 \rightarrow \left(\dfrac{1}{4}\right) \rightarrow 4.7 \rightarrow \dfrac{1}{16} \rightarrow 7.3$

따라서 빈칸은 다섯 번째, 홀수 항이므로 $1\times \dfrac{1}{4}=\dfrac{1}{4}$이 된다.

05

정답 ③

나열된 수를 각각 A, B, C, D라고 하면 다음과 같은 관계가 성립된다.
$\underline{A\ B\ C\ D} \rightarrow A+B=C-D$
따라서 빈칸에 들어갈 수는 $C-33=12.5+21.1 \rightarrow C=33+33.6=66.6$이다.

06

정답 ⑤

(앞의 항$+4)\div 4=$(다음 항)인 수열이다.
따라서 $(\quad)=(1.75+4)\div 4=1.43750$다.

07

정답 ②

앞의 항에 $+5 \times 2^1$, $+5 \times 2^2$, $+5 \times 2^3$, $+5 \times 2^4$, $+5 \times 2^5$ …인 수열이다.
따라서 ( )$=38.1+5 \times 2^3=38.1+40=78.1$이다.

08

정답 ④

n을 자연수라고 할 때, n항의 값은 $(n+7) \times (n+8)$인 수열이다.
따라서 ( )$=(3+7) \times (3+8)=10 \times 11=110$이다.

09

정답 ③

홀수 항은 $\div 3$, 짝수 항은 $\div 5$를 해준다.
따라서 빈칸은 다섯 번째 홀수 항이므로 $99 \div 3=33$이 된다.

10

정답 ③

$\underline{A \ B \ C} \rightarrow (A-B) \div 2=C$
$\underline{34 \ 23 \ (\ )} \rightarrow (34-23) \div 2=(\ )$
따라서 ( )$=11 \div 2=5.5$이다.

11

정답 ④

앞의 항에 $+7$, -16를 번갈아 가며 적용하는 수열이다.
따라서 ( )$=49-16=33$이다.

12

정답 ②

'앞항$\times 3-2=$뒤항'의 규칙이 적용된다.
따라서 ( )$=34 \times 3-2=100$이다.

13

정답 ⑤

홀수 항은 $\times (-9)$이고, 짝수 항은 $+9$인 수열이다.
따라서 ( )$=20+9=29$이다.

14

정답 ②

첫 번째, 두 번째, 세 번째 항을 기준으로 3칸씩 이동하며 이루어지는 수열이다.
ⅰ) 1 4 7 10 → $+3$인 규칙
ⅱ) 10 8 6 4 → -2인 규칙
ⅲ) 3 12 (48) 192 → $\times 4$인 규칙
따라서 ( )$=12 \times 4=48$이다.

15

정답 ⑤

$\underline{A \ B \ C} \rightarrow (A \times B)+1=C$
따라서 ( )$=5 \times 6+1=31$이다.

16

각 항을 3개씩 묶고 각각 A, B, C라고 하면 다음과 같다.
$\underline{A \ B \ C} \rightarrow C=(A-B)\times2$
따라서 (　)$=-10\div2+19=14$이다.

17

첫 번째, 두 번째, 세 번째 수를 기준으로 3칸씩 이동하며 이루어지는 수열이다.
ⅰ) 99　91　83　(75) → -8인 규칙
ⅱ) 25　32　39　46 → $+7$인 규칙
ⅲ) 12　36　108　324 → $\times3$인 규칙
따라서 (　)$=83-8=75$이다.

18

홀수 항은 $+20$, $+19$, $+18$, …이고, 짝수 항은 $+5$, $+6$, $+7$ …인 수열이다.
따라서 (　)$=63+8=71$이다.

19

앞의 항에 $\times6$, $\div3$이 번갈아 가며 적용되는 수열이다.
따라서 (　)$=16\times6=96$이다.

20

홀수 항은 $+1$, $+2$, $+3$, …이고, 짝수 항은 $\times5$, $\times10$, $\times15$, …인 수열이다.
따라서 (　)$=12.5\div5=2.5$이다.

21

n항을 자연수라 하면 n항과 $(n+1)$항을 더하고 -4를 한 값이 $(n+2)$항이 되는 수열이다.
따라서 (　)$=89+143-4=228$이다.

22

앞에 항에 -87을 더하면 나오는 수열이다.
따라서 (　)$=1,024-87=937$이다.

23

앞에 항에 3를 더하면 나오는 수열이다.
따라서 (　)$=15+3=18$이다.

24

$\underline{A \ B \ C} \rightarrow A+B=C$
따라서 (　)$=34-13=21$이다.

25

$\underline{A\ B\ C\ D} \rightarrow A+B+C=D$

따라서 (　)$=5+6+2=13$이다.

26

앞의 항에 $\div 4$가 적용되는 수열이다.

따라서 (　)$=4{,}096\div4=1{,}024$이다.

27

정답 ①

앞의 항에 $\times(-3)$이 적용되는 수열이다.

따라서 (　)$=-459\times3=1{,}377$이다.

28

정답 ②

각 상자 위의 세 수의 평균이 아래에 나온다.

$$\frac{3+9+21}{3}=\frac{33}{3}=11,\quad \frac{16+3+23}{3}=\frac{42}{3}=14,$$

따라서 (　)$=\dfrac{3+7+2}{3}=\dfrac{12}{3}=4$이다.

29

정답 ③

첫 번째 표의 첫째 칸과 둘째 칸 수를 곱하고 $+3$을 하면 세 번째 칸 수와 같고, 세 번째 표에서도 같은 규칙이 적용된다. 두 번째 표에서는 첫째 칸과 둘째 칸을 곱하고 $+4$를 하면 셋째 칸 수가 나오므로 마지막 표에서도 같은 방식이 적용됨을 추론해 보면, 빈칸에 들어갈 수는 $8\times4+4=36$임을 알 수 있다.

30

정답 ②

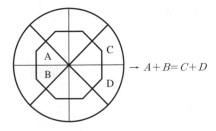

$\rightarrow A+B=C+D$

$4+7=9+2$

$6+4=2+8$

$16+9=20+5$

(　)$+5=10+11$

따라서 (　)$=21-5=16$이다.

01	02	03	04	05	06	07	08	09	10	11	12	13	14	15	16	17	18	19	20
②	③	①	③	②	⑤	⑤	②	②	⑤	⑤	③	④	①	④	③	④	③	④	③
21	22	23	24	25	26	27	28	29	30										
②	④	①	②	⑤	④	①	③	③	②										

01

정답 ②

② 제시된 도형을 시계 방향으로 90° 회전한 것이다.

02

정답 ③

도형을 오른쪽으로 뒤집으면 ②, 이를 시계 반대 방향으로 90° 회전하면 ①, 다시 위로 뒤집으면 ③의 도형이 된다.

03

정답 ①

① 제시된 도형을 시계 반대 방향으로 90° 회전한 것이다.

04

정답 ③

도형을 시계 방향으로 45° 회전하면 , 이를 180° 회전하면 이 된다.

05

정답 ②

도형을 시계 방향으로 270° 회전하면 , 이를 좌우 반전하면  이 된다.

06

정답 ⑤

도형을 시계 반대 방향으로 90° 회전하면 , 이를 시계 방향으로 270° 회전하면 이 된다.

07

정답 ⑤

도형을 시계 반대 방향으로 45° 회전하면 , 이를 좌우 반전하면 이 된다.

08

도형을 180° 회전하면 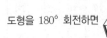, 이를 상하 반전하면 이 된다.

09

도형을 시계 방향으로 270° 회전하면 , 이를 180° 회전하면 이 된다.

10

도형을 좌우 반전하면 , 이를 시계 반대 방향으로 270° 회전하면 이 된다.

11

12

13

14

15

정답 ④

D
E
F
H

⊗ →

E
F
H
D

∞ →

F
G
I
E

16

정답 ③

ⓐ	ⓑ	ⓒ	ⓓ

◇→

ⓑ	ⓒ	ⓓ	ⓐ

♪→

ⓒ	ⓑ	ⓓ	ⓐ

17

정답 ④

ⓦ	ⓧ	ⓨ	ⓩ

△→

ⓩ	ⓦ	ⓧ	ⓨ

♭→

ⓧ	ⓦ	ⓩ	ⓨ

♪→

ⓦ	ⓧ	ⓩ	ⓨ

18

정답 ③

4
8
5
7

◉→

5
8
5
5

◎→

4
8
5
6

19

정답 ④

3
5
6
8

■→

5
6
8
3

◎→

4
6
8
4

20

정답 ③

1
2
3
4

★→

3
2
1
4

■→

3
1
2
4

PART 2

21

4		4		2	
3	□ →	3	☆ →	3	
2		1		1	
1		2		4	

22

▲		△		◁	
△	♡ →	▲	○ →	◀	
▼		▽		▽	
▽		▼		▼	

23

▲		◀		▶	
▽	○ →	▽	♥ →	△	
△		◁		▷	
▼		▼		▲	

24

△		▽		▼	
▽	♥ →	△	♡ →	▲	
▼		▲		△	
▲		▼		▽	

25

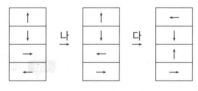

26

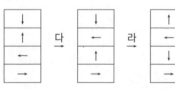

27

정답 ①

♡
□
♥
■

♧→

♥
□
♡
■

△→

■
□
♡
♥

28

정답 ③

□
♥
♡
■

△→

□
■
♡
♥

▲→

♡
■
□
♥

29

정답 ③

Ⅱ
Ⅲ
Ⅰ
Ⅳ

b→

Ⅱ
Ⅰ
Ⅲ
Ⅳ

a→

Ⅰ
Ⅱ
Ⅲ
Ⅳ

30

정답 ②

Ⅲ
Ⅱ
Ⅰ
Ⅳ

c→

Ⅱ
Ⅲ
Ⅰ
Ⅳ

d→

Ⅱ
Ⅲ
Ⅳ
Ⅰ

| 05 | 문제해결

01	02	03	04	05	06	07	08	09	10	11	12	13	14	15	16	17	18	19	20
⑤	②	③	②	④	②	②	④	①	④	②	④	③	②	③	④	⑤	③	①	④

21	22	23	24	25	26	27	28	29	30										
②	④	③	③	①	③	⑤	④	①	③										

01
정답 ⑤

신용카드의 공제율은 15%이고, 체크카드의 공제율은 30%이기 때문에 공제받을 금액은 체크카드를 사용했을 때 더 유리하게 적용된다.

오답분석

① 신용카드와 체크카드 사용금액이 연봉의 25%를 넘어야 공제 가능하다.
② 연봉의 25%를 초과 사용한 범위가 공제대상에 해당된다. 연봉 35,000,000원의 25%는 8,750,000원이므로 현재까지의 사용금액 6,000,000원에서 2,750,000원보다 더 사용해야 공제받을 수 있다.
③ 사용한 금액 5,000,000원에서 더 사용해야 하는 금액 2,750,000원을 뺀 2,250,000원이 공제대상금액이 된다. 이는 체크카드 사용금액 내에 포함되므로 공제율 30%를 적용한 소득공제금액은 675,000원이다.
④ 사용한 금액 5,750,000원에서 더 사용해야 하는 금액 2,750,000원을 뺀 3,000,000원이 공제대상금액이 된다. 이는 체크카드 사용금액 내에 포함되므로 공제율 30%를 적용한 소득공제금액은 900,000원이다.

02
정답 ②

다음과 같이 ⓐ와 ⓑ의 두 가지 방식으로 소득공제 금액에 대한 세금을 구할 수 있다.
ⓐ 기존 1~8월 지출 내역에 8월 이후 지출 내역을 합산해 지출 총액과 소득공제 대상금액을 계산하면 다음과 같다.
  • 지출 총액 : 2,500,000+3,500,000+4,000,000+5,000,000=5,000,000원
  • 소득공제 대상금액 : 15,000,000−(40,000,000×0.25)=5,000,000원
  이때 공제 대상금액 5,000,000원은 현금영수증 사용금액 내에 포함되므로 공제율 30%를 적용하고, 세율표에 따른 세금을 적용하면
  • 소득공제금액 : 5,000,000×0.3=1,500,000원
  • 세금 : 1,500,000×0.15=225,000원
  따라서 K대리의 소득공제 금액에 대한 세금은 225,000원이다.
ⓑ K대리의 신용카드 사용금액은 총 6,500,000원이고, 추가된 현금영수증 금액은 5,000,000원이다. 변경된 연봉의 25%는 40,000,000×0.25=10,000,000원이다. 즉, 15,000,000원에서 10,000,000원을 차감한 5,000,000원에 대해 공제가 가능하며, 현금영수증 사용금액 내에 포함되므로 공제율 30%를 적용한 소득공제금액은 1,500,000원이다. 연봉 40,000,000원에 해당하는 세율은 15%이고, 이를 소득공제 금액에 적용하면 세금은 1,500,000×0.15=225,000원이다.

03
정답 ③

제시된 표의 병역 안내 부분에서 채용 예정일 이전 전역 예정자는 지원이 가능하다고 제시되어 있다.

오답분석

① 이번 2025년 상반기 채용에서 행정직에는 학력상의 제한이 없다.
② 자격증을 보유하고 있더라도 채용 예정일 이전 전역 예정자가 아니라면 지원할 수 없다.
④ 지역별 지원 제한은 2025년 상반기 신입사원 채용부터 폐지되었다.
⑤ 채용 공고에서 외국어 능력 성적 기준 제한에 관한 사항은 없다.

04

공고일(2025년 1월 3일) 기준으로 만 18세 이상이어야 지원 자격이 주어진다.

[오답분석]
① 행정직에는 학력 제한이 없으므로 A는 지원 가능하다.
③ 기능직 관련 학과 전공자이므로 C는 지원 가능하다.
④ 채용 예정일 이전에 전역 예정이므로 D는 지원 가능하다.
⑤ 외국어 능력 성적 보유자에 한해 성적표를 제출하므로 현재 외국어 성적을 보유하지 않은 E도 지원 가능하다.

05

황지원 대리는 부친 장례식, 기성용 부장은 본인 결혼식, 조현우 차장은 자녀 돌잔치, 이미연 과장은 모친 회갑으로 현금과 화환을 모두 받을 수 있다. 황지원 대리의 배우자인 이수현 과장의 경우에는 장인어른 장례식은 지원 규정상 지원 대상이 아니므로 현금 또는 화환을 받을 수 없고, 최영서 사원의 배우자인 이강인 대리의 경우에는 배우자의 졸업식은 지원 규정상 지원 대상이 아니므로 현금 또는 화환을 받을 수 없다.

06

결혼기념일은 범위 1 ~ 2항에 속하지 않으므로 A과장은 화환 또는 꽃다발을 받을 것이다. B사원은 자녀의 돌잔치를 하므로 현금과 함께 화환을 받고, 대학교 졸업은 1 ~ 2항에 속하지 않으므로 C사원은 화환 또는 꽃다발을 받을 것이다. 따라서 B사원만 현금을 받을 수 있다.

07

월요일과 화요일에는 카페모카・비엔나커피 중 하나를 마시는데, 화요일에는 우유가 들어가지 않은 음료를 마시므로 비엔나커피를 마시고, 전날 마신 음료는 다음 날 마시지 않으므로 월요일에는 카페모카를 마신다. 수요일에는 바닐라가 들어간 유일한 음료인 바닐라라테를 마신다. 목요일에는 우유가 들어가지 않은 아메리카노와 비엔나커피 중 하나를 마시는데, 비엔나커피는 일주일에 2번 이상 마시지 않으며, 비엔나커피는 이미 화요일에 마셨으므로 아메리카노를 마신다. 금요일에는 홍차라테를 마시고, 토요일과 일요일에는 시럽이 없고 우유가 들어가는 카페라테와 홍차라테 중 하나를 마신다. 바로 전날 마신 음료는 마실 수 없으므로 토요일에는 카페라테를, 일요일에는 홍차라테를 마신다.
이를 표로 정리하면 다음과 같다.

일요일	월요일	화요일	수요일	목요일	금요일	토요일
홍차라테	카페모카	비엔나커피	바닐라라테	아메리카노	홍차라테	카페라테

따라서 아메리카노를 마신 요일은 목요일이다.

08

바뀐 조건에 따라 갑(甲)이 요일별로 마실 음료를 정리하면 다음과 같다.

일요일	월요일	화요일	수요일	목요일	금요일	토요일
카페라테	카페모카	비엔나커피	바닐라라테	아메리카노	카페라테	홍차라테

금요일에는 카페라테를 마시고, 토요일과 일요일에는 시럽이 없고 우유가 들어가는 카페라테와 홍차라테를 한 잔씩 마신다. 조건에 의해 바로 전날 마신 음료는 마실 수 없으므로 토요일에는 홍차라테를, 일요일에는 카페라테를 마신다.

09

제시된 하수처리시설 평가 기준에 따라 각 시설을 평가하면 다음과 같다.

구분	생물화학적 산소요구량	화학적 산소요구량	부유물질	질소 총량	인 총량	평가
A처리시설	4(정상)	10(정상)	15(주의)	10(정상)	0.1(정상)	우수
B처리시설	9(주의)	25(주의)	25(심각)	22(주의)	0.5(주의)	보통
C처리시설	18(심각)	33(심각)	15(주의)	41(심각)	1.2(심각)	개선 필요

따라서 A처리시설은 '우수', B처리시설은 '보통', C처리시설은 '개선 필요' 평가를 받는다.

10

제시문에서 '심각' 지표를 가장 우선으로 개선하라고 하였으므로, '심각' 지표를 받은 부유물질을 가장 먼저 개선해야 한다.

오답분석
① 생물화학적 산소요구량은 4가 아닌 9로 '주의' 지표이다.
② 부유물질이 '심각' 지표이므로, 가장 먼저 개선해야 한다.
③ 질소 총량과 인 총량을 개선하여도 '주의' 지표가 2개, '심각' 지표가 1개이므로, 평가 결과는 '보통'이다.
⑤ '정상' 지표가 하나도 없기 때문에 4개 지표를 '정상' 지표로 개선해야 '우수' 단계가 될 수 있다.

11

A/S 접수 현황에서 잘못 기록된 일련번호는 총 7개이다.

분류1	• ABE1C6100121 → 일련번호가 09999 이상인 것은 없음 • MBE1DB001403 → 제조월 표기기호 중 'B'는 없음
분류2	• MBP2CO120202 → 일련번호가 09999 이상인 것은 없음 • ABE2D0001063 → 제조월 표기기호 중 '0'은 없음
분류3	• CBL3S8005402 → 제조년도 표기기호 중 'S'는 없음
분류4	• SBE4D5101483 → 일련번호가 09999 이상인 것은 없음 • CBP4D6100023 → 일련번호가 09999 이상인 것은 없음

12

제조연도는 시리얼 번호 중 앞에서 다섯 번째 알파벳으로 알 수 있다. 2018년도는 'A', 2019년도는 'B'로 표기되어 있으며, A/S 접수 현황에서 찾아보면 총 9개이다.

13

A/S 접수 현황에 제품 시리얼 번호를 보면 네 번째 자리의 숫자가 분류1에는 '1', 분류2에는 '2', 분류3에는 '3', 분류4에는 '4'로 나눠져 있음을 알 수 있다. 따라서 네 번째 자리가 의미하는 메모리 용량이 시리얼 번호를 분류하는 기준이다.

14

정답 ②

- 양면 스캔 가능 – Q · T · G스캐너
- 카드 크기부터 계약서 크기 스캔 지원 – G스캐너
- 50매 이상 연속 스캔 가능 – Q · G스캐너
- A/S 1년 이상 보장 – Q · T · G스캐너
- 예산 4,200,000원까지 가능 – Q · T · G스캐너
- 기울기 자동 보정 – Q · T · G스캐너

따라서 구매할 스캐너의 순위는 G스캐너 – Q스캐너 – T스캐너 순이다.

15

정답 ③

A, B, C, D, E의 승진점수를 계산하면 다음과 같다.

승진후보자	실적평가점수	동료평가점수	혁신사례점수	이수교육	합계
A	34	26	22	다자협력	82+2=84
B	36	25	18	혁신역량	79+3=82
C	39	26	24	–	89
D	37	21	23	조직문화, 혁신역량	81+2+3=86
E	36	29	21	–	86

2순위로 동점인 D와 E 중에 실적평가점수가 더 높은 D가 선발된다. 따라서 승진자는 C와 D이다.

16

정답 ④

변경된 승진자 선발 방식에 따라 A, B, C, D, E의 승진점수를 계산하면 다음과 같다.

승진후보자	실적평가점수	동료평가점수	혁신사례점수	이수교육	합계
A	34	26	33	다자협력	93+2=95
B	36	25	27	혁신역량	88+4=92
C	39	26	36	–	101
D	37	21	34.5	조직문화, 혁신역량	92.5+2+4=98.5
E	36	29	31.5	–	96.5

승진점수가 가장 높은 두 명은 C와 D이므로 이 두 명이 승진한다.

17

정답 ⑤

[오답분석]
① W3은 (3, 5)와 (10, 2)에 위치해있다.
② B3은 (2, 2)와 (9, 4)에 위치해있다.
③ W5는 (3, 10)와 (12, 10)에 위치해있다.
④ B6는 (6, 6)와 (13, 6)에 위치해있다.

18

정답 ③

W6(13, 6)이 아니라 B6(13, 6) 또는 W6(12, 4)이거나 W6(2, 8)이다.

19

정답 ①

제시된 조건에 따르면 ☆☆=◎◎=◎☆=❍❍❍❍이므로 ?에 들어갈 도형은 ①이다.

20

정답 ④

제시된 조건에 따르면 △=☆☆=❍❍❍❍이므로 ?에 들어갈 도형은 ④이다.

21

정답 ②

제시된 조건에 따르면 ⒟⒟=ⒷⒷⒷⒷ=ⒷⒷⒸⒸ=⒟ⒸⒸ이므로 ?에 들어갈 도형은 ②이다.

22

정답 ④

제시된 조건에 따르면 ⒷⒷ=⒟=ⒼⒼ이므로 ?에 들어갈 도형은 ④이다.

23

정답 ③

제시된 조건에 따르면 ∩=∪∪=∧∧이므로 ?에 들어갈 도형은 ③이다.

24

정답 ③

제시된 조건에 따르면 ∩∩=∪∪∪∪=∪∪∨이므로 ?에 들어갈 도형은 ③이다.

25

정답 ①

매장의 비주얼은 경영기획관리부서에서 관리한다고 하였으므로 VM팀은 4층이 아니라 5층에 배정된다. 따라서 4층에는 디자인·마케팅·영업기획·영업관리팀이 속한다.

26

정답 ③

VM팀은 5층에 있으므로 첫 번째 번호는 5, VM을 한글로 변환하면 '비주얼 마케팅'이므로 'ㅂ'에 해당하는 자리는 3, 대리에 부여되는 번호는 3이므로 VM팀의 B대리의 내선번호는 00 – 5330이다.
총무팀은 6층에 있으므로 첫 번째 번호는 6, 'ㅊ'에 해당하는 자리는 4, 사원에 부여되는 번호는 4이므로 총무팀 A사원의 내선번호는 00 – 6644이다.

27

정답 ⑤

고객팀은 경력 사항을 중요시하되, 남성보다 여성을 선호하므로 고객팀에 배치할 신입사원으로는 여성이면서 5년의 경력을 지닌 이현지가 가장 적절하다.

[오답분석]
① 회계팀에 배치할 신입사원으로는 회계학을 전공한 장경인이 가장 적절하다.
② 영업팀은 일본어 능통자를 선호하므로 이유지와 이현지를 고려할 수 있다. 이때, 영업팀은 면접점수를 중요시하므로 면접점수가 더 높은 이유지가 영업팀에 배치되는 것이 가장 적절하다.
③ 인사팀에 배치할 신입사원으로는 컴퓨터학을 전공한 김리안이 가장 적절하다.
④ 제조팀에 배치할 신입사원으로는 영어, 중국어, 프랑스어 사용이 가능한 강주환이 가장 적절하다.

28

부서별로 배치될 수 있는 신입사원을 정리하면 다음과 같다.
- 회계팀 : 장경인(회계학 전공)
- 영업팀 : 이유지(면접점수 88점)
- 고객팀 : 이현지(경력 5년), 강주환(경력 7년)
- 제조팀 : 이유지, 강주환
- 인사팀 : 이현지(필기점수 90점), 강주환(필기점수 88점)

따라서 어느 부서에도 배치될 수 없는 신입사원은 김리안이다.

29

제시된 문제에서 실외 온도는 영하이므로 세 계기판의 수치를 모두 고려해야 하며, 실내 온도는 20℃ 미만이므로 Parallel Mode를 적용한다. 따라서 PSD는 계기판 숫자의 평균인 4.7(≒14/3)이다. 이때 검침일이 월요일이므로 기준치는 세 계기판의 표준 수치의 합인 15가 된다. 따라서 PSD가 기준치에 미치지 못하므로 눌러야 할 버튼은 정상 버튼이고, 상황통제실의 경고등에는 녹색불이 들어오므로 필요한 조치는 정상 가동이다.

30

검침일이 금요일이고 비정상 버튼을 눌렀으므로 PSD는 '기준치+5'인 12.5(=15/2+5)와 수치가 같거나 더 높아야 한다. 검침 당시 실외 온도계의 온도는 영상이었으므로 중간 계기판의 수치를 제외한 계기판 숫자의 평균은 12(=(13+11)/2)이다. 이것은 12.5에 미치지 못하므로 PSD 수치를 검침 시각 계기판 숫자의 합으로 취급하는 Serial Mode가 적용되었을 것이며, 이는 검침하는 시각에 실내 온도계의 온도가 20℃ 이상일 때 적용되는 모드이므로 실내용 온도계의 수치는 영상 20℃ 이상이었을 것이라 예상할 수 있다.

모든 전사 중 가장 강한 전사는 이 두 가지,

시간과 인내다.

– 레프 톨스토이 –

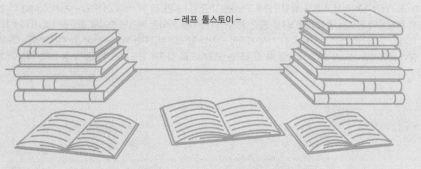

해양경찰 적성검사 답안지

※ 절취선을 따라 분리하여 실제 시험과 같이 사용하면 더욱 효과적입니다.

언어이해

1	①	②	③	④	⑤
2	①	②	③	④	⑤
3	①	②	③	④	⑤
4	①	②	③	④	⑤
5	①	②	③	④	⑤
6	①	②	③	④	⑤
7	①	②	③	④	⑤
8	①	②	③	④	⑤
9	①	②	③	④	⑤
10	①	②	③	④	⑤
11	①	②	③	④	⑤
12	①	②	③	④	⑤
13	①	②	③	④	⑤
14	①	②	③	④	⑤
15	①	②	③	④	⑤
16	①	②	③	④	⑤
17	①	②	③	④	⑤
18	①	②	③	④	⑤
19	①	②	③	④	⑤
20	①	②	③	④	⑤
21	①	②	③	④	⑤
22	①	②	③	④	⑤
23	①	②	③	④	⑤
24	①	②	③	④	⑤
25	①	②	③	④	⑤
26	①	②	③	④	⑤
27	①	②	③	④	⑤
28	①	②	③	④	⑤
29	①	②	③	④	⑤
30	①	②	③	④	⑤

언어비판

1	①	②	③	④	⑤
2	①	②	③	④	⑤
3	①	②	③	④	⑤
4	①	②	③	④	⑤
5	①	②	③	④	⑤
6	①	②	③	④	⑤
7	①	②	③	④	⑤
8	①	②	③	④	⑤
9	①	②	③	④	⑤
10	①	②	③	④	⑤
11	①	②	③	④	⑤
12	①	②	③	④	⑤
13	①	②	③	④	⑤
14	①	②	③	④	⑤
15	①	②	③	④	⑤
16	①	②	③	④	⑤
17	①	②	③	④	⑤
18	①	②	③	④	⑤
19	①	②	③	④	⑤
20	①	②	③	④	⑤
21	①	②	③	④	⑤
22	①	②	③	④	⑤
23	①	②	③	④	⑤
24	①	②	③	④	⑤
25	①	②	③	④	⑤
26	①	②	③	④	⑤
27	①	②	③	④	⑤
28	①	②	③	④	⑤
29	①	②	③	④	⑤
30	①	②	③	④	⑤

수열추리

번호	①	②	③	④	⑤
1	①	②	③	④	⑤
2	①	②	③	④	⑤
3	①	②	③	④	⑤
4	①	②	③	④	⑤
5	①	②	③	④	⑤
6	①	②	③	④	⑤
7	①	②	③	④	⑤
8	①	②	③	④	⑤
9	①	②	③	④	⑤
10	①	②	③	④	⑤
11	①	②	③	④	⑤
12	①	②	③	④	⑤
13	①	②	③	④	⑤
14	①	②	③	④	⑤
15	①	②	③	④	⑤
16	①	②	③	④	⑤
17	①	②	③	④	⑤
18	①	②	③	④	⑤
19	①	②	③	④	⑤
20	①	②	③	④	⑤
21	①	②	③	④	⑤
22	①	②	③	④	⑤
23	①	②	③	④	⑤
24	①	②	③	④	⑤
25	①	②	③	④	⑤
26	①	②	③	④	⑤
27	①	②	③	④	⑤
28	①	②	③	④	⑤
29	①	②	③	④	⑤
30	①	②	③	④	⑤

도형추리

번호	①	②	③	④	⑤
1	①	②	③	④	⑤
2	①	②	③	④	⑤
3	①	②	③	④	⑤
4	①	②	③	④	⑤
5	①	②	③	④	⑤
6	①	②	③	④	⑤
7	①	②	③	④	⑤
8	①	②	③	④	⑤
9	①	②	③	④	⑤
10	①	②	③	④	⑤
11	①	②	③	④	⑤
12	①	②	③	④	⑤
13	①	②	③	④	⑤
14	①	②	③	④	⑤
15	①	②	③	④	⑤
16	①	②	③	④	⑤
17	①	②	③	④	⑤
18	①	②	③	④	⑤
19	①	②	③	④	⑤
20	①	②	③	④	⑤
21	①	②	③	④	⑤
22	①	②	③	④	⑤
23	①	②	③	④	⑤
24	①	②	③	④	⑤
25	①	②	③	④	⑤
26	①	②	③	④	⑤
27	①	②	③	④	⑤
28	①	②	③	④	⑤
29	①	②	③	④	⑤
30	①	②	③	④	⑤

문제해결

번호	①	②	③	④	⑤
1	①	②	③	④	⑤
2	①	②	③	④	⑤
3	①	②	③	④	⑤
4	①	②	③	④	⑤
5	①	②	③	④	⑤
6	①	②	③	④	⑤
7	①	②	③	④	⑤
8	①	②	③	④	⑤
9	①	②	③	④	⑤
10	①	②	③	④	⑤
11	①	②	③	④	⑤
12	①	②	③	④	⑤
13	①	②	③	④	⑤
14	①	②	③	④	⑤
15	①	②	③	④	⑤
16	①	②	③	④	⑤
17	①	②	③	④	⑤
18	①	②	③	④	⑤
19	①	②	③	④	⑤
20	①	②	③	④	⑤
21	①	②	③	④	⑤
22	①	②	③	④	⑤
23	①	②	③	④	⑤
24	①	②	③	④	⑤
25	①	②	③	④	⑤
26	①	②	③	④	⑤
27	①	②	③	④	⑤
28	①	②	③	④	⑤
29	①	②	③	④	⑤
30	①	②	③	④	⑤

고사장

성명

수험번호

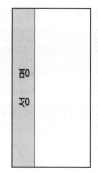

⓪	①	②	③	④	⑤	⑥	⑦	⑧	⑨
⓪	①	②	③	④	⑤	⑥	⑦	⑧	⑨
⓪	①	②	③	④	⑤	⑥	⑦	⑧	⑨
⓪	①	②	③	④	⑤	⑥	⑦	⑧	⑨
⓪	①	②	③	④	⑤	⑥	⑦	⑧	⑨
⓪	①	②	③	④	⑤	⑥	⑦	⑧	⑨
⓪	①	②	③	④	⑤	⑥	⑦	⑧	⑨

감독위원 확인

(인)

※ 절취선을 따라 분리하여 실제 시험과 같이 사용하면 더욱 효과적입니다.

해양경찰 적성검사 답안지

고사장

성명

수험번호

감독위원 확인

인

언어이해

언어비판

수열추리

도형추리

문제해결

2025 최신판 시대에듀 해양경찰 적성검사
최신기출유형 + 모의고사 4회

개정5판1쇄 발행	2025년 03월 20일 (인쇄 2025년 02월 26일)
초 판 발 행	2021년 01월 20일 (인쇄 2020년 12월 24일)
발 행 인	박영일
책 임 편 집	이해욱
편 저	최윤지 · SDC(Sidae Data Center)
편 집 진 행	오세혁
표지디자인	박종우
편집디자인	최미림 · 장성복
발 행 처	(주)시대고시기획
출 판 등 록	제10-1521호
주 소	서울시 마포구 큰우물로 75 [도화동 538 성지 B/D] 9F
전 화	1600-3600
팩 스	02-701-8823
홈 페 이 지	www.sdedu.co.kr
I S B N	979-11-383-8936-5 (13320)
정 가	23,000원

해양경찰

적성검사

최신기출유형 + 모의고사 4회

최신 출제경향 전면 반영

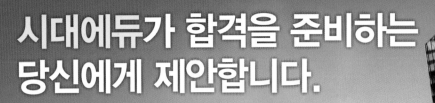

시대에듀가 합격을 준비하는
당신에게 제안합니다.

결심하셨다면 지금 당장 실행하십시오.
시대에듀와 함께라면 문제없습니다.

성공의 기회!
시대에듀를 잡으십시오.

NEXT STEP!

기회란 포착되어 활용되기 전에는 기회인지조차 알 수 없는 것이다. - 마크 트웨인 -